U0448425

潘鲁生 著

学高为师

目录

第一部分　思想研究

陈之佛工艺美术思想的当代启示／003

庞薰琹先生的图案与工艺美术思想／023

钟敬文的民俗学研究／043

钟敬文学术思想的时代价值／056

王朝闻的工艺审美观／063

张仃的学术观念与工艺美术教育思想／077

饶宗颐学术思想对民间文艺研究的启示／093

张道一的艺术学思想／105

王树村与民间年画研究／125

常沙娜的工艺美术教育理念与实践／143

冯骥才的民间文化思考与实践／153

邓福星的美术学研究／171

刘敦愿的学术视野／185

朱铭的学术境界与视野／193

刘铁梁民俗学研究成果的启示／207

第二部分　艺术评论

刘开渠的雕塑艺术／221

文艺之根：韩美林艺术的人民性／235

各美其美：读"美林的世界"有感／243

一壶天地：韩美林紫砂壶设计的美学境界／253

丁绍光的文化自信与创作理念／267

周韶华现代彩墨艺术／283

郭志光先生绘画风格／299

装饰意境：杜大恺的水墨艺术／313

文心写意：读杜大恺的画作／318

第三部分　怀念长者

怀念王朝闻先生／327

怀念冯其庸先生／335

怀念孙长林先生／345

怀念冯元蔚先生／351

怀念乌丙安先生／357

第一部分 思想研究

学高为师

陈之佛

陈之佛（1896—1962），又名陈绍本、陈杰，别署雪翁，浙江余姚人。著名工笔画画家、图案学家。曾创办尚美图案馆。先后在上海艺术大学、上海美术专科学校和南京中央大学艺术系任教授，并承担书刊装帧设计工作。新中国成立后历任南京大学教授、南京师范学院教授、南京艺术学院副院长、江苏省美协副主席。

陈之佛工艺美术思想的当代启示

陈之佛是中国近现代著名的图案理论家、工艺美术理论家、工笔花鸟画家、美术教育家，中国图案教育的先行者，也是中国设计艺术教育事业的奠基人。在新时代背景下，关注和深化"陈之佛与20世纪中国设计"的学术命题研究，探讨陈之佛工艺美术思想的历史价值和当代启示，对中国艺术学科体系建设有着特殊的意义。现在的设计学科，名称上经历了美术工艺、图案、装饰、工艺美术到艺术设计的演变过程——由于汉字内涵太丰富，字义有各种解读，又有不同所指，再加上外来文化的影响，每个历史时期的名称都带有鲜明的时代烙印。今天我们从"20世纪中国设计发展"的视角重新认识陈之佛先生的贡献，能够充分体会到他立足中

▶ 1920年陈之佛在东京美术学校工艺图案科学习时的教室

国工艺美术发展的现实、挖掘民间美术资源、传承中国传统造物理念、吸收日本图案学方法所形成的工艺美术思想的深刻内涵。先生在建构图案学过程中的思考尤为深透，对思考工艺美术设计的当代价值仍然具有启发意义。

一、学术旨归：工艺复兴服务民众生活

陈之佛认为工艺美术是为民众生活的艺术，这是工艺美术的本质属性。因此，他对于工艺美术复兴的相关论述都是围绕服务民众生活而展开的。1929年他在《东方杂志》上发表《现代表现派之美术工艺》提到："工艺美术，其制作目的，原与人生有深密的关系，故必与时代一致进行，才有与人生浑和融合的可能。"在比较工艺品和古董品的本质区别时，他认为："工艺品是艺术和工业两者要素的一部的结合，以人类生活的向上为目的的，所以工艺是适应人类日常生活的要素……所以要求中国美术工艺的复兴，养成一般社会的工艺趣味，切实指导工艺品的制作者，以文化的目标，使美术工艺民众化，是为当务之急。"1937年，他在《美术工艺的本质》一文中阐明美术工艺与民众生活的密切关系。他认为："美术工艺是适应日常生活的需要，实用之中使与艺术的作用抱合的工业活动。""凡是我们日常生活所需要的衣服用具一切，都是工艺的对象。美术工艺是大众所需要的工艺，美术工艺制作自当以大众的实际生活为目标的，否则，便失去美术工艺的生命了。"陈之佛先生将美术工艺的发展与民族文化的发展相联系，认为："大凡文化进展的民族，于生命持续之外，必更切求精神的余裕，所以，他们的日常生活便需要所谓美术工艺了。"该文中，他同时表达了在全

↑《东方杂志》第二十四卷第二号，1927年1月，陈之佛封面设计，大16开（胡迪军藏）

↑《东方杂志》第二十六卷第十八号，1929年9月，陈之佛装帧设计（胡迪军藏）

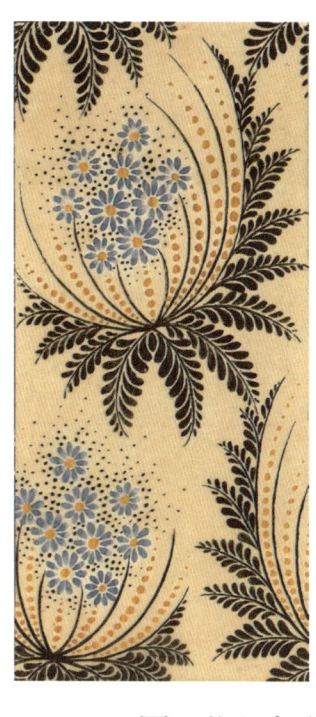

染织图案，陈之佛设计

国工艺颓靡形势下对工艺复兴、工艺改良的迫切希望。他说："我们应积极地谋工艺的复兴。我们在高喊提倡国货之后，更应努力于'改造国货'，在当今尽力于国民经济的建设中，对于工艺的提倡改良和发展，确是切要之图。"

陈之佛先生关于工艺为民众生活服务的思想，在新中国成立之后表现得更为明确。针对工艺美术品粗制滥造的状况，1962年他在《文汇报》刊文《谈工艺美术设计的几个问题》表示："不论何种工艺品的创作设计，总要求反映较高的思想性、实用性和艺术性。因此，我们的设计工作，首先要考虑是否从六亿人民出发，是否适应人民的需要和喜爱，是否能为祖国的社会主义建设事业服务。"工艺美术以及设计艺术的生命本质存在于民众的生活之中，美术与工艺二者在本质上的融合，是使人类生活向上为目的的。陈之佛先生的这些认识在把"人民对美好生活的向往"作为社会发展共同目标的当下，具有十分深刻的现实意义。他启示我们在设计创

生命树染织图案（陈修范、李有光藏）

植物染织图案，46cm×23cm，1925—1927年（陈修范、李有光藏）

扇形叶染织图案，46cm×23cm，1925—1927年（陈修范、李有光藏）

作和研究中，始终对准民众需求的坐标，自觉以民众为服务对象，在生活中进行美的发现和美的创造，这正是当代设计发展之宗旨和要义。

二、学识素养：汲取渊博知识，取益在广求

在西方教育思潮的影响下，19世纪末20世纪初，中国出现了大规模的留学潮，留学生归国带来西方先进的理论知识和教育理念，促进了中西方设计艺术教育的融合与发展。陈之佛是众多留学者之一，第一个去日本学习工艺图案，并深入研究西方工艺美术思想发展，研究范围也涉及古埃及、古印度文化，形成陈之佛工艺美术理论的多元文化基础。同时，陈之佛也没有脱离中国传统艺术，认为图案研究的重要方法之一是对"古代制作品的研究"，中国古代造物的造型之美、工艺之巧不逊于现代，甚至略高一筹。陈之佛对古代器物进行了广泛深入研究，这些古代工艺品上精美的图案，

▶ 装饰画《出征》，陈之佛设计

对于近代图案学理论的形成有巨大的促进作用。

陈之佛的知识融汇古今中外，博学的理论素养是他设计实践的基础，从他经营"尚美图案馆"期间所作的染织设计以及随后的书刊设计等可以看出，其作品的设计元素既包含了中国古代优秀的图案要素，也有众多其他民族的艺术符号，多元文化元素的综合运用是他设计实践获得巨大成功的重要原因，这对现代的设计艺术教育具有深刻的启迪作用。

三、图案之道：存续民族文化基因

据张道一先生转述，陈之佛当年留学日本时导师岛田佳矣教授曾与他讨论中国图案的艺术成就，指出日本图案的发展如何受到中国图案的恩惠，当时他不知其然，无以为对，这件事对他震动很大。从此以后，潜心研究中国古代和民间图案成为他一生的重要课题。大约从1926年前后，他开始搜集各类带有装饰图案的民间艺术品，十年间收藏品达几千件之多，其中部分图案收录于1934年出版的《表号图案》一书之中。他在该书序言中表示，"表号图案实在是艺术的根源"。这里的"表号图案"所指的是具有象征意味的程式化图案。该书专门列入"中国表号图案及其意义"和"中国之寓意画题"两章，把"八仙""八吉祥""三多""龙之九子""四神""四灵"等为广大人民所熟悉、所喜爱的民间传统吉祥图案，撷入此书，且附图作详细说明。据傅抱石先生回忆，1935—1937年间，陈之佛住在南京石婆婆庵的书斋里，有几大抽屉的染织纹样的实物材料，他曾计划综合地进行染织纹样的系统研究，后因抗战爆发，散失无余。庞薰琹先生曾回忆："南京有陈之佛、何燕明，都很重视民间美术的。"1953年底，北京举办全国民间美术工艺品展览会。展览期间，庞薰琹与陈之佛再次见面，并有一段对话。陈先生对庞先生讲，在基础图案的讲授中，应结合介绍民族的东西，不应该是单纯追求图案变化。这也反映了他强调工艺美术教育应该加强对民族民间传统图案利用的重要性。1956年6月，华东军政委员会文化部和中国美术家协会华东分会在上海联合举办"花布图案评选会"，会上陈之佛做《中国图案与花布图案改革工作报告》，从中国图案宏观的角度，阐释民间工艺的源流演变在历史长河中的影响及其所形成的丝织图案和花布图案。

几十年中，陈之佛先生收集了大量图案资料，如剪纸、刻纸、插图、刺绣、木版年画等，从中探讨规律和方法，用于图案学的研究和创作。后来，他教图案，讲彩陶，谈工艺，总是联系着研究几何形图案的骨式，传统图案的造型规律。讲青铜图案，总是结合着器物的成型分析，探讨器用之型、

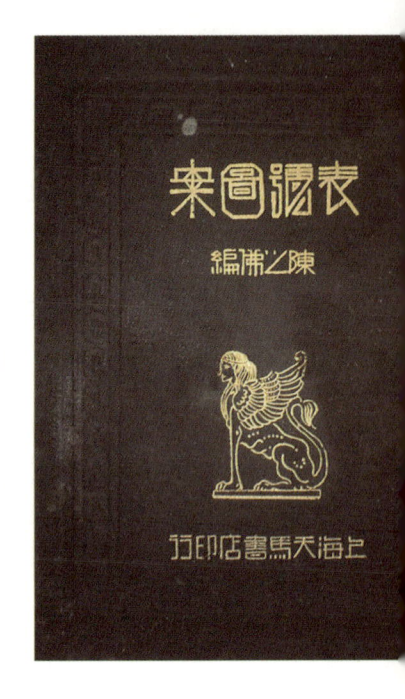

↑ 陈之佛编《表号图案》

1934年陈之佛与徐悲鸿、潘玉良、吕斯百教授及部分学生在中央大学（今东南大学）校园内梅庵前合影

纹样之形、物象之形的造物关系。陈之佛曾言："研究形式美，最好结合具体的作品，分析它的内容和形式的关系，这样的研究效果比泛泛地谈论又深入一步"。他很喜欢汉代的砖石画像和瓦当图案，认为"简练而不流于粗陋，生动而不失其雄健。"传统图案历经千年的传承流变，发展到今天，在程式化的图式结构中沉淀蕴蓄了中华民族积极向上的文化基因。陈之佛图案学思想指导我们从优秀的图案遗产中辨析其中图形与语义间的组合规律性，不仅有助于廓清图案的本质，同时也能有效指导设计创作实践，让当代设计融入中国意象、中国精神、中国美学特色。

四、基础之功：力求以不变应万变

"以不变应万变"是针对20世纪50年代后期国家实施的一些不当措施，导致对图案教育的错误认识提出的。50年代，新中国建立，工业化进程加快，经济迅速发展，迫切希望通过图案来解决工业设计的一些问题，图案教学的快速发展同时，一些脱离实际、冒进的思想观念影响了图案教学的有序发展，背离了图案教学的基本规律，力图使图案教学满足所有设计要求。针对这一现象，陈之佛强调，图案教学关键是要打好基础，无论是绘画还是装饰，基本功即基础图案。他认为："两种基础打好了也就具备了适应社会各种需要的条件。图案教学的任务就是创造这样的条件，基础打好，不怕不能'对口'，这叫作'以不变应万变'。"时过境迁，该观点仍对现代设计教育具有启发作用，只要掌握了事物的基本规律，无论怎样的复杂现象都可驾驭。体现在图案教学上，就是要抓住图案教学的实质与关键环节，把握好图案基本理论、基本功，即可主动面对多样的教学形式。在图案教学中，绘画的基本功是非常重要的，要有坚实的绘画基础，中国画课是图案教学的基础课，特别是工笔画，可以训练学生造型、设色、勾线、章法布局等基本功，有益于图案创作。但图案教学中的绘画并不是纯粹的画画，对图案创作有无益处，关键是看画的主题什么，用什么样的方法画，画的目的是什么。图案教学中绘画基本功训练，不同于纯绘画教学目的，必须以图案创作和工艺美术需求为前提教绘画。

20世纪初至新中国成立，图案学虽经历重重困难，但也取得显著的成果。1953年第一届全国民间工艺美术展览后，在学科专业层面，"图案"被"工艺美术"取代。"工

⬆ 陈之佛《豆花螳螂》，中国画，104.4cm×31.6cm，轴（孙仲山藏）

染织图案，陈之佛设计

艺美术"的内涵和外延都比"图案"广泛，涵盖造物的不同环节。图案侧重制作品成型前的构思，重在创作思维表现，是整个工艺品完成的前期工作，而工艺美术包含构思和制作两方面。在工艺美术教育中，图案仍是重点学习的技能，是工艺美术的核心，所包含的形式美法则和造物的规律对工艺美术的创作仍有重要作用。1957年后，政治因素波及工艺美术领域，图案设计风格日趋单一，整体设计水平日趋低下，至"文革"结束，已有的图案教学体系变得支离破碎。工艺美术教学中"重绘画，轻图案"的思想日渐盛行，图案成为装饰纹样的代名词。至70年代末，"三大构成"（平面构成、立体构成、色彩构成）的引入对图案学发起了挑战，国内一些设计院校盲目跟从，使"三大构成"成为工艺美术教育的重点，大多数院校采用"构成"与"图案"并存的双轨教学模式，有的院校甚至以"构成"代替"图案"，工艺美术教育一度陷入混乱。近些年，随着设计艺术教育的快速发展和电脑的普及，一些设计手段往往依靠电脑完成，人们为图一时之效而忽视了基础教学，学生逐渐失去了手上的功夫。现代设计艺术教育的这些做法已违背了以陈之佛为代表的老一辈图案学家的初衷。电脑不能代替人脑，不能成为教学的主导，对于图案创作中形式美法则的认知，必须从手绘纹样的设计过程中获得。

↑ 染织图案，陈之佛设计

五、保护与传承：抢救传统工艺文化

在长期图案学研究及设计实践中，陈之佛深切体会到了抢救保护工艺文化的重要性。如何正确对待传统工艺文化？1956年，他发表了《谈工艺遗产和对遗产的态度》，从陶瓷、漆器、青铜器、织绣等方面深入细致地阐释了中国传统工艺独特的优势和在世界范围内的影响，并表明对待这些珍贵工艺文化所应当采取的正确态度："遗产问题是发展社会主义文化的重要问题之一，不认真地去认识过去的文化，不认真地去研究遗产，新的人民的艺术是不可能发展的。"

新中国成立后，在广泛调研江苏省民间美术和民间工

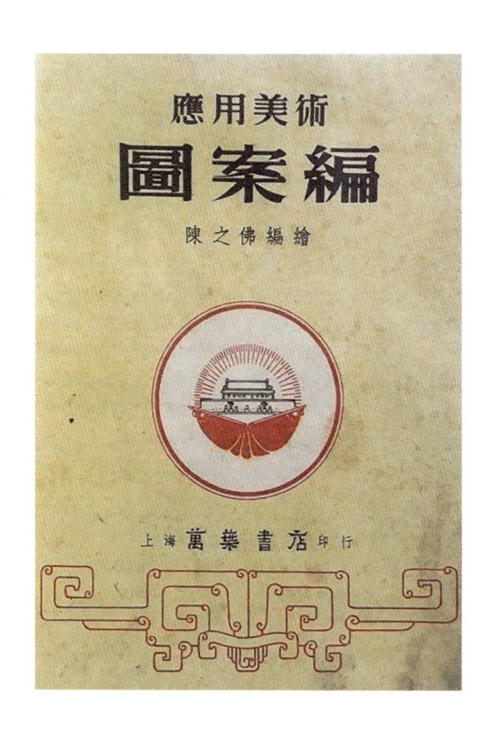

陈之佛编绘《应用美术图案编》

艺的基础上，陈之佛作为江苏省人大代表，在1955-1956年连续两次省人大会议上做有关发展工艺美术方面的发言，重点对南京云锦、苏州刺绣、宜兴陶瓷、扬州漆器、无锡泥人、常熟花边、南京雕刻、苏州缂丝和檀香扇，以及剪纸、刻纸等日渐衰微的民间工艺美术提出切实可行的革新意见和提高方案。此外，他在《江苏工艺美术事业中急待解决的问题》一文中，为保护江苏省丰富的民间工艺美术遗产，提出了"将要'人亡艺绝'的遗产，应采取积极措施，予以抢救"以及"希望能召开艺人与工艺美术工作者的代表会议"两条重要建议。1957年，陈之佛先生向有关方面提出建立艺术教育研究所、绘画研究所和工艺美术研究所的建议，并且最终获得成功。

陈之佛对工艺文化抢救保护没有仅仅停留在案头书桌上，为了工艺文化中蕴蓄的文化精神能够息脉相传，他亲自深入工艺美术行业一线，身体力行地进行工艺文化的保护工作。其中，最广为人知的是他为南京云锦的系统性的抢救发掘和保护所做的不懈努力。1954年，南京市文化局成立云锦研究工作组，聘任陈之佛先生主持工作。他在吉干臣、张福永等云锦老艺人的配合下，总结工艺设计心得和配色口诀，同时进行云锦工艺资源的相关调查，搜集了大量民间流传的云锦图案与纹样资料，最后编辑整理出一套较为系统和完整的工艺图案集《南京云锦》。在陈之佛的奔走呼吁下，江苏人民政府于1958年12月成立了"南京云锦研究所"，为南京云锦的保护研究争取了制度保障。陈之佛还撰写了

《人工织成的天上彩云》《彩云争艳》《南京云锦》等研究文章在报刊发表，让南京云锦成为社会各界关注的传统工艺资产。在陈之佛带领研发团队的努力下，让奄奄待毙的传统南京云锦工艺在新中国重新焕发了光彩。

在传统工艺研究、保护、传承方面，陈之佛提出："注意研究和理解它的精神实质，它的风格和创作方法，加以变化和应用。"① 这点对于当下非物质文化遗产的保护与传承具有尤为重要的启发价值。传统工艺的保护，并不是事无巨细、泥沙俱下、无所不包地保护，应该具有明晰的标准，科学地衡量某项工艺的历史精神价值以及其在未来社会空间应用的可能性，然后，才能有针对性地制定科学、合理的抢救保护方案。

六、教育思想：系统的工艺美术教育理念

陈之佛自1923年日本东京美术学校工艺图案科学成归国后，曾任教于上海东方美术专门学校、上海艺术大学、上海美术专科学校、中央大学、国立艺术专科学校、南京大学、南京师范学院、南京艺术学院等高等院校。在他人生的最后阶段，还担任《中国工艺美术史》主编，是全国高等艺术院校工艺美术教材编选组负责人之一，是我国现代高等工艺美术教育事业的重要奠基者。他的工艺教育思想萌生于"救亡图存"的历史时期，在国货衰蔽的社会形势下，工艺行业百病丛生，工艺品质改良问题迫在眉睫。陈之佛认为，中国传统工艺在现代行业发展中每况愈下，其症结是："因为中国

---

① 参见张道一：《工艺美术论集》，陕西人民美术出版社1986年版，第234页。

→ 1961年陈之佛与《中国工艺美术史》教材编写组成员在北京香山留影

的工艺品，向来是在徒弟制度下产生的。因为是徒弟制度，产品也一代不如一代。"针对现代工艺美术行业来讲，师徒制度最大弊端是因循成性，它将传统结成冰块，变成死水。譬如陈之佛指出当时漆器工艺制作存在的问题，他认为近代中国漆器工艺的品质与图案非但没有改良，且已日趋恶劣了。"究竟何故致此，原因虽多，而墨守成规，不向创作之途迈步，实在是我国工艺制作者所犯的通病。"针对行业内普遍存在的图案与工艺相脱节的问题，陈之佛先生指出"在这个时候正应尽力提倡，培养人才，奖励作家，改良教材，促进图案和工艺的知识，务使作图者明了图案的目的，使图案和实际渐相切近，是最切要的。"1936年，陈之佛先生发表《应如何发展我国的工艺美术》一文，呼吁政府应重视工艺美术教育。文章指出："我们应请政府从速计拟下列数点：（1）筹设规模较大的工艺美术学校，专门训练最优秀的工艺人才……（2）就各地特产区域筹设各种初级工艺学校，或在已设之职业学校中的工业科设法引进，或于特产区设立工艺子弟补习学校，以增益其知识。"现在看来，这些办学设想对培养社会急需的工艺美术行业应用人才、提升图案在工艺产品的有效对接，改良工艺品质等方面具有极强的针对性。遗憾的是，随着抗日战争的爆发，他的这些设想在当时大多都没有得到实现。

高等图案和工艺美术教育，是陈之佛美术教育思想体系中最为重要的组成部分，他一生中编写了《图案》《图案法ABC》《表号图案》《图案教材》《中学图案教材》《图案构成法》等多部教材。他在《图案法ABC》中将图案的研究方针总结为四点："（1）研究线、形、色调等美的原则；（2）由实际的经验和随时的观察研究装饰、美术品、工艺品之类的实用的原则。（3）古代制作品的研究。（4）自然的研究。"① 其中，关于"古代制作品的研究"部分，陈之佛认为，"应该研究过去的作品中所含有的诸原则，人类和图案的关系，一种图案和当时人的生活和理想究竟在怎样的理想和条件之下才产生的，这等的研究是最切要的。"这种对图案学研究的深邃洞见为图案课程教学指明了方向。

自20世纪60年代至80年代，我国工艺美术教育一直应用陈之佛的图案教学理念。80年代西方现代设计"三大构成"课程体系传入后，我国工艺美术设计教育转向工业设计相关领域，总体来看，图案教育也随之退出高等艺术院校的课堂。目前，在国家"中华优秀传统文化传承发展工程"

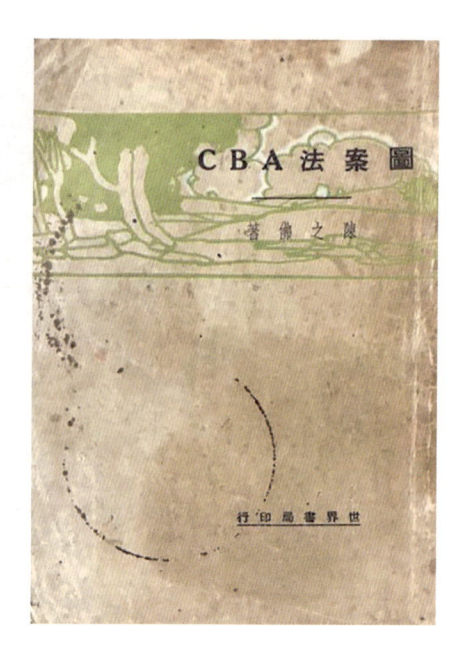

陈之佛著《图案法ABC》

---

① 陈之佛：《图案法ABC》，世界书局、ABC丛书社1932年版，第19页。

1955年陈之佛与学生张道一合影

的倡导下，山东工艺美术学院一直坚守图案教学，同时提出了包括传统图案在内的"中华传统造型体系研究"方案，应用于当代设计教育的基础教学，目的就是希望从高等设计教育开始，注重对优秀传统文化思想的继承，回归对于传统工艺设计思想的文化自觉，梳理总结中国传统工艺几千年发展中与生活方式密切相结合的规律，应用于当代设计教育。

今天，关注"陈之佛与20世纪中国设计"的学术命题，可以使我们重新认识陈之佛工艺美术思想在20世纪中国设计史上的地位，并在此基础中上擘划中国设计的未来，并进一步关注中国社会现代化发展进程，推进中国当代设计自觉时代的到来。目前，全社会关注中华传统文化传承、振兴传统工艺的时代已经到来，身处这个变革发展的新时代，更能体会到陈之佛先生当年所提的工艺美术思想的前瞻性，以及对当代设计教育的启发意义。

附：陈之佛主要著作目录

一、美术教材与理论

1. 陈之佛：《图案讲义》，浙江省立甲种工业学校石印1917年版。本书为中国图案学的开创之作，也是陈之佛的第一部著作。

2. 陈之佛：《色彩学》，上海：开明书店1928年版。

3. 陈之佛：《图案》第一集，上海：开明书店1929年版。

4. 陈之佛：《图案法ABC》，上海：世界书局、ABC丛书社1930年版。

5. 陈之佛编：《儿童画本》，上海：儿童书局1932年版。

6. 陈之佛编：《儿童画本教授指要》，上海：儿童书局1932年版。

7. 陈之佛编：《影绘》第一集，上海：天马书店1933年版。

8. 陈之佛编：《影绘》第二集，上海：天马书店1933年第一版，1937年第二版。

9. 陈之佛编：《表号图案》，上海：天马书店1934年版。

10. 陈之佛编：《西洋美术概论》，上海：现代书局1934年版。

11. 陈之佛编：《艺用人体解剖学》，上海：开明书店1935年版。

12. 陈之佛编：《图案教材》，上海：天马书店1935年版。

13. 陈之佛编：《儿童艺术专号》，上海：儿童书局1935年版。

14. 陈之佛编：《图案构成法》，上海：开明书店1937年版。

15. 陈之佛、陈影梅编：《西洋绘画史话》，商务印书馆1940年版，收录于"中法文化丛书"。

16. 陈之佛、吴山合编：《应用美术人物编》，上海：万叶书店1951年版。

17. 陈之佛编绘：《应用美术图案编》，上海：万叶书店1952年版。

18. 陈之佛、吴山编：《中国图案参考资料》，北京：人民美术出版社1953年版。

19. 陈之佛、吴山编绘：《古代波斯图案》，上海：上海人民美术出版社1960年版。

20. 陈之佛、罗尗子主编：《中国工艺美术史》上下册，南京艺术学院美术系理论教研组1962年印行。

21. 陈之佛遗稿：《几何形图案构成法》，张道一整理，南京：东南大学艺术系2001年自印本。

22. 陈之佛：《陈之佛致傅狷夫手札六十九通释评》，斯舜威释译，杭州：浙江人民美术出版社2011年版。本书为"浙江美术馆学术研究系列丛书"第一种。

23. 南京博物院编：《陈之佛图案作品集》，南京：译林出版社2016年版。

24. 南京博物院编：《陈之佛研究》，南京：译林出版社2016年版。

25. 陈之佛：《名家讲稿系列·陈之佛学画随笔》，上海：上海人民美术出版社2020年版。

二、画集

1. 陈之佛：《陈之佛画集》，丰子恺编，北京：人民美术出版社1959年版。

2. 陈之佛：《陈之佛画选》，北京：人民美术出版社1962年版。

3. 陈之佛：《陈之佛画集》，上海：上海人民美术出版社1981年版。

4. 陈之佛：《陈之佛画选》，上海：上海人民美术出版社1982年版。

5. 陈之佛：《陈之佛工笔花鸟画集》，台北：艺术图书公司1982年版。

6. 陈之佛:《陈之佛花鸟画》(月历),北京:现代出版社1986年版。

7. 李有光、陈修范主编:《陈之佛花鸟画集》,南京:江苏美术出版社1986年版。

8. 陈之佛:《荣宝斋画谱(45)工笔花鸟部分》,北京:荣宝斋出版社1993年版。

9. 陈之佛:《当代名家中国画全集·陈之佛》,南京:古吴轩出版社1997年版。

10. 陈之佛:《陈之佛墨缘》,北京:大众文艺出版社1998年版。

11. 陈之佛:《陈之佛画集》,香港:王朝文化艺术有限公司1999年版。

12. 陈修范、李有光、李欣编:《陈之佛工笔花鸟画集》,北京:北京工艺美术出版社2001年版。

13. 陈修范、李有光编:《陈之佛作品精选》,天津:天津杨柳青画社2001年版。

14. 陈传席、顾平编:《中国名画家全集·陈之佛》,石家庄:河北教育出版社2002年版。

15. 陈修范、李有光、李欣编:《中国美术家作品丛书·陈之佛》,北京:人民美术出版社2003年版。

16. 宁波美术馆编:《现当代宁波籍美术书法名家作品集·陈之佛》,宁波:宁波出版社2005年版。

17. 徐湖平、李有光主编:《陈之佛工笔花鸟》,北京:荣宝斋出版社2006年版。

18. 陈之佛:《中国近现代名家画集·陈之佛》,天津:天津杨柳青画社2009年版。

19. 李有光、陈修范、李欣编:《陈之佛选临景年画谱》,南京:江苏美术出版社2009年版。

20. 宋建华编:《陈之佛画集》,呼和浩特:内蒙古人民出版社2009年版。

21. 陈之佛:《中国画大师经典系列丛书·陈之佛》,北京:中国书店2012年版。

22. 南京博物院编:《陈之佛花鸟图稿》,南京:译林出版社2016年版。

23. 陈之佛：《学画随笔》，杭州：浙江人民美术出版社 2016 年版。

24. 南京博物院编：《花开见佛·陈之佛的艺术世界》，南京：译林出版社 2016 年版。

参考文献

［1］李有光、陈修范：《陈之佛文集》，南京：江苏美术出版社 1996 年版。

［2］李有光、陈修范：《陈之佛研究》，南京：江苏美术出版社 1990 年版。

［3］张道一主编：《中国图案大系》，济南：山东美术出版社 1993 年版。

［4］张道一、李立新：《张道一深情忆恩师——访谈录：陈之佛先生的设计艺术思想》，《南京艺术学院学报（美术与设计版）》2006 年第 2 期。

［5］张道一：《陈之佛先生的图案遗产》，《南京艺术学院学报（美术与设计版）》2006 年第 2 期。

［6］丁涛：《艺术设计的辩证——试论陈之佛"十六字诀"的理论价值》，《南京艺术学院学报（美术与设计版）》2006 年第 2 期。

［7］许平：《留给来者的思考——谨以此文纪念陈之佛先生百年诞辰》，《艺苑（美术版）》1996 年第 3 期。

| 庞薰琹 | 学高为师 |

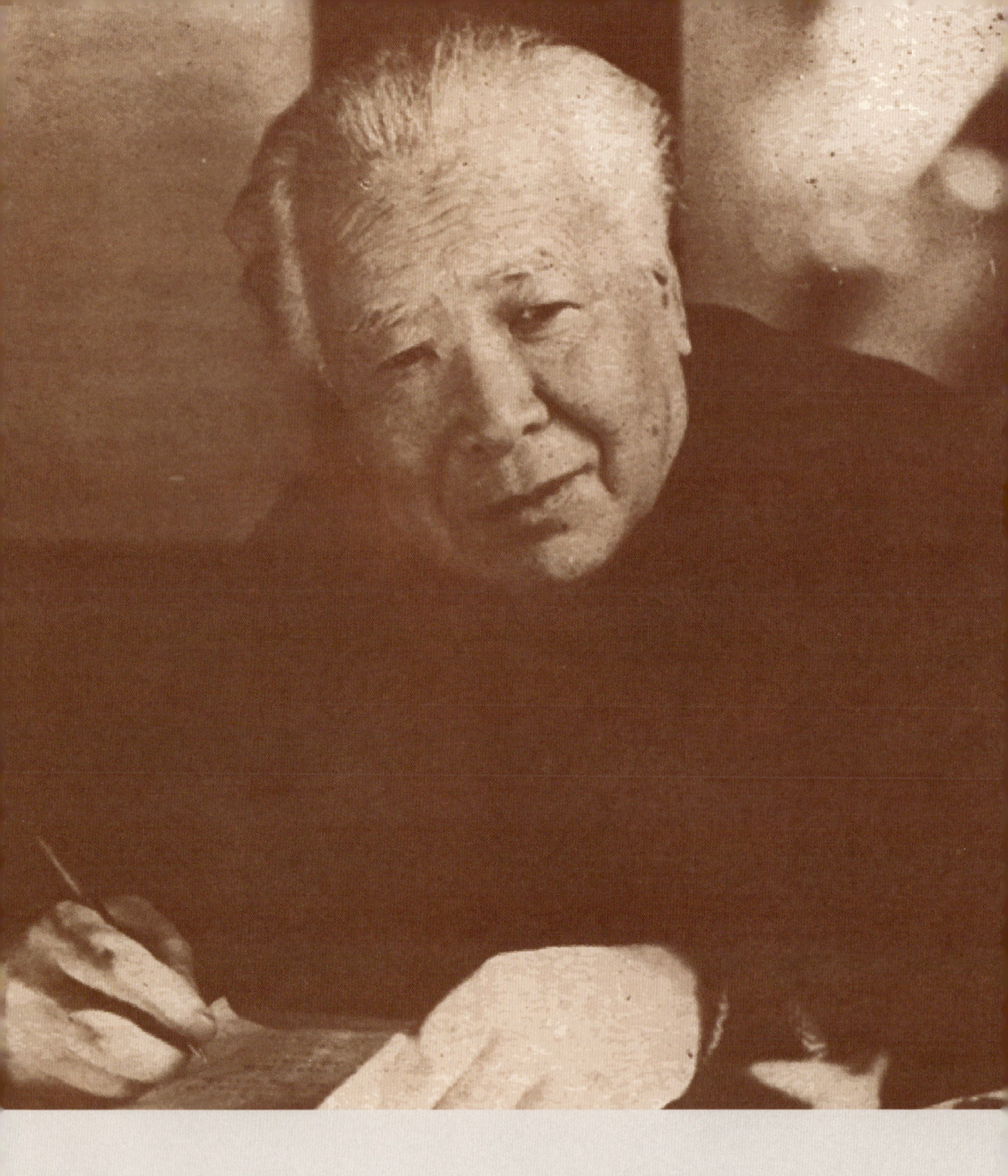

庞薰琹（1906—1985），原名鋆，字虞弦，笔名鼓轩，江苏常熟人。著名画家、工艺美术家、教育家。中国现代艺术设计的开创者，中国艺术设计教育的奠基人；他是西方现代艺术的传播者也是中国古代文化的传承人。1932年，与张弦、倪贻德发起成立美术社团、创办"决澜社"。1956年，中央工艺美术学院正式成立，任教授、第一副院长。

庞薰琹先生的图案与工艺美术思想

1929年庞薰琹在巴黎

在中国现代美术波澜壮阔的发展历程中，庞薰琹先生可谓里程碑式的艺术大家，是我国现代工艺美术以及现代装饰艺术的开拓者。回顾庞薰琹的艺术实践道路，正如傅雷先生所言："薰琹的梦是艺术的梦，精神的梦；是支配的环境的，故是创造的，有意识的。"① 也正如先生自述："我的一生是探索，探索，再探索的一生。"② 在西学东渐的时代背景下，面对西方艺术，同为留学法国的中国艺术家，庞薰琹选择了不同于徐悲鸿、林风眠的探索之路。在20世纪30年代，他就开始了独具特色、融贯中西的艺术梦想探索之路，那就是他穷尽一生、孜孜以求，对兼具民族、传统、现代特色的中国图案和工艺美术的系统挖掘、整理、创新和理论探索。

一、中西融合的图案学思想

近代在由传统向现代转型的过程中，中国各项事业的萌

---

① 参见庞薰琹美术馆编：《庞薰琹研究》，江苏美术出版社1994年版，第22页。
② 参见庞薰琹：《庞薰琹随笔》，四川美术出版社1991年版。

发大都和西方工业文明的影响有着十分紧密的关联，现代美术的孕育、滋生是如此，现代图案学的发展轨迹亦然。总体来看，中国图案学的兴起有两条路径：一是受西方设计艺术理论及方法影响。20世纪早期留学欧日的中国学生将西方图案学的理论方法引入中国，陈树人、高剑父、陈之佛、雷圭元等是这方面的代表；另一种就是庞薰琹先生立足本土文化，以考古学、人类学和民族学为路径开拓出一条挖古掘今、纹旧意新、融贯中西的图案学思想。①

庞薰琹先生弃医从艺，漂洋过海到法国去追求现代艺术真谛，既缘于自身的志趣，也与那个时代西方对中国人的偏见有关。有人说，"老实告诉你，你们中国人，成不了大艺术家"，这使得庞薰琹义无反顾、更加坚定了艺术报国的决

庞薰琹《如此巴黎》，纸本，水彩，1931年（失于1937年）

庞薰琹《无题（压榨）》，纸本，水彩（失于1937年）

---

① 周爱民：《庞薰琹与中国图案艺术研究》，《文艺研究》2010年第4期。

心，他开始学习音乐，后攻绘画。旅法求学期间，在叙利恩绘画研究所，他看到了法国现代装饰艺术的魅力；在参观日本政府举办的日本绘画展览会后，庞薰琹萌生了弘扬中华艺术的念头，并在油画创作中积极探索"民族性"与"装饰性"的表现方法问题。他深知"中国是有着优秀的艺术传统的"，从而走上了汲取中华传统图案文化营养的艺术道路。[①] 可以说，庞薰琹先生的图案学思想带有深刻的爱国主义、民族主义烙印，这是他对中国传统图案情有独钟的思想根源。

→ 关良、庞薰琹、江丰、林风眠等下乡体验生活前的合影

回顾庞薰琹图案学思想的发展轨迹，他对中国传统装饰艺术或者说中国传统图案的整理和研究是从1939年开始的。在中央博物院筹备处任职的经历，使他有机会和当时一批优秀的从事考古学、民族学、人类学研究的学者李济、董作宾、陈梦家、郭宝钧、王振铎等相识共事。在这些学者影响下，他的艺术视野伸向了中国传统装饰纹样，这是庞薰琹图案学思想形成的第一个阶段。在此期间，庞薰琹花费了大量心血投身于祖国传统装饰纹样和西南少数民族服饰纹样的搜集、整理工作。就具体路径而言，美术考古和艺术人类学田野调

---

① 参见庞薰琹：《就是这样走过来的》，生活·读书·新知三联书店2005年版，第24、25、36、85、96页。

查的方法是庞薰琹图案思想的根源——通过田野发掘的途径弘扬中华文化遗产。从这个角度来看，他的图案理路是中国的、民族的、传统的，是在艺术领域对本土文化的进一步发扬。从商周青铜器、战国漆器、汉代画像石到魏晋南北朝、唐代装饰画，从饕餮、蟠螭、龙凤等古人幻想的动物形象到花、草、虫、鱼、人物形象无一不是他捕捉的对象。①这也反映出庞薰琹图案思想的源泉："图案的目的是美化人生。人生中有图案这样东西，并非人类多事，也并非人类所发明。宇宙间无论是飞鸟、走兽、昆虫、山水、花木，都成图案形象。"②除此之外，对云贵地区少数民族装饰文化尤其服饰图案的兴趣，成为庞薰琹中国图案研究的另一个重要

庞薰琹《花瓶》，纸本，设计艺术，38cm×29.2cm，1941年（庞薰琹美术馆藏）

庞薰琹《蟠螭纹》，纸本，27.5cm×25cm，1939年（庞薰琹美术馆藏）

---

① 参见常熟美术馆编：《庞薰琹中国传统图案》，上海人民美术出版社2009年版。
② 庞薰琹：《论艺术·设计·美育》，江苏教育出版社2007年版，第83页。

源流。从民族文化传承的角度言之，相较于同期执着于将西方现代图案学引入中国的艺术家们，庞薰琹独辟蹊径、呕心沥血的中国本土图案采集工作显得弥足珍贵、惠泽深远。在那样一个中国文化精英普遍把眼光瞄向西方的时代，中华民族的文化精神何在？民族文化的火种如何延承下去？这是一个有深远意义的话题，而此时发轫的庞薰琹的中国图案学思想就有这样的时代文化价值。在此基础之上，进而融会贯通。这种带有民族主义色彩的图案学思想也深深地影响到他的美术绘画实践，比如20世纪40年代初他所创作的几幅纸本水彩画就呈现了图案之痕：《丧事》里面的日用器皿图形；《车水》《卖柴》中既有中国传统写意的常见题材远山、孤树，也有少数民族服饰中的条形纹及带有地域特色的农具。同期，他所创作的地毯、茶壶、笔匣、圆盆、手提袋、床单、桌布等工艺美术日用品中，中华传统图案往往成为其艺术表达的核心文化符号。[①] 不论绘画艺术还是工艺美术实践，这种不落俗套、绝不随波逐流的艺术表达范式，体现出传统图案可以成为展现时代审美与价值取向的中国艺术力量。这就不惟向世人证明图案学之于艺术创作的意义，也充分反映出中国深厚的本土文化可以为现代中国艺术的发展提供可资耕耘

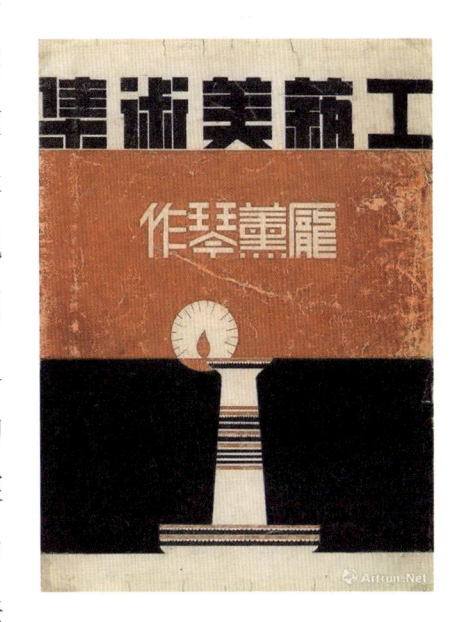

▶ 庞薰琹著《工艺美术集》

---

① 参见庞薰琹美术馆编：《庞薰琹研究》，江苏美术出版社1994年版。

的肥沃土壤。需要指出的是，庞薰琹对中国图案符号的搜集、整理并非简单、机械地生搬硬套。在继承传统的基础上，他还赋予了传统图案现代文明的鲜活气息。这集中体现于《中国图案集》《工艺美术集》著作中。尽管庞薰琹所描绘的图案形象大多取材于中国古代纹饰，但无论造型、构图、色彩表现则几乎完全是新的。他以西方现代设计观念对传统纹样进行了再创造，经过想象、挪用、重构，并融入了留学法国时对西方现代艺术设计的新鲜感受，把西方现代艺术的表现形式、色彩表达方法与中国传统装饰的意蕴完美地捏合在一起。① 此外，由传统图案向新的图案再到现实生活物品艺术设计的延伸，同样是庞薰琹融贯中西、努力拉近艺术与社会距离的成功实践。他在《工艺美术集》表达出着力构建中国现代工艺美术事业的美好愿景。② 这一愿景和工艺美术实践是和现代工业文明框架下的装饰艺术脉络相向而行的，也体现着庞薰琹艺术救国、试图通过提高大众审美以实现由传统到现代、由封闭到开放的社会理想。③

新中国成立后，可谓庞薰琹先生艺术生命厚积薄发的崭新阶段。以图案学和工艺美术为经纬，他对中国现代装饰艺术的拓展逐渐深入，视野更加宏阔。可以说，这一时期他对中国图案学的思考是和中国现代工艺美术事业的发展紧密相连的。由江南到华北、西北，由民间陶瓷、丝绸、到染织

---

① 刘巨德：《怀梦而行的庞薰琹》，载常熟美术馆编：《庞薰琹中国传统图案》序言，上海人民美术出版社 2009 年版；周爱民：《庞薰琹与中国图案艺术研究》，《文艺研究》2010 年第 4 期，第 137 页。
② 庞薰琹：《〈工艺美术集〉序》，载《论艺术·设计·美育》，江苏教育出版社 2007 年版，第 39—40 页。
③ 参见杨杰：《从庞薰琹的艺术道路看中国艺术家对现代艺术的态度与选择》，《民族艺术》2013 年第 3 期。

庞薰琹著《图案问题的研究》《中国历代装饰画研究》

刺绣、地毯印花,甚至紫禁城建筑和苏州园林景观也进入了他对图案学探索、重构的视野。可以说,在传统的范畴内,他对中国图案的迷恋和总结已不仅仅拘囿于历史纹样和民族纹样,而是拓展到了更加广阔的民间艺术生活。① 在美术考古、民族学、艺术人类学之外,他的图案思想来源又有了新的发展进径——那就是民艺、民俗的思维视角。

到民间去,到人民大众生活中去,这既成为此一时期庞薰琹传统图案发掘的重要来源,也是他对图案学社会功能更加深入的理论思考。《图案问题的研究》《中国历代装饰画研究》集中展示了庞薰琹先生的图案学思想精髓。在这两部经典著作中,他系统地谈论了图案概念、构成、功能、思想、来源、拓展、教育、设计、雅俗、民族性诸多问题。在理论阐释过程中,所引图案全部都是中国古代直至今天这个时代民间喜闻乐见的传统样式。从这个角度来说,他的图案思想是传统的、中国的、镌刻深重民族性的。② 这一点已是现代中国艺术学界的共识,也不难为论道者所关注。

然而,他对中国传统纹样或者说传统图案的关照往往

---

① 庞薰琹先生的这种图案思想、实践的变化见于其随笔文章。参见庞薰琹:《论艺术·设计·美育》,江苏教育出版社 2007 年版。
② 参见庞薰琹美术馆编:《庞薰琹研究》,江苏美术出版社 1994 年版。

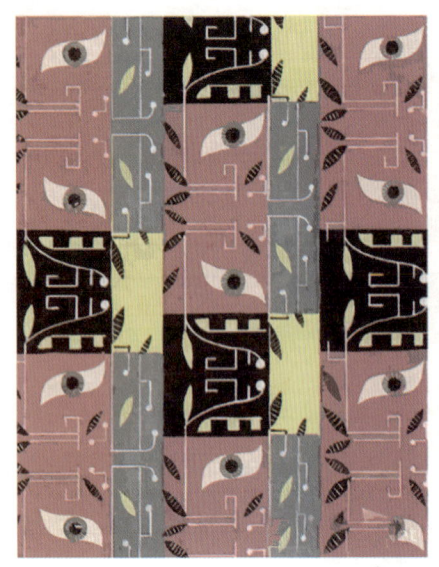

庞薰琹《沙发或窗帘图案》，纸本，工艺美术，38cm×29cm，1941年

庞薰琹《茶壶》，纸本，设计艺术，38cm×29.2cm，1941年（庞薰琹美术馆藏）

容易将论者引向另一个极端。比如有的研究者尽管承认他对现代中国工艺美术的贡献，却提出缺乏更加开放的眼光的批评。① 对于这个话题的讨论，笔者认为只有放到中国现代工艺美术史或者中国现代装饰艺术的宏观研究环境中考察更为妥切。熟悉中国现当代工艺美术教育史和民族工艺美术产业发展史的研究者不难看到庞薰琹先生对中国图案之学、工艺美术学脉向世界潮流奔放所付诸的心血和努力。众所周知，尽管中国历史上出现了丰富多姿的图案纹样，但纵观整个传统社会时期，并没有形成图案之学和工艺美术的概念。图案是什么？图案色彩、线条、造型之于现代装饰文化的意义如何？这个问题，在中国由传统向现代社会转型初期，并没有太多的人关注和解答。庞薰琹的图案学思想既深植于中国传统文化土壤，也深受西方尤其是法国包豪斯装饰艺术思想之影响。所谓"图案之学"，是在现代工业文明的体系之内发端的。也就是说，现代图案学理论最初生发于西方艺术

---

① 杨杰：《从庞薰琹的艺术道路看中国艺术家对现代艺术的态度与选择》，《民族艺术》2013年第3期。

学界。19世纪末、20世纪初西方艺术家对图案之学的观照、研究、利用其实是在现代装饰艺术文化体系内进行的。就这一点而言，庞薰琹由图案至工艺美术再到日常装饰艺术的拓展和西方图案学的初衷是相向而行的，也可以说是在西方话语启发下发展而来的，此其一。其二，庞薰琹的图案学思想所主张的"经济、实用、美观"的观点是符合现代文明发展趋势的，是和世界设计主流同向的。他的思想主张和艺术行为实践不单是中国民族性装饰艺术发展的重要里程碑，而且这种兼具中国特色和普世意义的审美主张为中国现代设计诞生并融入世界注入了活力。① 无论对中国现代设计的启蒙还是对中国现代装饰的发展，庞薰琹的艺术理念是深受西方现代主义观念和法国的"新艺术""装饰艺术"运动之影响的。②

二、"实用、经济、审美"的工艺美术设计原则

"实用、经济、审美"是庞薰琹对中国现代工艺美术发展提出的核心理念。③ 这一主张和其图案学思想、实践有着密不可分的关系。在《初论实用美术》一文，他开宗明义、旗帜鲜明地讲道："实用美术是工艺美术事业的核心，主要解决人民日常生活中衣、食、住、行、用各方面物质生活的

---

① 封钰：《庞薰琹民族性装饰艺术探索及其当代意义》，《南京艺术学院学报》（美术与设计）2014年第6期。
② 张道一：《琴弦虽断声犹存》，《装饰》2002年第4期；庞均：《中国现代设计的启蒙者庞薰琹》，载常熟美术馆编：《庞薰琹中国传统图案》，上海人民美术出版社2009年版，第51—52页。
③ 庞薰琹对工艺美术理论的阐述主要见于其在20世纪50、80年代撰写的有关民间工艺、工艺美术的系列文章。

需要，同时也是精神生活的需要。"① 图案是庞薰琹工艺美术思想的立论柱础，他的图案之学就带有强烈的实用主义、经济育民、审美格调倾向。统览他所搜集、整理、创新的图案纹样，无一不是来源于实用造物。从古代到当代，从紫禁城到大众家居，日用陶瓷、丝绸、刺绣、茶壶、盆碗、建筑，都是他关注的焦点。他在工艺美术中的艺术实践也是紧密围绕日常生活展开的，将带有现代质感的色调、线条、造型汇入传统图案的再造工程，进而附丽于日常用品装饰中，是庞薰琹注重实用性艺术思想的生动体现。以地毯设计为例，他对这个问题的见解正是紧贴国家经济生活、图案应用环境、工艺美术品外贸需求展开的。具体情境下应该采用什么样的图案，他有清晰的比较分析和图案裁选。② 推而广之，对图案在其他工艺美术产品中的应用，他始终贯彻了这种装饰的实用主义的态度。就图案应用在工艺美术产业中的经济功能来说，早在 20 世纪 50 年代，他就主张民间工艺美术中的图案不仅要有文化艺术价值，也要富含经济价值。在全国印花布设计、生产、销售工作改进会上，他提出：图案纹样及色彩的选择

1956年11月1日，中央工艺美术学院成立典礼，庞薰琹副院长讲话

---

① 庞薰琹：《论艺术·设计·美育》，江苏教育出版社2007年版，第366-367页。
② 庞薰琹：《地毯设计初探》，载《论艺术·设计·美育》，江苏教育出版社2007年版，第449-454页。

"决澜社"成员合影，后排左一为庞薰琹，1932年

要迎合大众口味和市场需求。① 其他之于陶瓷、丝绸、染织、刺绣、雕塑等传统工艺改进的主张也都是从经济角度调理图案纹样的扬弃。至于图案审美，更是庞薰琹对中国工艺美术品设计一以贯之、始终坚守的艺术理念。从某种程度上讲，工艺美术就是实用美术，还包含着民间工艺、民族工艺、现代工艺、商业美术等。美术事象必然要涉及审美问题。回顾庞薰琹的艺术生涯，他的从艺之路首先是从绘画实践开始，进而拓展到装饰艺术中的图案之学和工艺美术表达，作为艺术家，审美格调的文化自觉贯彻始终。如何提高人民审美能力，以文化造物普及大众美育，这是庞薰琹屡屡谈及的话题。不仅见于他对古代传统纹样和民间纹饰的美学分析，而且他以现代艺术家的眼光，将这些图案应用到了工艺美术品生产。就此来说，民间刺绣印染工艺是庞薰琹图案审美的重要实践领域。在这些创新设计中，团花、瑞鸟、吉兽、瓷瓶、

---

① 庞薰琹：《论艺术·设计·美育》，江苏教育出版社2007年版，第210、266页。

园林等中国人喜闻乐见的事象，以几何对称的形式呈现于丝绸、花布、衣裙等日用品上。①既迎合了大众审美，也体现了精英旨趣；既突出了中华传统艺术格调，也散发着民族性装饰的意味。由此观之，对图案在工艺美术实践过程中的应用，庞薰琹是坚决主张审美与实用、经济相统一的。

三、庞薰琹图案与工艺美术思想在教育中的实施

庞薰琹先生是中国现代工艺美术事业的拓荒者。在"薰琹的梦"中，做得最大也是最长的一个"梦"是兴办工艺美术教育。②他在这一领域的成就有目共睹，其最突出的贡献之一就是新中国成立后，他为中央工艺美术学院的筹建付出了大量心血。这是有史以来中国第一所真正意义上的工艺美术高等院校。学院初创之时，云集了当时国内著名的工艺美术设计家和工艺美术教育家，庞薰琹是其中佼佼者之一。这缘于他对中国工艺美术教育矢志不渝的情怀。这种情怀实始于20世纪40年代——"民国以来的工艺美术教育始终像寄生虫一样寄生着。一个有着辉煌工艺美术历史的民族，竟需要别人供给我们工艺品，竟没有一个工艺美术学校或研究机关。"③这是他在那个黑暗、落后的时代发自肺腑的呐喊。筹建中央工艺美术学院、全心全意不断丰富工艺美术教育理论和学科架构体系，是他对呐喊的回响。这声呐喊和回响，正是庞薰琹执着于图案学思想理论和艺术实践的社会理想，

---

① 参见庞薰琹主编：《民间染织刺绣工艺》，朝花美术出版社1955年版。
② 张道一：《薰琹的梦》，载庞薰琹美术馆编：《庞薰琹研究》，江苏美术出版社1994年版，第35页。
③ 庞薰琹：《工艺美术运动的一声号角》，载《论艺术·设计·美育》，江苏教育出版社2007年版，第50页。

◣《民间雕塑工艺》，庞薰琹撰写前言

◢《民间染织刺绣工艺》，庞薰琹撰写前言

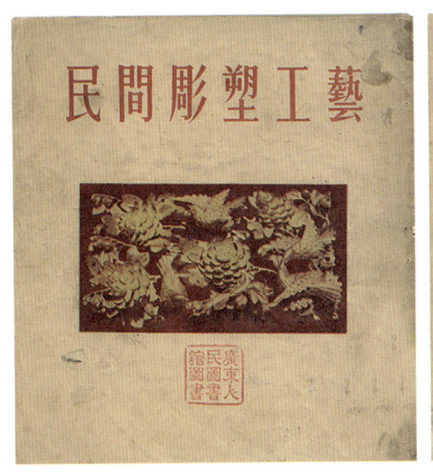

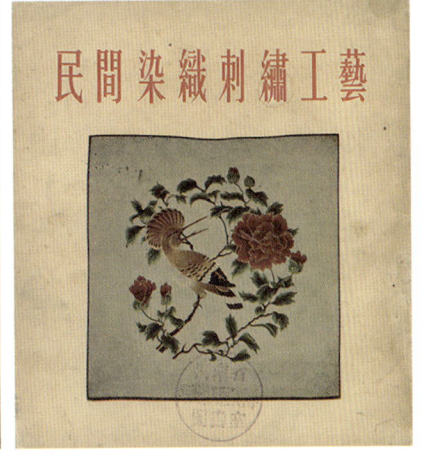

庞薰琹对中国工艺美术教育和图案之学的思考是紧密相连、学脉相通、相辅相成的，集中体现于以下几个方面：

其一，学脉理路。前文已述，促使庞薰琹放弃旅法艺术生涯回归祖国的思想动力就是艺术报国、发掘中国优秀传统文化。由"决澜社"现代绘画实践转入现代工艺美术实践的过程中，他在中央博物院的短暂任职经历一定程度上起到了关联作用。如何把西方包豪斯现代装饰文化引入中国，并创建中国特色的设计之路？在这个艺术梦想的追逐过程中，中国传统图案为他提供了融贯中西，化传统于现代的文化土壤。那些同期中国艺术家所忽略的本土图案为庞薰琹工艺美术创作和思想衍发提供了灵感。20世纪40年代，他在《工艺美术集》序及对个人艺术展览的剖析中就已经深刻地、清晰地将中国图案与工艺美术结合在一起。① 新中国成立后，在中国传统图案、民族图案、民间工艺图案系统搜集、整理工作的基础上，他对图案问题的思考愈加成熟。由《略论图案》到《图案问题的研究》《中国历代装饰画研究》再到《关

---

① 庞薰琹：《论艺术·设计·美育》，江苏教育出版社2007年版，第39—47页。

于编写装饰纹样史的一些想法》《从图案问题谈起》，每一个阶段他都在孜孜求索中国图案的源流和出路。伴随图案之学的理论探索，每一个阶段，他也在表达着对中国现代工艺美术事业的主张。可以说，庞薰琹对中国图案学与工艺美术事业的理论探索是同步的，这为其投身工艺美术教育事业奠定了坚实的思想基础。

↑庞薰琹与学生合影

其二，理论架构。最能反映庞薰琹图案学思想的经典篇章是《图案问题的研究》，文章系统地阐述了他对图案的见解。这些针对图案的概念、功用、思想以及学习方法所阐发的主张，成为后来他在中央工艺美术学院教育实践的理论基础。他所观照的传统纹样、少数民族纹饰、民间工艺美术图案成为工艺美术教学中必不可少的内容，直至今日仍在沿用。他对中国工艺美术事象的阐发总是由现实生活取材，也往往从图案问题谈起。20世纪50年代、80年代他对陶瓷、雕塑、刺绣、染织、丝绸、地毯、印花布等民间工艺品在构图、色彩、线条、题材方面所存缺憾的集中讨论就是明证。显然，图案之学为庞薰琹的工艺美术教育理念提供了所必需的理论支持。这些探索对中国工艺美术教育的发展具有纲领性的指导意义。

其三，教育实践。在庞薰琹工艺美术教育实践过程中，图案学既是重要内容，也是按图索骥、探赜索隐的线索和方向。早在20世纪40年代，庞薰琹就与陶行知先生商谈创办工艺美术学校事宜。在他的教育宏图中就对教学内容、研究

庞薰琹《鸡冠花》，
布面油画，46cm×38cm，
1962年

庞薰琹《盛装》，绢，
水彩，39.7cm×33cm

室设置、人才培养目标进行了规划，图案教育占有相当重要的位置。比如他提出工艺美术师要了解祖国的艺术传统；学生要学习制作实物，学建筑的要学造房子、学家具的要能自己制造木器、学染织的要制作小样；学校要设立图案研究室。这些内容都和图案学有关。① 1953年12月28日，在第一届"全国民间美术工艺展览会"上，庞薰琹与陈之佛两位著名工艺美术家的一席谈话呈现了彼此对工艺美术教学的思考及其教育思想。庞薰琹提出以绘画基础来提高写实技能，以图案基础作为便化方法，最终达到设计与制作的目的的教学程式。陈之佛则强调，在基础图案的讲授中，结合民族的东西，也不是单纯的追求便化。② 这些图案学思想后来融入到了中央工艺美术学院教育实施过程中。中央工艺美术学院创立之初，庞薰琹努力寻找人才、培养人才，其中就包括图案学专

① 庞薰琹：《就是这样走过来的》，生活·读书·新知三联书店2005年版，第209-210页。
② 张道一：《薰琹的梦》，载庞薰琹美术馆编：《庞薰琹研究》，江苏美术出版社1994年版，第34页。

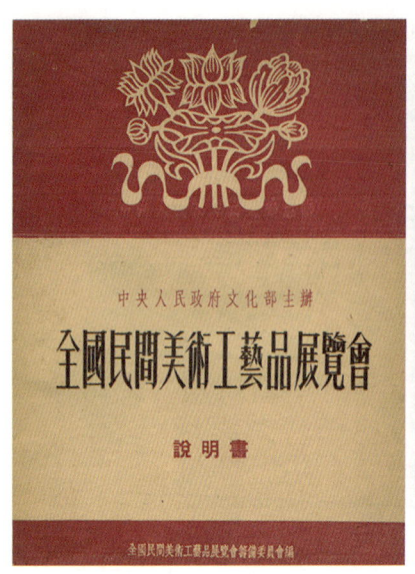

> 庞薰琹主持首届"全国民间美术工艺品展览会"说明书
>
> 《傅雷家书》，庞薰琹封面设计

家。直至晚年，他依然保持着对图案发掘的浓厚兴趣，勉励他的学生张朋川沿着美术考古的道路继续走下去，搜集更多传统图案。对于图案在工艺美术教育中的应用，他自己也是身体力行的。在20世纪60年代他陆续撰写了中国古代各个时期的装饰画讲义。据张朋川回忆，他给装饰绘画系开设的"装饰画"课程就讲到了《武氏祠画像石》中的《荆轲刺秦王》和《泗水捞鼎》。① 此外，他还分别于50年代、80年代组织中央工艺美术学院教师编撰了《民间染织刺绣工艺》《中国工艺美术史》两本著作。在文论和插图中，图案是重点关注的内容。② 总体而言，以庞薰琹在中央工艺美术学院的教育实践观之，他的图案学思想在培养现代工艺美术人才过程中发挥了重要影响。

---

① 以上采自庞薰琹、庞薰琹之女庞均和学生张鹏川的回忆文章。参见常熟美术馆编：《庞薰琹中国传统图案》，上海人民美术出版社2009年版，第53、83页；庞薰琹：《就是这样走过来的》，生活·读书·新知三联书店2005年版，第270—277页。
② 参见庞薰琹主编：《民间染织刺绣工艺》，朝花美术出版社1955年版；田自秉：《中国工艺美术史》，庞薰琹主编：《中国工艺美术丛书》，东方出版中心2005年版。

2002 年作者与孙长林一同拜访庞薰琹夫人袁韵宜

四、庞薰琹图案与工艺美术思想的当下价值

庞薰琹先生对中国现代工艺美术事业的卓越贡献，他的图案与工艺美术思想对当代而言依然具有丰厚的价值内涵。

从宏观场域来看，当代国际的竞争是多领域、多维度、多层次的，也是以话语体系为统领的。因此，当代中国工艺美术事业发展必然需要打造中国特色话语体系。2016年5月17日，习近平总书记在哲学社会科学工作座谈会上指出："当代中国正经历着我国历史上最为广泛而深刻的社会变革，也正在进行着人类历史上最为广泛而深刻的社会变革，也正在进行着人类历史上最为宏大而独特的实践创新。这种前无古人的伟大实践，必将给理论创造、学术繁荣提供强大动力和广阔空间。这是一个需要理论而且一定能够产生理论的时代，这是一个需要思想而且一定能够产生思想的时代。"① 在当下的新时代，以工艺美术为辅翼的中国工艺文

---

① 习近平：《在哲学社会科学工作座谈会上的讲话》，《人民日报》2016年5月19日第2版。

化和设计教育需要立足本土文化，借鉴世界优秀文化，提升艺术理论层次和水平。"薰琹的梦"以及他弘扬、创新中国图案的逐梦之路充分证明：中国艺术应该也能够在充分发掘中国传统文化的基础上，努力构建出适合自身发展的时代话语体系。从这个意义出发，"薰琹的梦"还在继续。

中国需要文化自信，这种自信源自中华民族几千年灿烂历史上留存下来的丰富文化遗产。庞薰琹对中国现代图案学及工艺美术事业的开拓正是受益于此。他的学术理念和艺术实践是在坚守中国传统文化，融贯古今、汇通中外的过程中完成的。他所搜集、整理、创新的中国传统图案以及他所倡导的工艺美术理念正是中国艺术学人文化自信的充分体现。通过对中国历史传统、民族个性、民间工艺中优秀元素的观察、吸纳，庞薰琹图案学和工艺美术学思想才得以破茧成蝶，脱颖而出。对当代艺者而言，到历史传统中去，到民间艺术中去，到乡土文化中去，这才是不断获得艺术灵感和创作素材的源泉。

庞薰琹图案学思想发展路径是多元的，既有传统的，又有民间的，还有现代的。对于中国现代设计教育而言，学科交叉的方法和理念显得尤为重要。在新文科、新工科成为全球教育变革趋势的背景下，学科交叉、学科融合成为必然趋势，这也对当代中国工艺美术与设计艺术发展提供了新的契机与挑战。在坚定有中国特色文化建设理论指导的基础上，当代中国工艺美术与设计艺术应突破学科、专业的自我约束，放宽艺术视野，在不断融合、创新的过程中求得新生。

附：庞薰琹主要著作及作品目录

1. 庞薰琹：《中国图案集》，1939年。
2. 庞薰琹：《工艺美术集》，1941年。
3. 庞薰琹：《图案问题的研究》，上海：大东书局1953年版。
4. 庞薰琹：《庞薰琹画辑》，北京：人民美术出版社1979年版。
5. 庞薰琹：《工艺美术设计》，北京：人民美术出版社1981年版。
6. 庞薰琹：《中国历代装饰画研究》，上海：上海人民美术出版社1982年版。
7. 庞薰琹：《庞薰琹工艺美术文集》，北京：轻工业出版社1986年版
8. 庞薰琹：《论工艺美术》，北京：轻工业出版社1987年版。
9. 庞薰琹：《就是这样走过来的》，北京：生活·读书·新知三联书店2005年版。
10. 庞薰琹：《庞薰琹画选》，北京：北京工艺美术出版社1991年版。
11. 庞薰琹：《庞薰琹随笔》，成都：四川美术出版社1991年版。
12. 庞薰琹：《庞薰琹画集》，北京：人民美术出版社1998年版。
13. 庞薰琹：《庞薰琹工艺美术设计》，北京：人民美术出版社1999年版。
14. 庞薰琹：《庞薰琹》，南京：江苏教育出版社2006年版。
15. 庞薰琹：《论艺术·设计·美育》，南京：江苏教育出版社2007年版。
16. 庞薰琹：《二十世纪美术作品国家档案·庞薰琹》，北京：北京出版社2010年版。
17. 庞薰琹：《庞薰琹文集》，济南：山东美术出版社2018年版。

钟敬文

学高为师

钟敬文（1903—2002），笔名静闻、金粟等，广东海丰人。民俗学家，国务院学位办第一届中国语言文学学科评议组成员。曾在中山大学、香港达德学院、北京大学等高校任教，是中国民俗学和民间文艺学的奠基人，被国际学界誉为"中国民俗学之父"。曾长期担任中国民间文艺家协会主席和中国民俗学会理事长等职，兼任北京市政协委员、中华诗词学会副会长、中日友好交流协会理事等多种社会职务。

钟敬文的民俗学研究 *

→ 钟敬文先生与作者探讨民俗文化

  钟敬文是我国民俗学的创始者和奠基人，创立了民俗学的中国学派，被誉为"中国民俗学之父"。他以毕生不渝的努力，观照和求解中国的文化现实与学术命题，以强烈的学科意识、贯通古今的学术视野和素养深刻阐释了中国学术的本土立场和内在构成，通过民间文艺学、民俗学、民俗文化学等学科体系建设践行了学术研究的文化使命。回顾其学术思想，检视其学术创见赖以生成并发挥效用的文化语境，可以深刻理解百年来中国文化现实与学术使命的演进生成，获得新的启示和思考。

---

* 原文发表于《民间文化论坛》2013 年第 6 期，《光明日报》2013 年 12 月 13 日全文刊发，收入《民间文化的忠诚守望者——钟敬文先生诞辰 110 周年纪念文集》。

国立中山大学语言历史学研究所民俗学会会员合照，1928年

一、民俗学的中国立场与文化使命

"民俗学"（folklore）在英国创立的原意为"民众的知识"，目的是适应英国城市化进程以及殖民需要，研究文化较低民族的文化或保留于文明民族中无知识的东西。所以，班妮在《民俗学概论》中指出，"民俗学对于人类知识的总量恐不能希望过分的贡献，但有一个非常实用的效果，当然会从这种研究中生出来，即统治国对于隶属民族可以从此得到较完善的统治法。倘不研究隶属民族，就永不会正确地理解他们"，其重点在于研究未开化的民族与文明民族的文化遗留物。与之不同，20世纪初民俗学传入中国，研究目标被转化为开掘民众文化的精神财富。在1928年《民俗》周刊的发刊词中明确写道："我们要站在民众的立场来认识民众！我们要探检各种民众的生活、民众的欲求，来认识整个社会！我们自己就是民众，应该体验自己的生活！我们要把几千年埋没着的民众艺术，民众信仰，民众习惯，一层

层发掘出来。我们要打破圣贤为中心的历史，建设全民众的历史！"显然，民俗学在传入中国之初即确立了中国的文化立场和现实目标，特别是在社会转型、文化启蒙的关口，其研究目标在于认识民众的生活和欲求并实现社会改良和历史发展。有研究者指出，1918—1937年的民俗学与当时的文学革命、思想启蒙、社会革命和社会改革等现象有紧密联系，"中国的民俗学家通过最初的发现民众和认识自我，最终在试图解释和解决中国的社会问题和文化问题这里，找到了自己的归宿"，民俗学发挥了解释、解决社会与文化问题的现实作用。将民俗学的中国立场和文化使命不断推进并深刻阐扬的正是钟敬文。他不仅在自己的学术研究中求解中国的学术命题，而且明确提出了"建立民俗学的中国学派"的构想。

可以看到，就中国的文化现实而言，首先是历史文化积淀丰厚，钟敬文从中国丰富的历史文化传统和积累出发，在理论民俗学和记录民俗学之外，提出历史民俗学研究。他指出"中国有丰富的民俗历史文献，不进行历史民俗学的研究是说不过去的"，认为仅就中国文学而言，即有古典文学、俗文学和民间文学三大干流。其中古典文学有民俗文化的要

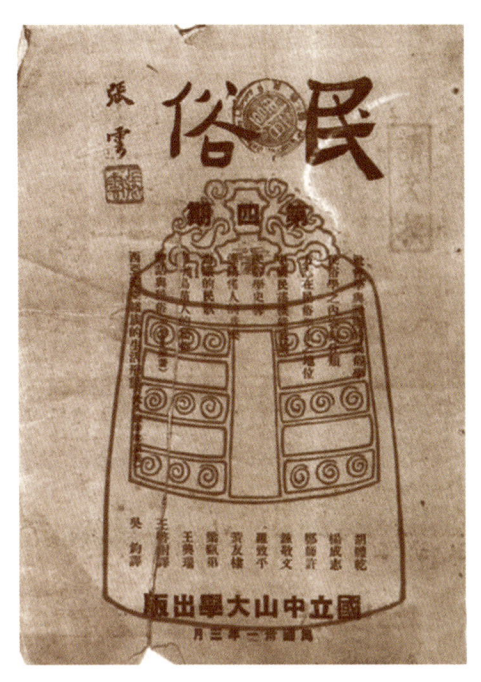

➡ 中大民俗学会主办的《民俗》杂志

素，可引入实地考察、以今证古法等民俗学方法加以研究。所以从国家的文化基础出发开展民俗史研究，是"对综合或者单项的民俗事象的历史的探究与叙述，包括通时的或断代的事象的探究与叙述"，以及从文献中搜集资料，对资料进行辨伪、考订，再用唯物史观对所描述出来的事实进行分析综合，从而了解民俗学的起源与演变过程，了解前人在民俗学发展过程中所做的工作，总结出民俗学发展的一般特性。因此，与之相应，"民俗学史"也成为"关于民俗事象的思想史、理论史，也包括搜集、记录、整理和运用它们的历史"。这无疑是从本土文化现实出发，构建学科体系，开展学术研究的生动范例。特别是在我们大规模引进西方现代知识体系和学科构成系统之际，如何观照本土的知识基础、文化积淀和社会现实，如何构建有自身根基和命脉、有自身生命力的学科体系，具有重要意义。

同时，中国是一个以汉族为主体的多民族国家，有许多民族属于跨境民族或跨界民族，而且边疆少数民族地区活态的古老传说、史诗和仪式生活等濒危性更加突出，亟需加强搜集、整理和研究工作，钟敬文提出"多民族的一国民俗学"思想，不仅关注汉文典籍以及以中原农耕社会为主的民间文化，而且重视汉族以外的其他民族的民俗学，包括渔猎、游牧、稻作、旱地灌溉和刀耕火种等不同的文化类型，在其《论民族志在古典神话研究上的作用》等研究中，即践行了这样的学术思想。事实上，国家文化研究还需跨越国家地理边境的界限，关注区域文明，开展比较研究，研究梳理中国民间传统文化与其他国家和地域在历史上千丝万缕的联系。中国的民俗学研究需从中国历史文化发展的基本国情出发，建立

钟敬文先生学术著作（部分）

广泛的国际联系，并坚持跨文化和多学科的综合研究方向，充分认识到民间传统文化的濒危性和搜集工作的迫切性，推动少数民族口头传统等抢救整理与研究工作，走开放式的学科建设道路。正是在这样深刻研究实践的基础上，钟敬文于1998年提出建立"中国民俗学派"的设想，在1999年出版了《建立中国民俗学派》的专著，指出："中国的民俗学研究要从本民族文化的具体情况出发，进行符合民族民俗文化特点的学科理论和方法论建设。"

二、中国民俗学的学科体系与研究方法

钟敬文以强烈的学科意识对中国民俗学的学科体系和方法论进行深入研究，从研究对象、体系结构、方法论及效用等方面进行论证，认为："民俗本来就是一种文化现象，但意识到和没有意识到，对于学术研究来说，就大不一样。这就是我们常说的学科意识"。在《关于民俗学结构体系的设想》演讲中，他指出："有时一种学术的发展，同其学科意识的发展，不完全是同步的。但如果总是对一门学科的体系结构缺乏认识，还要夸夸其谈这门学科，那么，即使偶然幸中，也是根基不牢、影响不大的。"具体在民俗学学科体系构成上，钟敬文提出，民俗学学科体系包括民俗学原理、民俗史、民俗志、民俗学史、民俗学方法论、民俗资料学六大部分，即理论的民俗学、历史的民俗学、资料的民俗学。强调民俗学主要研究对象是作为文化创造者的民众、民间传统文化的基本样式，以及它们在特定社区或者集团中被创造、传承、共享的规律。民俗学者要在学术研究过程中站在民众的立场上看问题，理解和尊重民众的文化创造。应该说，这一理论建构不仅厘定了研究的对象与构成体系，而且明确了研究者的立场和角度。正

←钟敬文先生与作者考察印花布

是由于旧式的民俗学田野工作者在早期的田野作业中采取了旁观者的态度，难以融入相应的文化语境并进行深入描写和真正对话，其观察视角、思维方式、描写立场、话语表达等使田野民俗志的写作面临挑战和抉择。钟敬文的界定明晰而深刻，民俗研究需要真正的融入，不仅诠释社会，同时也反观自己，不仅把握历史演进中生成发展的一般规律也致力诠释和发展现实。这对于其他社会学科的建构也具有重要的启示意义。

在民俗学科与其他学科的联系上，钟敬文重视发掘学科内在的关联并进行深入研究。由于民俗学具有交叉学科的性质，20世纪以来，心理分析学、文化研究和结构主义都对民俗学产生影响，进化论、实证论、比较研究、传播学以及文本批评，不仅构成了芬兰历史地理学派的主要内容，也对民俗学研究发挥作用。钟敬文重视本土文化的基础和现实，而且毕生坚持多学科的民俗学思想并贯彻到自己的学术实践中，他关于女娲神话、刘三姐传说、晚清民俗学史的梳理等，都是跨学科研究的典范。钟敬文认为，"一种科学的对象，从多种角度去加以研究，这是近今世界学术发展的自然趋势"，指出人类学和民俗学是姊妹学科，它们所处理的文化对象，主要是集体所创造、享用和传承的，所处理的对象大部分是共同的或者是相互关联的，因此资料的搜集、整理和理论的探索、阐发等方面，都有汇通和启发之处。

在民俗学的研究方法上，钟敬文提出，民俗学的方法论包含三个层次，即哲学层次的方法、与许多学科共同的方法、本学科的特殊方法。具体在民间文艺学等科学体系及研究方法的总结中，他强调原理研究、历史的探索和编述、评论工作、方法论及资料学等四个方面。可以看到，原理研究是"关于民间文学各方面现象的理论研究，它不仅包括对这种对象广泛的、概括的研究，同样也包括对各种现象的局部的、断片的专题研究，还包括现实的理论问题如'改旧编新'、新故事发展、五八年民歌评价等"；历史的探索和编述则包含"1. 作品史（各种体裁的或综合的）；2. 科学史（理论史，如神话学史、歌谣学史、民间文艺学史等）"。总之，重视发掘民俗事象的源头，从民众文化出发探讨文化发展的一般规律，不仅考证民俗事象的来源与形成时间，更从民众生活的观念演变等角度研究其生成与变化。

有研究者认为："中国民俗在近代到当前的社会历程是非常具有戏剧性的。大致说来，民俗曾经从普遍的日常生活方式蜕变为完全边缘的'文化遗留物'，在过去30年再起死回生成为公共文化。"可以看到，在变迁发展中，钟敬文等前辈开创的民俗学研究都为我们提供了尊重文化现实，观照本土文化命题，以及使研究对象、研究方法和由此构成的学科体系深刻关联、融会生成的典范，意义不只在于推进某一具体学科的建构与发展，更在于践行当代学人的学术使命，从当前的文化现实出发，有所实践。

三、当前的文化现实与学术启示

钟敬文等学术前辈在中国民俗学建立与发展的过程中，在西方与东方、现代与传统激烈的对撞冲击中能够坚守中国的文化立场，阐发传统文化、民间文化的意义和价值，并在学科层面加以建构和发展。当下，我们要面对和致力解决的仍是百余年现代化进程中包藏演进的文化问题，而且它不像

钟敬文（左）与启功探讨艺术

东学西学孰优孰异、传统现代断层与融入那样纯粹，而是裹挟在社会发展的进程中，与经济发展、生活变迁等一系列社会问题形态交织在一起，更需学术研究有中国立场和本土视野，需要深层次的文化的切入点并致力从文化视角寻求解决之道。正如当前文化现实的一个突出节点，在于城镇化与人的现代化问题。为什么这么说？因为一段时期以来，我们在物质现代化方面实现了长足的进展，甚至过于追求物质的现代化，而精神、心性以及文化的现代化不同程度缺位，由此导致一系列问题，包括传统价值观念、生活状态、文艺审美以及民俗传统遭遇商品文化、消费文化猛烈冲击。不仅物质形态的文化遗留物如村落城镇古建筑等遭到破坏和消解，精神形态的习俗、认同等也受到冲击和改写。大规模农民工周期性"钟摆式"和"候鸟型"流动，在实现地域转移和职业转换的同时，也伴随传统村落文化传承的中坚力量流失、空巢留守等心灵精神依托等一系列问题，城市物质丰赡的同时存在精神的冷漠和高尚道德的缺失。所以，我们认为，城镇

化发展的历史趋势凸显了中国当代文化建构与发展的核心问题及其将发挥的价值和作用。城镇化不是简单地合乡并镇，而是生产方式、生活状态的优化与调整，是数以亿计人次的生产、生活、文化空间的新一轮建构和发展，是以人为核心的转型、提升和发展过程。与之对应的，是一系列深层次文化问题的破解和实践。

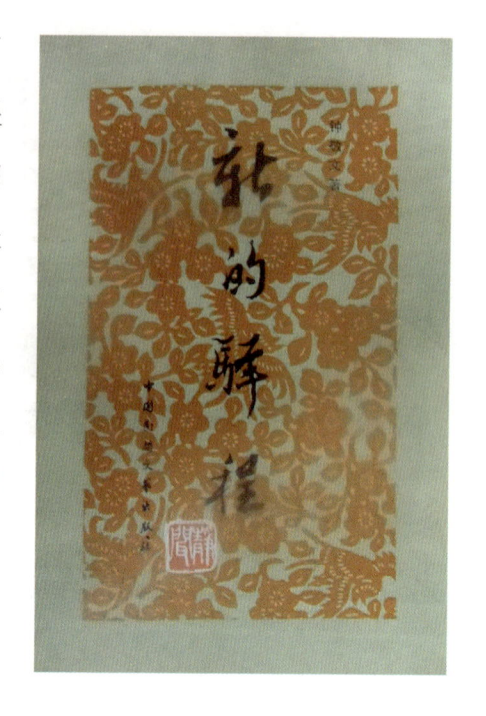

钟敬文著《新的驿程》

正如钟敬文曾将民俗学定位为"当代学"（现在学），作为理解普通人日常生活文化的当代学，"民俗学界开始采用'生活世界'、'日常生活'的概念来帮助界定研究对象。这些概念把民俗事象作为生活整体的有机组成来看待，约定的研究旨趣是通过民俗事象来理解生活整体，这就与以前把民俗事象从现实生活中剥离出来，只为与古代社会建立联系的研究形成了不同的学术范式。"当下的人文、社会科学研究尤需这样的眼界视野，当传统村落不断消亡、民间文艺生态面临危机、传统民俗的凝聚力及精神内核遭遇改写和置换的时候，我们需要进一步梳理并明确自身文化传承创新的基础和理路，实现民族文化精神的现代化。

因此，钟敬文矢志不渝的学术实践给予我们的深刻启示。首先是有学术研究的本土立场和思考深度。所谓"传统

钟敬文著《历史的
公正》

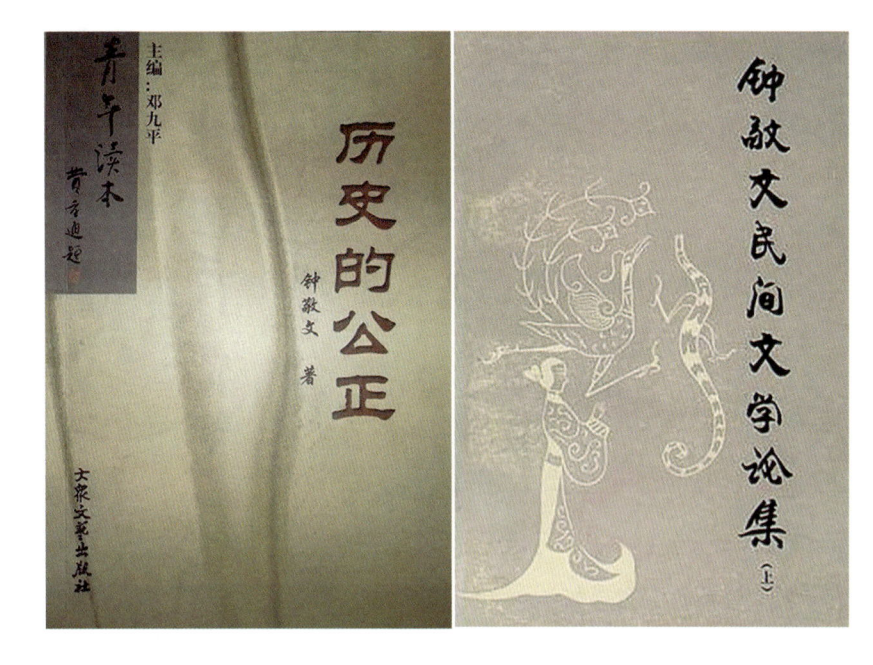

《钟敬文民间文学
论集》（上）

思想对当代思想是一种规范和砥砺，而当代文化思想定位则是对传统文化精神的审视和选择的一种深化。没有价值立场，创新就会蹈空，就会丧失创新深度"，应有深层次的问题意识，不只是关注社会日常的、表面的、热点的、常态的层面，更要关注潜藏在深处的文化问题，关注其驱动作用以及现在没有来临将来会出现的诸多影响。

同时，在钟敬文学术思想的感召下，我们应实现学科层面的研究和引领。学科建构有助于我们进一步厘定相关知识谱系，并将研究事象提升到原理层面，建构起相应的方法论体系，对于学术发展具有实质性意义。正如我们认为对于中国数千年传承不断的手艺文脉也应提升到学科层面加以研究，建立中国手艺学，从本土造物文化出发，开展中国手艺文化体系研究。不仅因为历史上"器以载道""器以藏礼"，手艺以物质文化的形式融合了制度文化、观念文化等诸多内容，包含了认知、技能、审美等诸多要素，作为具有整体性、稳定性的传统不断演进传承，成为本土性的文化体系、话语体系、知识体系，而且就中国文化而言，既有丰厚的传统积淀，也在急剧转型中不同程度地面临断层、失语的危机，加强历史化地整理和关于实践、关于理论的学术研究，亟具紧迫性。一门学科存在的理由，正是要面对中国社会与文化及其变迁的真实问题，在学科背景和特有的知识结构中加以回答，在面对重大的社会历史变迁中，有所担当。

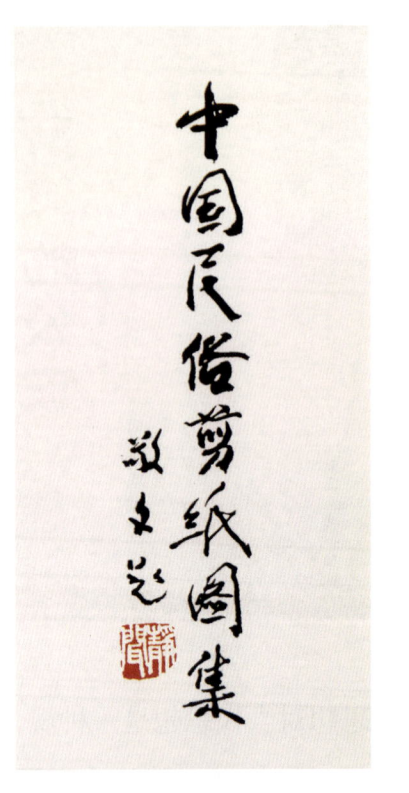

← 钟敬文为《中国民俗剪纸图集》题字

　　钟敬文学术研究给我们的启示还在于，文化的关注不仅涉及有形的物质和空间载体，更要深入到精神状态层面，寻找关键的文化策略。事实上，当前一个突出的现实在于，"人类正处于一个新的类像时代，计算机信息处理和自动控制系统，以及按照类像符码和模型而形成的社会组织，已经取代了生产的地位而成为社会的组织原则。后现代时期的商品价值已不再取决于商品本身是否能满足人的需要或具有交换价值，而是取决于交换体系中作为文化功能的符码"，文化的传承和内在创新能力的发展都在这样的语境里展开，关注文化精神的内核才有望实现新的发展和突破。

　　时光悠悠，历史的长河汹涌不息，社会从未停止变迁的脚步，一代学人卓著的贡献，不只在于专业领域里严谨质实的建树，更在于学术范式和精神带来的启示。有幸的是，在20世纪80年代末90年代初，王朝闻先生主编中国美术史的过程中，经常邀请钟敬文先生参加编撰研讨，我也曾在两位先生之间传递信函交流学术观点，并有机会到北师大的小红楼聆听钟敬文先生有关民间美术方面的教诲。钟敬文先生在中国美术史编撰研讨会上强调民间美术在不同历史时期的重要作用，并给拙著《中国民俗剪纸图集》题写书名，勉励我们年轻人要关注国家民间文艺事业，先生的教诲使我受益良多。多年来，我的案头一直有钟敬文先生的《民间文艺谈薮》，激励我在民间文艺领域积极探索，对我在民艺领域的学习、思考和研究有很多启示。钟敬文先生不仅在中国民俗学有开创之功，其影响更超越了学科的阈限，在民间文艺学、民间美术等领域有深刻的创见，他强调民间美术作为一个庞大的体系本身就是民俗，对人们的生活方式和精神世界发挥了重要作用，他树立了从本土文化现实出发，构建学科体系，从学术高度剖析求解文化命题的典范，带来的启示是深远的，一直引领我们尽己之力担承文化与学术的使命。

钟敬文学术思想的时代价值
——纪念《钟敬文全集》出版 *

钟敬文先生与乌丙安先生合影，1996年

今天，我们召开"《钟敬文全集》出版与钟敬文学术文化思想座谈会"。在此，我谨代表中国民协和广大民间文艺工作者，对《全集》的出版表示热烈的祝贺！钟敬文先生是中国民间文艺学科的开创者，是中国民协的主要奠基人之一。编纂出版全集，共同研讨钟敬文先生的学术思想，总结中国民间文艺的发展历程，研讨新时代民间文艺的发展命题，具有重要意义。在这里，我谈几点体会。

---

* 2019年1月20日，钟敬文先生的著作全编《钟敬文全集》出版，"跨文化视野下的中国优秀传统文化教育与传承——《钟敬文全集》出版与钟敬文学术文化思想座谈会"在人民大会堂召开，本文为作者在座谈会上的发言。

"跨文化视野下的中国优秀传统文化教育与传承——《钟敬文全集》出版与钟敬文学术文化思想座谈会"在人民大会堂召开，2019年1月19日

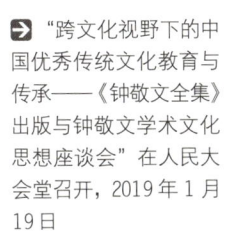

第一，学习钟敬文先生的治学理念和学术思想，传承老一辈学人对民间文艺传承发展的强烈使命和责任。

钟敬文先生的学术追求、学术理想和学术使命，贯穿了我国现当代百年历程。他在"五四"时期，以及20世纪80年代以来，在社会发展的不同历史阶段，深刻把握民间文艺的发展脉动，推进民间文艺的学术研究和保护实践，体现了强烈的文化使命感。如果没有钟敬文先生这样的一种精神、一种使命、一种关于民间文艺的全方位理论构建和实践，也许，我们今天的很多民间文艺工作可能无从谈起，我们许多珍贵的民间文艺样式可能已经流失，我们可能会缺少像今天这样 一支坚实的 民间文艺研究与工作队伍。所以，整理、出版、研究钟敬文先生的学术思想格外重要。深化钟敬文的相关研究，就是传承一种精神财富，汲取一种思想动力，传播关于中国民间文艺发展的经验和智慧。对于当下的民间文艺发展，具有现实意义，也是我们所肩负的一种历史责任和文化使命。

第二，学习钟敬文先生的治学理念和学术思想，加强我国民间文艺发展的学科规划。

钟敬文先生以强烈的学科意识，开创和引领了我国民间文艺的学科发展。早在1935年就提出建设"民间文艺学"学科，并不断倡导学科建设的重要性。几十年来，他提出了建立民间文艺学"原理研究""历史研究""批评评论""方法论和资料学"的学科体系，强调"田野作业"的研究方法，指出既要注重客观地调查和比较，也要关注社会生活的特性。钟敬文先生从理论指导、专业素养、严肃学风和创办学术刊物等各方面，做出了开创性的工作，都是我国民间文艺学建设的务实之举。几十年来，钟敬文先生一直引领民间文艺学的学科前沿，在学术研究、人才培养以及开展系统的民间文艺抢救、保护和发展一系列实践中，发挥了重要的支撑带动作用。事实证明，在文化发展过程中，加强学科规划和建设，有助于我们认清研究对象，把握发展规律，明确工作方法，是开展调查研究和解决现实问题的重要基础。进入新时代，我们要持续加强学科建设，按照钟敬文先生的学科规划，建设好中国的民间文艺学。

第三，学习钟敬文先生的治学理念和学术思想，以"人民性"和"中国特色"的中心理念指导我国民间文艺发展。

钟敬文先生认为，民间文艺具有"直接的人民性"，提出以"人民性"作为衡量文学作品价值的重要标准。他指出，民间文艺以劳动人民的文艺创造为对象，收集、整理和研究有助于增强人民历史文化的自豪感，具有重要的社会作用。

钟敬文先生关注中国民间文艺发展的历史和现实,明确提出,要坚定地从我们社会生活的实际出发,自觉地建设具有我国特色的民间文艺学。这是一代学人高度的文化自觉,也是建立中国学派的重要基础。学习钟敬文先生的为民情怀和文化视野,发展我国民间文艺事业,要树立"以人民为中心"的工作导向,为建设具有中国特色的社会主义服务。

当前,我国文艺发展进入了新时代。习近平总书记关于文艺工作的一系列重要讲话,部署文化建设,关心文艺发展,关怀文艺工作者,要求我们从中华民族伟大复兴的战略高度,坚定文化自信,坚守文艺的人民性,坚持中国特色社会主义文化发展道路,为民间文艺发展指明了方向。正是在这样的时代背景下,《钟敬文全集》的出版,有助于我们更好地学习和传承民间文艺发展的优秀传统,扎扎实实服务和推动我国民间文艺事业的发展。

在习近平新时代中国特色社会主义思想的指引下,中华优秀传统文化传承发展工程全面启动,中国文联、中国民协正积极组织全国民间文艺家深入开展实施"中国民间文学大

钟敬文、季羡林、邓九平主编的"读书文萃"丛书

系出版工程"和"中国民间工艺传承传播工程"。这"两大工程"作为国家重大文化工程、民族文化复兴的示范

← 1988年钟敬文考察京西古幡会

工程、民间文艺的记忆工程,也是钟敬文先生早年倡导的"万里长城""文化工程"的重要组成部分。

"吾侪肩负千秋业,无愧前人庇后人",钟敬文先生曾以此自勉。今天,作为一名民间文艺工作者,作为新时代民间文艺事业发展的 参与者,我们要继承钟敬文先生的人民情怀,发扬中国民间文艺家协会的优良传统,学术立会,担当使命,勤奋耕耘,服务人民,为我国民间文艺事业的繁荣发展而不懈努力!

谢谢大家!

附:钟敬文主要著作目录

1. 钟敬文:《民俗文化学:梗概与兴起》,北京:中华书局1996年版。

2. 钟敬文:《钟敬文民间文学论集》上册,上海:上海文艺出版社1982年版。

3. 钟敬文:《钟敬文民间文学论集》下册,上海:上海文艺出版社1985年版。

4. 钟敬文编:《民俗学概论》,上海:上海文艺出版社 1998 年版。

5. 钟敬文:《钟敬文民俗学论集》,上海:上海文艺出版社 1998 年版。

6. 钟敬文编:《民间文学概论》,上海:上海文艺出版社 1980 年版。

7. 钟敬文主编:《民间文学基础理论》,上海:上海文艺出版社 1985 年版。

8. 钟敬文:《新的驿程》(民间文学、民俗学论集),北京:中国民间文艺出版社 1987 年版。

9. 钟敬文:《民间文艺谈薮》(论文集),长沙:湖南人民出版社 1981 年版。

10. 钟敬文:《口头文学——一宗重大的民族文化遗产》,北京:北京师范大学出版社 1951 年版。

11. 钟敬文:《关于鲁迅的论考与回想》,西安:陕西人民出版社 1982 年版。

12. 钟敬文:《民间文艺丛话》(短论集),广州:东昇印务局 1928 年版。

13. 钟敬文:《柳花集》(文艺短论集),上海:群众图书公司 1929 年版。

14. 钟敬文:《钟敬文学术论著自选集》,北京:首都师范大学出版社 1994 年版。

15. 钟敬文:《钟敬文全集》,北京:高等教育出版社 2018 年版。

16. 钟敬文:《民间文学作品选》,北京:高等教育出版社 2010 年版。

17. 钟敬文:《钟敬文自选集》,北京:首都师范大学出版社 2008 年版。

18. 钟敬文:《钟敬文谈中国民俗》,长沙:湖南少年儿童出版社 2010 年版。

王朝闻

学高为师

王朝闻（1909—2004），又名王昭文，笔名汶石、廖化、席斯珂，四川合江人，著名雕塑家、文艺理论家、美学家。历任延安鲁迅艺术文学院、华北联合大学教师，中央美术学院副教务长、教授，《美术》主编，中国美术家协会副主席、顾问，中国艺术研究院副院长，中华美学学会会长、名誉会长。中国文联第一、二、三、四届委员及第六届荣誉委员，中国美协常委、副主席，先后在中国作协任理事、顾问、名誉委员等要职，全国第三、四、五、六届政协委员。

王朝闻的工艺审美观 *

1989年参加《中国民间美术全集》编撰会，王朝闻先生与作者合影

今年，王朝闻先生诞辰110周年。时光匆匆，如白驹过隙，回首追随先生学习和工作的日子，仿佛就在昨天。近来，重读朝闻先生的文集，感触尤深，先生当年致力阐述的许多理论问题，今天仍有深刻的启示。特别是在我们正深入学习贯彻习近平总书记关于文艺重要论述的过程中，深入理解社会主义文艺的"人民性"本质，并充分把握对应的创作原则、创作方法，不断创作富有时代精神、服务人民的精品力作，是我们的方向和遵循。朝闻先生的著述中，对文艺创作的

---

* 2019年5月10日上午，中国艺术研究院美术研究所和《美术观察》杂志社主办的"王朝闻文艺理论及其现实意义——纪念王朝闻诞辰110周年学术研讨会"在中国艺术研究院举行，此文根据作者在纪念活动的讲话整理修改。

"人民性"做出了精彩的阐释,正如朝闻先生所言:"如果说艺术为人民服务是我一贯的信念,如何为人民服务才是我所要探索和追求的理论和重点。"先生的很多论述和分析指导着我们在具体的文艺实践中将"以人民为中心"的工作方向落实到位。

纪念王朝闻先生诞辰110周年座谈会,2019年5月10日

就工艺美术等生活的艺术而言,如何更好地做到"坚持与时代同步伐""坚持以人民为中心""坚持以精品奉献人民""坚持用明德引领风尚",是振兴发展的重中之重。不仅需要我们深刻认识工艺美术的发展现实,更要从根本上认识和把握工艺美术作为富有历史传统、生活基础和民间创造力的文化艺术组成部分,如何对接新时代人民群众的需要,成为中华民族波澜壮阔历史进程的组成部分,像习近平总书记所部署的那样——"立足中国现实,植根中国大地,把当代中国发展进步和当代中国人精彩生活表现好展示好,把中国精神、中国价值、中国力量阐释好",紧紧依靠人民,为了人民,创作经得起人民和历史的检验的好作品,回馈人民。在朝闻先生的论述中,我们能够进一步明确生活艺术人民性的实践目标和发展方向。

一、生活艺术的时代性

王朝闻先生始终主张艺术要发挥教育和影响作用,明确

➡ 1987年《中国美术史》
总主编王朝闻与作者合影

提出"创作不仅是为了陶醉自己,主要是为了影响别人,从而发挥艺术在思想战线上的作用",强调艺术的教化作用,指出"生活实际对艺术家的重要作用,至少不限于给后者提供创作的素材,比它更重要的,是培养后者辨别美丑和对美丑的感受能力","美丑不是脱离是非与善恶而孤立的存在物,艺术对美丑的反映意味着对是非、善恶的间接判断",指出"只着眼于艺术自身的研究而不同时探索它对人们精神

1992年《中国民间美术全集》编委全体人员合影

上可能产生积极的消极的作用,那就无从确认艺术自身在社会生活中的审美价值"。

正是以积极的教育和影响作用为主导,对于工艺美术创作,朝闻先生也首先分析了其意识形态性,强调具有时代内容和发挥精神上的积极影响。朝闻先生指出:"人们观赏工艺品的目的,很难说是为了接受美育。但是,既然工艺品是一种物质生产也是一种精神生产,它在人们精神上也有积极影响。人们常说'难能可贵'、'巧夺天工',在这方面历代民间艺术家的劳动提供了可贵的成果。北京等地目前出产的23层的象牙球,其目的不过是供人观赏,并不是企图用它来教诲人的;但它那精到的技艺,也能使人感到牙雕艺人的智慧、耐性、勤劳、细心和勇气,是对于劳动的才能和创造性的肯定。"在另一处工艺样态与精神渊源及其作用的分析中,朝闻先生指出:"一件显示了工艺美术卓越成就的漆盆,玄色而发光的盆底上,有用漆堆成的浮雕式的一条金鱼,另外配上通草作的水仙和几块鹅卵石;根本没有水。我家小孩却对我说,'水里有一条鱼'。利用了各种东西的适当配合而使人感到不存在的存在,没有水而使人以为有水,这种

→ 王朝闻雕塑作品《刘胡兰》

能够造成幻觉的作品，反映了人民在接触自然中得来的审美体验，适应了人民喜爱自然的美的需要，有可能使人看见自己所向往的、有利于一切劳动的、因而也就是有利于社会主义建设的智慧和才能的培养。"这些举例分析深入浅出、生动具体，将工艺、审美与精神文化影响联系在一起，启示我们从具体的工艺创作中表现或欣赏精神文化内容。虽然工艺美术对于意识形态的承载不如其他艺术样式那样鲜明、直接，但作为一种精神生产，其意义、内涵以及教育影响作用同样是不可或缺的维度。事实上，生活艺术的价值离不开这一核心层面的定位，由此也将避免核心价值确实可能导致的问题，如朝闻先生指出："为了艺术在群众思想上的作用，我们坚决反对把艺术降低到给人抓痒的地位，把适应欣赏者的需要了解成迎合低级趣味。""艺术性不高的作品减弱塑造人灵魂的力量。"

生活艺术中的价值导向、意义境界、智慧创造力不容忽视，所塑造和体现的中国精神、中国风格、中国气派也具有深刻的精神内涵。在生活艺术的发展中，我们要致力彰显时代内容、时代精神，体现历史发展进程中的生活理想、审美追求，发挥积极的引领作用。

二、艺术创作的人民性

王朝闻先生指出："我国的工艺美术和其他艺术一样，为工农兵服务，为社会主义事业服务，是唯一正确的方向。

王朝闻家人、朋友与作者合影

但也只有从人民对工艺美术的需要和工艺美术对人民的作用出发，才能正确贯彻这个方向。"工艺美术来自生活，既源于具体的物质需要，也包含艺术的、审美的需要与创造。比如朝闻先生以工艺品纹样为例，分析了图案装饰与生活审美的关系，指出："工艺品的图案化的装饰纹样设计，不着力引起美感的事物的如实描写，而着力于和人民群众正确的审美体验相适应的形态的变化，即有重点地表现了客观事物的某些特征对人的影响，因而这种图案化的纹样也在一定范围和方面反映了生活。""花本来是一种自己不能动作的植物，但它出现在工艺美术品里时，其姿态不只如鸟如蝶，而且有点像正在舞蹈的人，具备正在舞蹈的人的那种活泼的神气。把静态描画成动态，使本来没有心灵的植物成为人的情感的体现，这是了不起的发明创造。"归根结蒂，生活中人民群众的物质和精神需要是工艺美术创作发展的基础和源泉。

→ 王朝闻版画作品

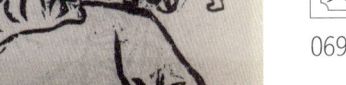

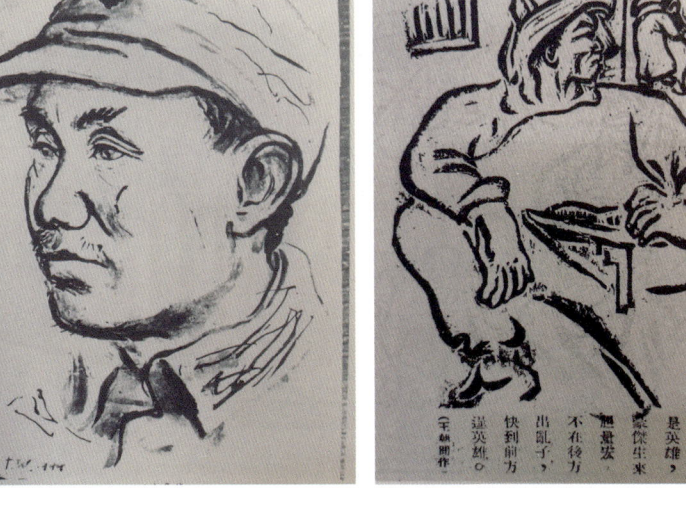

　　群众的精神文化需要具有丰富性，其中包括生活经验、情绪记忆、欣赏要求、习惯、理想和愿望等，朝闻先生指出，"工艺美术品必须是富于群众性的。构成群众性的重要因素之一，是依靠形象体现广大人民自己的审美体验。工艺美术家和群众之间的关系，是供给和接受，影响和受影响的关系。这种关系的建立，和艺术品的这一特点有关：表现群众的审美体验。群众要求美术家满足他们的审美要求，也要求美术家在创作者相应地体现他们的欣赏经验、欣赏能力和欣赏需要。"对于创作和欣赏需要之间可能存在的矛盾，朝闻先生指出，"供与求之间、提高与被提高之间永远是矛盾的……为了相对地解决这一矛盾，工艺美术家的责任没有别的，仍然是为群众提供适用、经济、美观的作品"，艺术家的本领之一就在于适应欣赏者的需要，"塑造出容易了解，同时又是能够唤起相应的'再创造'和'再评价'的心理活动的形象，让人们获得审美享受，受到健康的思想感情的影响。"

　　充分把握这样的原则和规律，很多问题可以迎刃而解，

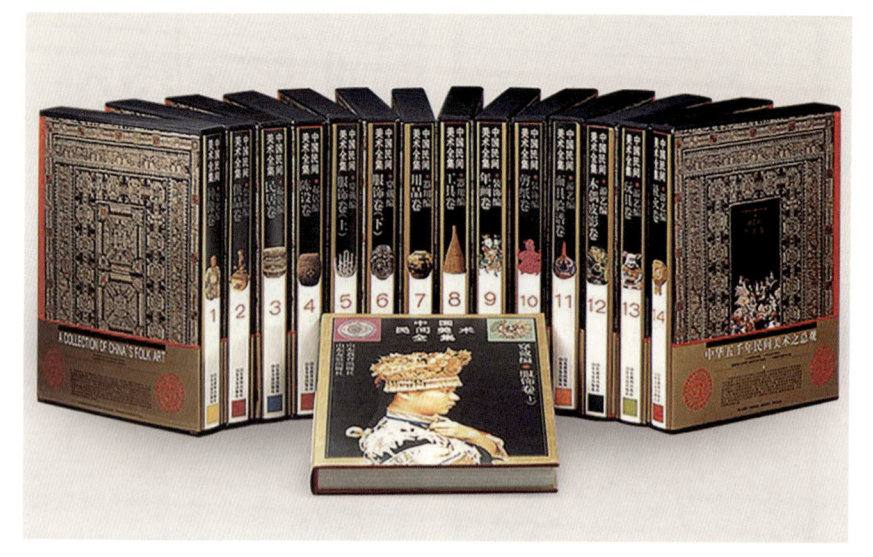

王朝闻总主编《中国民间美术全集》

比如工艺美术创作中片面追求时髦或者一味仿古、乱搬国外形式，其症结正在于"和群众的审美要求不相适应，也和群众的审美经验不吻合，因而这种作品找不到广大的知音"。又如工艺美术创作中关于"材料愈贵重愈好，规模愈庞大愈好，劳动力用得愈多愈好"，其实也是并非全面了解群众精神需要的见解——"动人的力量，主要在于'外师造化，中得心源'的技巧和才能，描写了对象的美的特征，而不在于费料费工。出色的动人的工艺美术品，正如戏曲再现战斗的规模和形成战斗气氛，主要不取决于演员的多少一样，它那动人的力量和省工省料的特点可以不相矛盾。"还有关于创作个性、创作特色与群众需要的关系问题，创作服从群众的需要，似乎受了条件的拘束——"其实，相信欣赏者可能和自己'合作'，艺术创造才有很大的自由和信心。戏曲，常常使用和生活现象很不一样的方式来反映生活，也就是懂得与相信观众会和自己'合作'的表现。"朝闻先生从具体的艺术创作规律、创作方法出发，阐释了"人民性"本质的内

王朝闻与《中国民间美术全集》编委人员合影

涵和落实路径,对于我们在具体领域开展实践具有指导意义。

重读朝闻先生的著作,我们也进一步深化了在具体文艺样式中贯彻"人民性"本质的创作原则和方法。现实生活的基础、人民群众的需要都深刻影响作用于作品的形态、内涵和接受交流的效果,深刻理解这一本质和规律将避免在生活艺术的发展中泥古、盲从、炫技、追求贵重材质等许多误区,真正创作出具有深沉美感和生命力的作品。

三、工艺设计的方法论

朝闻先生指出:"群众对工艺品的物质的和精神的需要,构成了工艺美术区别于其他美术的基本特征","能不能深刻了解群众需要的问题,也就是作者的艺术趣味能不能和群众的艺术趣味合拍的问题……要了解人民的审美需要,首先是到工农兵群众中去,从我们的作品与群众的联系中进行考察,为新的创作创造有利条件"。到生活中去、到人民中去，就是最根本的创作方法。一方面，生活是复杂的，艺术也并非抽象的、单一的，正如朝闻先生曾感慨："有人以为画笑脸时，嘴角就向上；画生气时，嘴角就向下。这种认识太肤浅，太抽象……在实际生活里，痛苦的时候可能发笑，高兴的时候可能挥泪。这都已经不是什么新鲜事了。""怎样才能够从复杂的生活现象里，找出最有代表意义的也就是所谓最有概括性的姿态、语言和表情呢？没有别的办法，只能是见得多，看得透。现实的复杂性，群众需要的多样性，给有才能而又有毅力的艺术家，提供了深入认识所以可能大胆独创的前提。"另一方面，艺术的影响作用要建立在接受的前提上，"为人民服务是我们的创作的目的，人民在艺术的欣赏中接受宣传。艺术家为了教育他的服务对象，必须满足对象欣赏的需要。违背了对象欣赏的需要，引不起人们的兴趣。这样的作品不能真正起到教育人民的作用。这是欣赏与创作的辩证关系，这是授者与受者的要求的矛盾统一。"落实到工艺美术领域，由工艺美术创作实现为人民服务，就是贯彻"适用、经济、美观的原则"，朝闻先生指出："为了贯彻工艺美术的这一原则，必须有分析地向群众学习，向遗产学习，了解使用者的物质需要和精神需要的关系。"

朝闻先生分析阐释了工艺美术家应深入体会群众在各种生活状况之下的心理状态，分别对待各种性质的建筑的装饰，分别对待各种用途的日用工艺，分别对待安置场所

《王朝闻学术思想论集》（张晓凌、吕品田、潘鲁生编，齐鲁书社，1989年）

→《王朝闻全集》

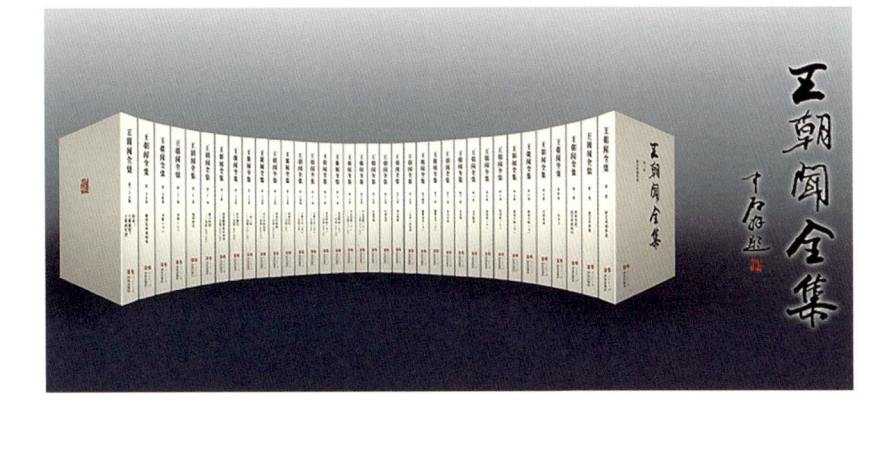

不同的各种供赏玩的工艺等具体方法，强调"要影响群众必须表现群众，要表现群众必须向群众学习"，提出"任何主观性和片面性的设计都会脱离群众，对群众的需要没有调查研究，从主观愿望出发，只能使自己孤立起来"，以及"为了更好地为新时代的人民服务，摆在我们面前的重要工作之一，是深入了解新时代的人民的发展着的审美要求，从而创造条件使自己的作品与时代一同前进"。这对于我们今天的工艺美术创作仍然具有深刻的启示和现实意义。

作为艺术家和美学理论家，朝闻先生往往从具体的文艺样式、具体的创作经验和现象出发做出理论分析和阐释，带来生动的感受和深刻的体验，如今重读先生的论著仍能感受到其中艺术的韵味和理论的光芒。朝闻先生曾言："研究问题，不全是一种苦事情，也是一种愉快的事情。不懂的东西经过研究终于懂得了，也算是精神上的一种享受"，是为治学的启示。理论从实践中来，不断反思也指导实践，具体到生活艺术领域的创作与发展，我们要把"人民性"的本质与原则落实好、发挥好，还有许多具体的工作要做，有不少探索求进的路要走。纪念朝闻先生，重温其学术思想，为我们前行发展增添了坚实的力量。

附：王朝闻主要著作目录

1. 王朝闻：《论凤姐》，天津：百花文艺出版社1980年版。
2. 王朝闻：《审美谈》，北京：人民出版社1984年版。
3. 王朝闻：《审美谈》，北京：人民出版社2009年版。
4. 王朝闻：《审美心态》，北京：中国青年出版社1989年版。
5. 王朝闻：《雕塑雕塑》，长春：东北师范大学出版社1992年版。
6. 王朝闻：《〈复活〉的复活》，北京：首都师范大学出版社1993年版。
7. 王朝闻：《神与物游》，北京：中国青年出版社1998年版。
8. 王朝闻：《吐纳英华》，北京：中国青年出版社1998年版。
9. 王朝闻：《石道因缘》，杭州：浙江人民美术出版社2000年版。
10. 王朝闻：《王朝闻集》，成都：四川美术出版社1998年版。
11. 王朝闻：《王朝闻文艺论集》（全三集），上海：上海文艺出版社1979年版。
12. 王朝闻编：《美学概论》，北京：人民出版社1981年版。
13. 王朝闻编：《黄山石》，上海：上海人民美术出版社1982年版。
14. 王朝闻：《适应与征服》，南昌：江西人民出版社1983年版。
15. 王朝闻：《麦尼埃的雕塑》，长沙：湖南美术出版社1985年版。
16. 王朝闻：《审美的敏感》，上海：上海文艺出版社1986年版。
17. 王朝闻：《王朝闻集》，成都：四川美术出版社1989年版。
18. 王朝闻：《王朝闻学术论著自选集》，北京：北京师范学院出版社1991年版。
19. 王朝闻：《美术谈》，北京：人民美术出版社1991年版。
20. 王朝闻、简平：《雕塑美》，武汉：湖北教育出版社1994年版。
21. 王朝闻总主编、邓福星副总主编：《中国民间美术全集》，济南：山东教育出版社1993年版。
22. 王朝闻：《东方既白》，重庆：重庆出版社1994年版。
23. 王朝闻编：《古代的美·近代的美·现代的美》，长春：东北师范大学出版社1996年版。
24. 王朝闻：《王朝闻自选集——从心上来》，济南：山东教育出版社 1998 年版。

25. 王朝闻总主编、邓福星副总主编：《中国美术史》，济南：齐鲁书社 2000 年版。

26. 王朝闻编：《八大山人全集》，南昌：江西美术出版社 2000 年版。

27. 王朝闻：《审美基础（上、下）》，北京：生活·读书·新知三联书店 2011 年版。

28. 王朝闻：《中国艺术学大系：雕塑美学》，北京：生活·读书·新知三联书店 2012 年版。

29. 王朝闻：《王朝闻全集》，北京：人民出版社、青岛：青岛出版社 2019 年版。

张仃

学高为师

张仃（1917—2010），号它山，辽宁黑山人。当代著名国画家、漫画家、壁画家、书法家、工艺美术家、美术教育家、美术理论家。曾担任中国文联委员、中国美术家协会常务理事、中国美术家协会全国壁画工作委员会主任委员、中国工艺美术家协会副理事长、中国画研究院院务委员、黄宾虹研究会会长、中央工艺美术学院教授、院长等职务。

张仃的学术观念与工艺美术教育思想*

> 1995年出席在山东莒南召开的中国工艺美术学会民间工艺美术专业委员会第十二届年会,张仃先生与作者合影

张仃是我国现代美术史上的标志性人物,是新中国工艺美术教育的奠基者、领路人和开拓者。丰沛的艺术激情与超常的综合才能,使张仃纵横捭阖于革命与艺术、古典与现代、东方与西方、学院与民间的广阔时空之中,在理论与实践、学术与创作、实用与审美、艺术与科技的紧密结合中完成了传承、融合与超越。他将各种艺术融会贯通,在国画、装饰画、

---

* 2010年2月21日,我国著名艺术家、教育家、清华大学教授、原中央工艺美术学院院长张仃先生逝世,本文根据作者在教育界、艺术界、设计界学人为张仃先生举行的追思会上的撰文修改而成。

北京首都国际机场大型壁画《哪吒闹海》（局部），1979年

壁画、漫画、年画、宣传画、动画、邮票、书法、工艺美术、室内设计、舞台美术、展示设计、艺术批评、艺术教育等诸多领域均有卓越建树，并使之相互促进，相得益彰，被誉为20世纪中国的"大美术家"和20世纪中国美术的"立交桥"，是"中国美术界罕见的多面手"。他以其卓越的艺术成就、高尚的人生品格、突出的文化贡献，成为中国现代美术和设计领域的一座不朽丰碑。

一、学术理念：民族情怀，兼容并蓄

张仃具有深沉的民族情怀，是文化艺术自信的坚守者。他强调艺术的民族特质，把民族风格提升到文化层面，将民族精神视为中国艺术立足于世界的基石，以高度的文化自觉和非凡的艺术创造力，探索出了一条民族艺术的启蒙、传承与创新之路。张仃时时处处关注民族传统、弘扬民族传统。他认为，艺术和设计要守住文化之根，设计创新不是无源之水、无本之木，设计创新只有在继承传统文脉、彰显民族精

神的基础上才能走得更远、更高、更优秀，也唯有具备民族特色的设计，才是最为国际化的设计。而在民族艺术中，他又特别推崇民间艺术，认为民间艺术是中国文化的源头活水，而且从不掩饰对民间艺术的偏爱，曾说："从三十年代起，搜集民间艺术成为我唯一的嗜好。"① "宁可欣赏一块民间蓝印花布，而不甚欣赏团龙五彩的宫缎。"② 他以实际行动礼敬民间文化，努力挖掘民间艺术宝藏，大力宣传优秀的民间艺术，编写民间艺术出版物，策划相关学术研讨，呼吁保护民间艺人，指导民间工艺设计和生产，用实证、比较、推论来建构"民艺"的叙事逻辑，成为民间文化遗产扶植、抢救、保护、研究的先行者、倡导者。当然，学习民族民间艺术不只是学习形式，而是结合工学、文化学、社会学、民俗学、美学等学科知识，研究其功能、美感以及艺术的表现精神，

---

① 张仃:《漫谈"民艺"》,《装饰》2000 年第 1 期。
② 张仃:《〈中国蜡染艺术〉序言》,载雷子人编:《张仃文集》,山东美术出版社 2011 年版,第 290 页。

剖析艺术规律，发掘民族的文化、审美心理，并应用于当代设计。他曾指出："在展品上加花边，不等于贯彻了民族形式，水利模型上加龙是最坏的设计。飞天可以和丝绸结合，但不能乱用。"①只有形成了对于本民族传统文化精神的深刻领会，将民族民间艺术的鉴赏、感悟、吸纳、借鉴上升到理论高度，才能真正形成具有文化吞吐能力、具有生命力、具有创新意义、具有广阔应用空间的设计。我国今天的设计发展，仍然需要回溯传统造物文脉，使数千年传承积淀的造物智慧、美学追求、工艺精神在当代设计中得到传承和发展。

↑ 张仃与毕加索

虽然大力弘扬民族文化艺术，但张仃并不是狭隘的民族保守主义者，而是在坚守传统的基础上以开放的视野吸纳融合国外优秀的艺术语言与理念。张仃生活的年代，恰是中西文化激烈冲突和交融的时代。他以开放的视野和包容的心态，积极借鉴、吸收新事物和外来文化，并以"它山"为号，表达了学习借鉴之愿，彰显出海纳百川的胸怀气度。在张仃看来，"东方与西方都有各自的文化积淀，只能彼此参照，各自发展，双轨前进"。②文明是相通的，并因交流、互鉴

---

① 李瀛：《设计艺术大师——张仃》，《装饰》2005年第4期。
② 张仃：《中国山水画的丰收》，载雷子人编：《张仃文集》，山东美术出版社2011年版，第269页。

↑ 张仃《鲁迅精神活在解放区》，1948年

↗ 《装饰》杂志创刊号，张仃封面设计

而发展，他说："西方现代艺术与中国民间艺术除了同样基于民间性的根底，同样具有装饰性之外，还有相似的表现方式，表达出同样的艺术精神：那就是新鲜、纯粹的人的最本质最直接的情感。"① 他强调学习西方现代艺术要有所选择，继承民族艺术要取其经典，传承民间艺术要求其本元。难能可贵的是，无论是对西方现代艺术的借鉴，还是对中国传统艺术的发掘，他都引领时代之先，表现了超常的见识、勇气和智慧。他注重中国与西方的文化艺术交流，新中国成立后，他第一个将中国百年绘画作品展带到意大利，拜访了西方现代艺术代表人物毕加索，被称为"中西文化交流的使者"。

二、艺术创作：时代精神，东方风骨

张仃的作品有着宏大的叙事结构和鲜明的时代印记，与历史任务、时代精神、人民呼声和主流价值观相向而行。从

---

① 张仃、李文儒：《张仃：植根民间》（下），《紫禁城》2009年第5期。

20世纪30年代始,他创作了大量造型简练、黑白有力、爱憎分明的漫画,成为反侵略、反内战、反暴政、反剥削的革命文艺先锋。延安时期,他是最受欢迎的实用美术家,打造出了黄土高原的"摩登"。20世纪40年代,他成为解放区新年画运动的主要发起者。新中国成立后,张仃是新中国国家形象的首席艺术设计家,主持设计了全国政协会徽、开国邮票,参与了开国大典、国徽、"建国瓷"、人民英雄纪念碑以及建国十周年"十大建筑"的设计及中南海怀仁堂、勤政殿改造工程,主持了莱比锡、莫斯科、布拉格、巴黎等一系列国际博览会中国馆的设计,为新中国的形象塑造留下了大量教科书级的重要作品。改革开放初期,他主持了北京首都国际机场大型壁画群的设计,开启了波澜壮阔的中国新壁画运动和公共艺术的新时代。

同时,张仃的作品以鲜明的民族识别性、浓郁的民间风格形成了别具一格的审美特色,洋溢着不折不扣的中国情结和东方风骨。1949年,在开国大典美术设计工作中,他在

↑ 张仃《孙悟空三打白骨精》,1976年

↘ 张仃《人民翻身兴家立业》,年画,1947年

→ 国徽修正图

天安门城楼的巨柱间挂上了 8 个大型宫灯这一具有传统文化符号特色的装饰作品。20 世纪 50 年代，他第一个将民间剪纸图案和土布印染图案搬上邮票。在 1953 年德国莱比锡世界博览会上，他把黑色大理石和金色刻线结合，将唐代张萱的《捣练图》放大做成丝绸展厅的背景墙，效果突出。1978 年，他担纲美术总设计的我国第一部彩色宽银幕动画片《哪吒闹海》，被视为中国动画民族风格的经典范例并风靡世界。1979 年，他吸取传统壁画"经变图""本生故事图"的构图方式和民间年画的丰富色彩，创作了北京首都国际机场大型壁画《哪吒闹海》。他力主守住中国画的笔墨底线，1974 年始直至 21 世纪，他注重焦墨山水的创作，复兴了风骨雄强的北派山水，极大开拓了山水画的艺术空间。此外，张仃的招贴设计中的年画风格，国内国际一系列大型展览中对传统建筑元素、传统节日氛围、民间典型装饰手法的运用，从蓝印花布的"摩登"推广，到"装饰"之"衣食住行、生存文明之归宿"的阐释，均凝聚了深沉、浑厚的民族文化精神和民间艺术真挚、质朴、清新的生活理念，映射出中华民族的独特的审美心理与情感喜好。可以说，张仃以磅礴万钧的创作力对民族民间艺术的取用传承做出了最生动的阐释，构筑了强调民族民间艺术精神的现代话语体系和文化实践体系。

此外，张仃对西方古典、现代美术和设计也多有融汇。他以较早接受、引进西方艺术而著称，他积极吸收不同民族的优秀文化，"洋为中用"，使其作品富有创造性和先锋性。他借鉴墨西哥画家珂弗罗皮斯的表现形式创作漫画，用毛笔临仿马蒂斯、毕加索、莫狄里埃尼、勃洛克的西方现代绘画作品，对塞尚、高更、凡·高等后期印象主义画家评价很高，多次出国经历也使他密切接触到西方现代艺术与文化精神。他将西方现代艺术观念同中国民间艺术结合，构筑了一个开放的、理想的、富有民族文化气质的艺术世界。张仃是新中国最早从事出国展览设计的专家，他综合运用民族的、民间的、西方的、现代的多种元素，使这些展览既有鲜明的中国特色，又极具现代气息，实现了民族性与世界性的高度统一。20世纪50年代始，他借鉴印

↑ 张仃在山水间写生

↘ 张仃国画作品《巍然》

2004年3月全国工艺美术作品展，张仃先生（右二）与作者合影

象派创作原则和透视方法，将西方写生搬到中国山水画里，开展对景造物的直接写生，推动了中国画走出自我封闭、陈陈相因、不重写生的固有模式，开启了中国山水画走向自然、反映生活的一代新风。20世纪60年代初，他以惊人的胆识创作的数百幅水墨重彩装饰绘画，因其大胆的变形、炫丽的色彩、神奇的造型语言，凸显出强烈的现代感和中国风，极具前卫意识和探索精神，被当时的中国美协副主席华君武评价为"毕加索+城隍庙"。

三、工艺美术教育：重传统，重民间，重中国特色

1938年秋，年仅21岁的张仃到延安，在鲁迅艺术学院任教；张仃1957年调任中央工艺美术学院第一副院长，1981年任中央工艺美术学院院长；1999年，又以82岁高龄复出担任清华大学美术学院美术系第一工作室博士生导师，将毕生精力贡献到中国工艺美术教育事业中。他拥有践行艺术、

1995年4月"张光宇艺术研讨会"开幕式合影

学术理念的条件，也肩负着开拓发展工艺美术教育的重任，他打破以西方设计为主导的教学体系，通过确立工艺美术教育发展方向、构建工艺美术学科体系、领导中央工艺美术学院建设、指导其他设计院校建设、培养一批批服务工艺美术教育和设计产业的人才等措施，成为新中国工艺美术教育的奠基人、开拓者和领路人。在中央美术学院主持实用美术系时，他把民间艺术引入大学教育，带领师生收藏大批民族民间艺术珍品。在中央工艺美术学院任第一副院长、院长期间，在学院建立"泥人张""面人汤""皮影陆"艺术工作室，把民间艺人请进课堂传授技艺。他强调"学习民间，搜集民艺"，言传身教，鼓励师生深入走向生活并植根于民间艺术的沃土，人们因此评价张仃是"一场静悄悄的民艺运动的总指挥，缔

造了中央工艺美术学院灵魂性的学风",并成为全国高等工艺美术教育的风向标。在20世纪80年代,他再次高举"民族、民间"的旗帜,引领我国设计教育从传统工艺美术教育向现代艺术设计教育转型,使设计教育在演进发展中有传承、有基础、有内生动力。正如先生曾说,三十多年来关于工艺美术教育的思想,"概括起来就是民族、民间",这不仅确立了工艺美术教育的根基,更在民族文化的脉络与谱系中起到了续写、传承、发展、光大的重要作用。当代的设计教育更应当培育关于民族传统、关于民间文化的情感,培养学生感知、理解、吸纳、融会民族民间艺术的素养,确立文化艺术传承发展的责任和追求,复兴民族的文化创造力。

↑ 1980届研究生毕业典礼

张仃具有开放、多元、深透的教育理念。他提倡"大、洋、土"的方针。"大"即综合了绘画与设计、中国艺术与西方艺术、纯美术与实用美术的大美术;"洋"即西方现代艺术;"土"即民间美术。他对民间艺术和西方前卫艺术同样关注并持开放态度,形成一种既植根民族土壤、又充满勃勃生机和创新锐气的艺术教育格局。他始终强调创作与生活的不可分割性,认为大师都是生活和社会培养的而非院校培养的,主张教育要突破院校藩篱,深入生活,深入社会,提升人们生活的境界，希望艺术教育的路子更宽一些，更自由一些。在教学内容上，张仃重视造型基本功的训练，建立了从点、线、面到工笔重彩写生的整套教学系统，启发学生从民族绘画中学习造型、装饰及审美等多方面的艺术规律。在教学方法上，他注重深入浅出，强调"一点之美"，从局部细节阐释全局和总体，引导学生从对造型和技法的认识延伸到审美教育的高度和哲学理性的思考，升华到本质精神境界和生命力的追求。他认为，工艺美术教育不只是技艺的传授，更是文化的教育、审美的教育、人格的教育，这样才能更好地培养有担当的艺术家和设计师。

张仃的艺术人生，无论是在学术、创作、教育的不同领域，还是从中西、古今、知行的不同视角，都是彼此渗透、和合一体的，一些看似矛盾的现象实现了有机地相容并相融。这一切，统一于张仃的思想境界和精神追求。张仃有思想、有抱负、有担当、有学问，将个人的智慧才情融入民族精神和时代需求中，"他身体力行以装饰承载艺术理想，希望通过装饰从美化自身到美化器物，再扩大到美化环境，进

↑ 2017年6月20日，"纪念张仃先生诞辰100周年暨学术思想研讨会"在山东工艺美术学院长清校区举行

↘ 2017年12月5日，纪念张仃百年诞辰系列之"锦绣它山"学术活动在山东工艺美术学院长清校区举办

> 张仃先生为山东工艺美术学院题写校训"天工开物 匠心独运"

而上升到了'文化发达'的范围和社会美育的范畴，改变国民的生活"①，体现了艺术家高度的社会责任感。在经历了波澜壮阔的革命和建设生涯、丰富多彩的艺术人生和心路历程后，他晚年凝心于焦墨山水画这一领域，回归自然与自我，钟情于墨的纯粹、绝俗，穷尽墨色世界的大千万象，把黑白推向极致，以此感受生命的本真与原色，写尽心画，清气满纸，求索一个"诚无垢"的素净世界。纵其一生，正直、坚毅的人格，独立、宽容的艺术品格，沉雄、蓬勃的生命力，对人民的赤子情怀，对艺术满满的热爱，是一以贯之的，这

---

① 潘鲁生：《工艺美术教育的根基与归宿——追忆张仃先生》，《设计艺术》2010年第2期。

一切引领着他走民族的、民间的、开放的、创造的、大众的艺术道路，做到了无为而无不为，可谓"道生之，德育之，物形之，势成之"。

张仃丰富的艺术思想、高尚的人生品格、创造性的实践探索、不懈追求的精神境界，也将以通透的光亮启迪我们在传承中创造和前行。我们将铭记他以炽热的民族情怀和崇高的社会使命感所开启的现代艺术与设计之路，感受他以非凡的才情所取得的成就，思考他在学术理念、艺术创作和工艺美术教育发展方面带给我们的启示。我们将追寻他的艺术道路，在文化交流与碰撞中，通过创造性地转化使传统艺术与当代艺术融通为一，以坚定的文化自信，传承和发展中华传统造型体系、造物体系，并吸收借鉴人类社会一切优秀文化成果，发展具有中国精神、中国气派、中国文脉的艺术和设计，加快推动国家文化艺术创作、学术研究和教育事业的繁荣发展。

附：张仃主要著作及作品集目录

1. 张仃：《陕甘宁边区民间剪纸》，1945年。
2. 张仃：《民间剪纸》，北京：荣宝斋出版社1952年版。
3. 张仃：《张仃水墨写生画》，北京：朝花美术出版社1958年版。
4. 张仃：《张仃画集》，北京：人民美术出版社1982年版。
5. 张仃：《张仃焦墨画选》，成都：四川人民出版社1984年版。
6. 张仃：《张仃漫画1936—1976》，沈阳：辽宁美术出版社1985年版。
7. 张仃：《张仃画集》，新加坡：南洋出版社1988年版。
8. 张仃：《被迫谈艺录》，成都：四川美术出版社1989年版。

9. 张仃:《荣宝斋画谱·焦墨山水部分》，北京：荣宝斋出版社1990年版。

10. 张仃:《张仃焦墨山水》，北京：人民美术出版社1979年版。

11. 张仃:《中国漫画书系·张仃卷》，石家庄：河北教育出版社1994年版。

12. 张仃:《张仃谈艺录》，合肥：安徽教育出版社1995年版。

13. 张仃:《张仃山水》，王鲁湘编，上海：上海书画出版社1995年版。

14. 张仃:《张仃线描》，合肥：安徽美术出版社1997年版。

15. 张仃:《中国画各家作品精选——张仃作品集》，西安：陕西人民美术出版社1997年版。

16. 张仃:《大山之子：张仃画集》，王鲁湘、李兆忠编，石家庄：河北教育出版社2000年版大型画册。

17. 张仃:《张仃焦墨山水画艺术》，贾德江编，北京：中国民族摄影艺术出版社2003年版。

18. 张仃:《张仃画室》，石家庄：河北教育出版社2005年版。

19. 张仃:《它山画跋》，济南：山东画报出版社2011年版。

20. 张仃:《张仃文萃》，济南：山东画报出版社2011年版。

21. 张仃:《张仃全集》，南宁：广西美术出版社2018年版。

22. 张仃:《它山画语》，北京：人民文学出版社2018年版。

饶宗颐

学高为师

饶宗颐（1917—2018），字固庵、伯濂、伯子，号选堂，广东潮州人，国学大师。在传统经史研究、考古、宗教、哲学、艺术、文献以及近东文科等多个学科领域均有重要贡献。曾任教于华南大学、香港大学、新加坡大学、美国耶鲁大学、法国高等研究院。2011年12月，被推选为西泠印社第七任社长，2013年连任。

饶宗颐学术思想对民间文艺研究的启示 *

> 2017 年 7 月 12 日,深圳大学饶宗颐文化研究院揭牌仪式现场,饶宗颐先生与作者合影

　　饶宗颐先生是享誉海内外的国学泰斗,具有崇高的学术理想、治学精神、学术品格,深圳大学成立饶宗颐文化研究院,推动"饶学"发展,复兴文史研究,是对习近平总书记关于弘扬优秀传统文化、实现优秀传统文化创造性转化和创新性发展重要部署的深入贯彻和落实,也是对大学文化引领使命的积极践行,具有示范作用。同时,优秀传统文化是社

---

* 2017 年 7 月 12 日,深圳大学饶宗颐文化研究院成立,作者受邀出席揭牌仪式及研讨会并致辞,此文根据作者在研讨会发言内容整理而成。

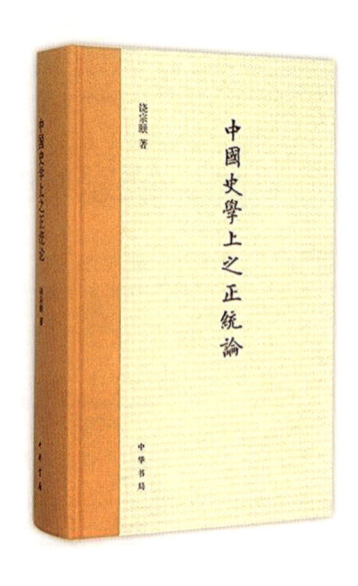

会主义核心价值观的重要基础，也是大学思想政治教育、人文教学的有机组成部分，研究院的成立也将发挥重要的育人功能。

饶宗颐先生是 20 世纪以来中华学术文化的一座高峰，在敦煌学、甲骨学、词学、史学、目录学、楚辞学、考古学、金石学、中印文化比较史等诸多领域取得了令海内外学人瞩目的成就。其研究以目录学为纲、语言文字学为器，追根溯源、探幽阐微、广博会通，追索中华文明之源头、动因和内在精神，形成了对中国文化精神全面系统的观照和阐释。由中国现当代百余年学术思潮观之，饶宗颐先生的治学精神、学术方法，具有重要的启示意义。仅就民间文艺研究而言，其学术层面的文化自觉意识，中西、古今、文史哲艺会通的学术视野，文化史、精神史的研究方法，均具有重要的启发和借鉴意义。

↑ 饶宗颐学术文集等

一、深刻的文化自觉意识

百余年来，在西方文化的强烈冲击下，传统文化原本"从最低层的物质器皿，穿过礼乐生活，直达天地境界，是一片浑然无间，灵肉不二的大和谐，大节奏"，不断遭遇认同和改造问题。如何充分认识自己的历史和传统，在多元文化的背景下找到民族文化的自我，明确在新的时代背景下中华文明存在的意义，真正使历史和传统成为文化延续下去的根与种子，形成深刻的文化自觉，成为一个重要命题。

《饶宗颐集》

　　饶宗颐先生的古史研究、艺术史研究以及楚辞学、甲骨学、敦煌学、简帛学、宗教学、中印文化比较史研究，正是基于对中国古代文明源头及其嬗变的追索，体现了学人的文化自觉精神。在艺术史研究中，饶宗颐先生回应国际汉学界对中国艺术起源问题的探讨，进一步总结中国考古学成果，以地下出土文物、出土文献、域外记载及甲骨文四重证据立论，将中国的原始绘画艺术追溯到石器时代，并通过对上古时期代表性的器物图案形式、技法进行系统整理和研究，为后世的艺术形式、技巧、风格寻根。由此不仅形成了对中国艺术史源头的追溯，而且对中国早期艺术风格作了初步总结。研究者就此指出："上古艺术史作为'无名艺术史'，饶宗颐对其的追溯，揭示了中国绘画在其起源时期的一些基本面貌。风格探讨是饶宗颐上古艺术史研究的重点，但是这种风格探究，又是在不同文化地域以及相似文化区域内部进行文化比较的大视野背景下展开的，因此，通过风格追求的背后，饶宗颐实际是在求索一条民族艺术文化精神衍化的轨迹。"① 饶宗颐先生在研究中追本溯源，追寻民族文化之根，发掘民族文化秉性，守护民族文化记忆，体现了深刻的文化自觉意识和使命精神。

正如费孝通先生曾阐释文化自觉："是指生活在一定文化中的人对其文化有'自知之明'，明白它的来历，形成过程，所具的特色和它发展的趋向，不带任何'文化回归'的意思，不是要'复归'，同时也不主张'全盘西化'或'全盘他化'。自知之明是为了加强对文化转型的自主能力，取得决定适应新环境、新时代对话选择的自主地位。文化自觉是一个艰巨的过程，首先要认识自己的文化，理解所接触到的多种文化，才有条件在这个正在形成中的多元文化的世界里确立自己的位置，经过自主的适应，和其他文化一起，取长补短，共同建立一个有共同认可的基本秩序和一套与各种文化能和平共处，各抒所长，联手发展的条件。"② 当前，民间文艺研究与发展仍然需要进一步深化文化自觉，在学术层面上追溯民间文艺的源流关系，研究内在的发展规律和演进动因，追寻族群永恒的"心灵图式"，实现共有的文化传承。这也需要建立更加宽广、深邃的学术视野。

↑《潮州志》修志馆人员合影（正中为饶宗颐）

---

① 郭景华:《观看之道：作为精神史的艺术史——饶宗颐艺术史论研究》，博士学位论文，华东师范大学，2009年。
② 费孝通:《费孝通论文化与文化自觉》，群言出版社2005年版，第256页。

季羡林与饶宗颐

二、包容古今、会通中西的学术视野

近现代以来，社会文化转型，我国学术研究不同程度上存在中西对立、古今隔阂的思考模式。在艺术研究领域，从学科建制到具体的方法论，多以西方学术体系作为参照，或借鉴西方的哲学、美学理论阐释中国艺术的发展过程，从自身历史语境出发做出系统的学术阐释极为必要。在艺术史研究领域，相对于强调中国古典艺术向现代转换与流变之"断裂"的观念，饶宗颐先生立足民族文化传统，以宏阔的学术视野观察和阐释，不仅充分运用各类古文献包括画史资料考证、还原中国古典艺术史原貌，而且汇集当代新思维、新方法，厘清中国艺术史研究命题，形成了融通古今的学术视野和方法。在会通中西的意义上，饶宗颐先生的艺术史研究从民族的文化传统、艺术语境出发进行阐释，"在一种文化自我生成、嬗变的过程中阐释和理解艺术"，并以客观的学术态度考察文化的生成之初或嬗变过程中出现的异质文化影响，包括"在上古艺术史研究中，对于中、西亚文化影响下的艺术题材、风格的比较，在中古艺术史研究中，对于中、印佛教文化交流给予中国文艺的影响的考察，等等，都体现了这种学术旨趣与追求"，不同于单纯运用西方哲学、美学、艺术理论来规范和阐释中国传统艺术史的研究范式，而是建立了学贯中西的研究视野。此外，饶宗颐先生的研究中体现了文史哲艺的学科贯通，自述："念平生为学，喜以文化史方法，钩沉探赜，原始要终，上下求索，而力图其贯通"①。仅艺术史研究即"综合运用考古学、神话学、民族学、楚辞学、比较文化学的新观点、新材料和研究方法，结合中外古籍和文化史演进，解决彼时绘画的题材、意义与功能，惟其如此他的研究比一般的专业美术史学者更能以大观小，触类旁通"。李学勤先生在《世纪之交与中国学术史研究》一文中指出："在世纪交替之际，总结过去、启示未来，本是学术史发展的一条规律……20世纪的考古发现所引起的学术意义至少在如下三个方面值得我们去讨论。第一，考古发现改变了传统研究方法与学术观念……第二，考古学改变了有关中华古文明狭隘认识……第三，大量简帛佚辑的出现，证明中国学术史必须重写……由改写文明史、学术史到走出疑古时代……有字、没字的考古材料与书面文献综合研究，便成了饶宗颐先生所说的'三重证据'……因此，多学

↑ 饶宗颐先生书法作品

---

① 饶宗颐：《文辙——文学史论集·文辙小引》，台湾学生书局1991年版。

2017年7月12日，作者接受深圳大学党委书记、深圳大学饶宗颐文化研究院院长刘洪一聘任，担任饶宗颐文化研究院学术委员会主席

科相结合、从多角度入手，有利于揭示历史的本相。"

民间文艺具有本然的生活属性，植根社会土壤，包含地区与族群共同的历史记忆、生活观念、知识技艺和乡土情感，而且从历史生成和发展演化的过程看具有本元文化特质。对民间文艺的研究需要会通的学术视野，把握其本元属性、历史遗存和流变，在自身的历史文化语境中阐释其发生发展过程，全面分析其影响因素和发挥的作用，以学科融通的视野把握所关联的生活方式和文化意识内涵，历史、客观、全面地建构中国民间文艺的学术体系。由此也需要以文化史、精神史的方法展开研究。

三、文化史的研究方法

饶宗颐先生主张文化史的研究方法，具有以文化还原为特征的考证旨趣，具有文化史的比较眼光，在艺术研究中注重史料的纵深拓展。饶宗颐先生曾言："我们要避免使用一套外来的不切实际的理论去堆砌主观架构，来强行套入，做出未能惬心餍理的解说，这是懒惰学究的陈腐方法。我们亦要避免使用旧的口号，像'大胆假设'之类，先入为主地去作一些'无的放矢'的揣测工夫，这是一种浪费。总而言之，

2017年7月12日，作者参加饶宗颐文化研究院学术研讨会

我们要实事求是，认真去认识历史。"[1]他指出："我一向喜欢用哲学的心态，深入考索，而从上向下来看问题。所谓'问题点'基本是给周遭的因缘网交织围绕着，必须像剥茧一般逐层加以解开，蕴藏在里面的核心才有呈现的机会。"因此饶先生广涉敦煌学、甲骨学、词学、史学、目录学、楚辞学、考古学及金石学、书画等诸多学科门类，而成有机的学术整体，具有强烈的历史整一性、连续性，贯穿着对中国文化精神的探求。

正如饶宗颐在上古绘画艺术起源的研究中，重点对各时期有代表性的器物图案形式、技法进行系统整理和研究，把握器物图案的形式特征和对后世形式风格的影响。参照此前考古学家李济提出的古器物学研究主张，可进一步看到文化史研究方法对于民间工艺研究等的重要启示。李济提出："器物的类型就好像生物的族群或种类一样，有它的生命史。……就器物的全部来说，最方便的起点是以形制为主体研究的对象，而文饰、用途以及其他的方面都附属在这一主

---

[1] 饶宗颐：《饶宗颐二十世纪学术文集》（卷一），中国人民大学出版社2009年版，第7-8页。

体上。""这种由文字向实物形制及其他方面的转向的研究理路改变了把古器物当作'证经补史'的材料的金石学研究范式,避免'古器物'化为'古玩','题跋'代替'考订','欣赏'掩蔽'了解'。"这种文化史、精神史意义上对器物、工艺的深入研究,对我们当前进一步研究和梳理中国民间工艺造物文化启发在于,展开严谨全面的文化史研究,并深刻发掘内在精神,进一步寻找和阐释我们民间文艺演进发展的文化历程和精神动因。

"高山仰止,景行行止",饶宗颐先生作为学术大家,秉持中华优秀传统,传承民族文化精神,博通古今,融贯中西,以深刻的文化自觉、会通的学术视野、对中华文化精神的不懈追寻,在文史哲艺等广博的领域形成了卓越的建树,为推动中华文化传承发展、走向世界做出了重要贡献。先生弘扬传统、开阔视野、实事求是、守正创新的学术风范,对后学具有重要的引领和示范作用。饶宗颐先生重视民间文化研究,从治乡帮文献开始,就从地方历史文化出发做深入的学术研究,甚至延展成学术系统,他所倡导的"潮州学"研究不仅涵盖其论著所涉及的各研究领域,还包括民间信仰、民俗、戏剧、音乐、民间文学、方言以及潮人内地移民史、潮州商人的海外拓殖、潮瓷的出产及外销、潮州之南明史等,从而实现"地方史乃国史之一部分,潮州学实也为国学之一部分"。饶宗

饶宗颐先生书法作品

颐先生对民间信仰有深入研究，在《谈古代神明的性别——东母西母说》《论道教创世纪及其与纬书之关系》《巫步、巫医、胡巫与"巫教"问题》等论文中，通过出土文物、中西文化比较以及文献考证等论述了我国古代民间信仰的一系列基本范畴、现象和思想渊源，具有重要的学术和文化价值，发人深思。在相关历史文化研究中，饶宗颐先生也就民俗等问题进行了深入考据和论证，如在甲骨骨版研究中，对镌刻着以弓矢射麋于京室图，分析指出"可以窥见古时田猎献禽的遗俗"。民间文艺是中华文化多姿多彩、生机勃勃的组成部分，以高度的文化自觉溯本求源，以古今、中西以及多学科融会贯通的视野全面认识，以文化史、精神史的方法深入探究，高扬民族文化精神，具有重要意义。弘扬饶宗颐先生的治学精神，研究学术方法，坚定文化自信，践行学术使命，有助于在中华民族伟大复兴的历史进程中，更好地传承中华优秀传统文化，为推动中华文明创造性转化和创新性发展增添新的活力。

↑ 西泠印社选举饶宗颐为西泠印社第七任社长

附：饶宗颐主要著作目录

1. 饶锷、饶宗颐：《潮州艺文志》，上海：上海古籍出版社 1984 版。
2. 饶宗颐：《潮州丛著初编》，台北：文海出版社 1971 年版。
3. 饶宗颐：《潮州志》，潮州志编委会 1912 年版。
4. 饶宗颐：《明器图录·中国明器略说》（附英译），香港：香港大学东方文化研究院 1953 年版。

5. 饶宗颐:《〈人间词话〉平议》,香港1955年版。

6. 饶宗颐:《巴黎所见甲骨录》,香港1956年版。

7. 饶宗颐:《敦煌本老子想尔注校笺》,香港1956年版。

8. 饶宗颐:《唐宋墓志·远东学院藏拓片图录》,香港:香港大学1981年版。

9. 饶宗颐:《选堂集林·史林》,北京:中华书局1982年版。

10. 饶宗颐、曾宪通编著:《楚帛书》,香港:中华书局1985年版。

11. 饶宗颐:《敦煌书法丛刊》,东京:二玄社1983年版。

12. 饶宗颐、曾宪通:《楚地出土文献三种研究》,北京:中华书局1993年版。

13. 饶宗颐编:《法藏敦煌书苑精华》,广州:广东人民出版社1993年版。

14. 饶宗颐:《选堂书画集》,北京:香雪斋1978年版。

15. 饶宗颐:《饶宗颐书画集》,香港:香港中文大学出版社1989年版。

16. 饶宗颐:《饶宗颐翰墨》,香港:香港艺苑出版社1992年版。

17. 饶宗颐:《饶宗颐书画》,广州:岭南美术出版社1993年版。

18. 饶宗颐:《饶宗颐二十世纪学术文集》,北京:中国人民大学出版社2009年版。

19. 饶宗颐:《饶宗颐书画大系》,深圳:海天出版社2013年版。

20. 饶宗颐:《礼记孝经》,北京:中信出版社2014年版。

21. 饶宗颐:《饶宗颐佛学文集》,北京:北京出版社2014年版。

22. 饶宗颐:《经典之门》,北京:华夏出版社2019年版。

23. 饶宗颐:《饶宗颐集》,陈韩曦编注,广州:花城出版社2011年版。

24. 饶宗颐:《文辙——文学史论集》(全二册),台北:台湾学生书局1991年版。

张道一 学高为师	张道一（1932— ），山东邹平人，工艺美术史论家、民艺学家、教育家、图案学家。我国当代艺术学学科的主要创始人，山东工艺美术学院名誉院长，曾任国务院学位委员会艺术学科评议组第二、三、四届成员和召集人，获中国美术家协会"卓有成就的美术史论家"荣誉称号、中国工艺美术学会"中国工艺美术终身成就奖"。

张道一的艺术学思想 *

博士学位授予仪式后张道一先生与作者合影，1996 年

张道一先生是我国著名的艺术学家、工艺美术史论家、民艺学家、艺术教育家，是我国当代艺术学学科的主要创建人，曾获"卓有成就的美术史论家""中国工艺美术终身成就奖"等荣誉称号。在现当代中国造物艺术从传统手工艺向

---

* 此文为作者在 2011 年为山东工艺美术学院举行的"张道一从教六十年及艺术学思想研讨会"所撰写的文章，原文收入《艺术学之道：张道一从教六十年及艺术学思想研讨会纪念文集》，山东美术出版社 2011 年版。

图案、工艺美术、设计艺术等不同阶段转化及共生的过程中，以高度的学术敏感和前瞻意识，在造物与设计理念转型的关键节点，引领性地构建图案学、工艺美术学、民艺学、美术学、艺术学以及设计艺术学，从学科建设高度，推动将传统造物经验提升为对艺术原理和文化的研究。同时，他身体力行将学科理论成果应用于高等艺术教育实践。早在20世纪90年代，他即呼吁设立艺术学学科，并率先在东南大学创办艺术学系，全面探索艺术学博士、硕士及本科人才培养方法，通过教学与科研基地建设强化学科建设力度。作为具有强烈使命感的学人，他更将学术与教育的敏锐触角深入到艺术与设计文化批评等领域，犀利分析艺术与设计现状，探讨现实问题。

张道一先生与作者在东南大学梅庵合影，1998年

如果说"艺术学科"是张道一先生治学和从教历程中的一个关键词，那么，由此生成的是从艺术经验到理论体系建构、从学科理论到高等教育实践、从教育学术探索到求解现实命题的脉络，其中贯通的是学科建设从经验到原理，从学术探索到教育实践，并进一步延展作用于现代教育现实的理路，其中包含的原理性思维、体系化构架、具体的教育举措以及对现实的深切关注，对于我们仍在进行的艺术学等学科探索以及当代中国的设计发展，具有重要价值。

张道一教授与作者一同考察，1995 年

一、从民艺学到艺术学理论体系建构

众所周知，我国现代设计由"图案"发展而来。较之于传统工艺，"图案"之所谓图样、方案，已具有预设目标、建立方案的意义。在 20 世纪 80 年代初，张道一先生提出"图案学"的建设构想，纠正视图案为纹样的简单理解，从图案的形成、形式美的规律、图案的形象、图案的构成、图案的色彩、图案的艺术风格与形式倾向等进行深入阐释，总结图案与图案教学中的形式法则和思维规律，厘定从形象思维到创作方法的完整体系，提出，"图案是工艺美术的灵魂和主脑。它赋予工业产品以美的、合理的外形，是生产的第一道工序——设计。这设计既是审美与致用的统一，又是艺术与科技的结合"，"图案教学是工艺美术教育的核心。有关艺术的理论，美学的原理，历史的知识，产销的知识和一般美术技能的训练，都要汇集于图案，融会而形成一种专业的设

1998年，张道一先生与作者在民俗文化片《大过年》山东采风现场

计能力，以应社会的需要"。其《图案与图案教学》因此被称为"关于重建现代的中国图案学的完整纲领"，进一步明确了图案与工艺美术、图案教学与工艺美术教学的内在联系。

可以说，这种将形象、意匠、创作实践上升为艺术原理的思路贯穿于张道一先生的治学过程，因此在从"图案"到"工艺美术"的演进过程中，进一步使传统的百工之说从学理上得到提升，不仅从历史序列上把我国工艺美术发展划分为三个阶段，即最早的工艺是原始的石器工具和将彩石、兽牙、蚌壳等制成的配饰；其次是以《周礼·冬官考工记》"审曲面势以伤五材，以辨民器，谓之百工"为范式，延续了两千多年的古代以手工工艺生产形式的工艺美术；第三个阶段是近代以中国新兴而薄弱的大机器工业的产业需要，来自西方工艺美术运动、新艺术运动等工业设计运动以及日本方面的直接启发和影响下，形成了关系人们衣食住行的生活用品，具有工业设计意义的"工艺美术"。同时，更进一步从中华民族文化根基上对工艺美术的形成与内涵做出原理

▲ 张道一先生著作（部分）

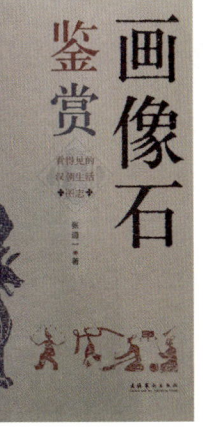

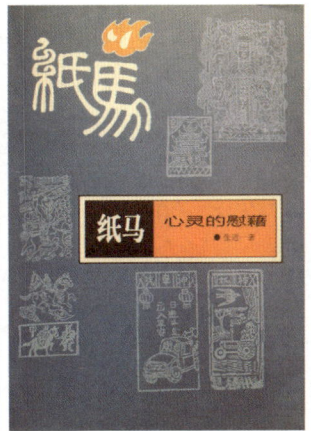

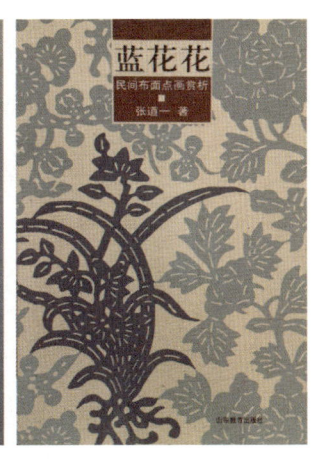

性的定位，提出"本元文化"论，阐述了工艺美术物质和精神统一的形态、内涵和生成基础，因而从工艺美术显现人的本质力量、推动生活进步等意义上发掘工艺美术价值，强调工艺美术"有条件率先进入人文科学"领域，从原理高度为工艺美术正名。

也正是因为"将工艺美术作为美术的'本元'文化母体二思考"，"以整合性的造物艺术为基点，思考它的派生现象和外延关系"，张道一先生更加关注视之为艺术母体和本源的"民间艺术"，提出建立中国民艺学，一改以往"民间美术""民间艺术""民间工艺"等侧重艺术学和美学而忽视民艺独立学科属性，从民艺学的研究对象、民艺学的研究宗旨、民艺的分类、民艺的成就、民艺学的比较研究、民艺学的研究方法等方面进行梳理和界定，指出"民艺学必然与社会学、民俗学、艺术学、美学、历史学、考古学、心理学等相互渗透"的边缘学科性质，第一次系统提出"民艺学"学科建设问题。具体将民艺研究分为综合研究、分类研究、比较研究、专题研究等几个方面，强调："民艺学作为艺术的一个基础层次，它既要探讨民间艺术一般原理性问题，也要从人类文化的共性中找出中国文化的个性，那就是中国民艺的民族形式和民族气派。"

有了民艺学研究这把钥匙，张道一先生进一步将研究的重点转向艺术学研究，在艺术学的高点对艺术进行整体性的理论思考与探讨。于1995年发表的《应该建立"艺术学"》，对当代中国建立艺术学的必要性和艺术学的学科内涵、理论体系等一系列问题做出阐释，被学术界视为关于中国艺术学的具有纲领性价值的文献。1997年他再次发表专文《关于中国艺术学的建立问题》，进一步阐述建构中国艺术学的思想来源和背景。从整体上对"艺术学"做出界定，指出艺术学"是研究艺术实践、艺术现象和艺术规律的专门学问，它是带有理论性和学术性的，成为有系统知识的人文学科。没有艺术的活动和实践固然谈不到艺术的学问，但若只有艺术的创作、设计、表演和演奏，也不能等同于艺术学的建立"，强调"中国艺术学"既是中国的，中国人所做的，也是中国艺术的，并非地域性的艺术学，而是具有文化属性应进入世界之林。就此，进一步阐述艺术总体共性与艺术学基本分支之间的关系，确立了艺术原理、中外艺术史、艺术美学、艺术评论学、艺术分类学、比较艺术学、艺术文献学、艺术教育学、民间艺术学等九个基础学科，以及艺术思维学、艺术文化学、艺术社会学、艺术心理学、艺术伦理学、宗教艺术学、艺术考古学、艺术经济学、艺术市场学、工业艺术学、环境艺术学等11个交叉学科和边缘学科，形成了总的学科建设框架。

整体上，张道一先生从形式法则和思维规律出发，将图案作为工艺美术的灵魂和主脑，进而将工艺美术视为本元文

↑ 张道一先生与作者合影

化和整合性的造物艺术，为工艺美术正名并进一步关注作为艺术母体的民间艺术，系统提出民艺学问题，终达艺术学的高点对艺术进行整体性的理论思考与探讨。可以说，无论是图案学、工艺美术，还是民艺学、艺术学，这一系列学科建构，既是开拓性的，也具有标志性意义。真正从中国造物艺术的现实出发，将以往百工技艺等经验性总结提升到理论研究层次，将传统分门别类的艺术现象研究纳入宏观、综合、整体性的构架，在从原理层次分析其共性、特点、规律以及社会功能的同时，确立了艺术学、民艺学等学科本体与相关学科的交叉联系。由于这一理论提升和体系化建构的过程深刻植根于中国的艺术传统和文化现实，因此在实践中，对相关领域的教育和文化发展产生了实质性的作用。

二、从艺术学科理论到高等教育实践

张道一先生认为，艺术在我国的人文科学中应该找到自己应有的位置，"这是一个值得注意并亟待解决的问题。它不仅关系着艺术事业的发展，也关系着民族文化的提高"，强调："艺术学的建立，涉及到很多方面。深入研究各类艺术的特点，整合地探讨艺术的共性，从而解决一些带有规律性的问题，不是靠写几篇文章就能奏效的，需要从完整的体系上进行思考，包括艺术自身的若干分支，以及艺术与其他

← 张道一先生著作（部分）

学科的结合与交叉，分别完成学术性的专著。学校教育很重要。学校作为教学中心培养研究人才，同时作为科研中心创造研究成果。"因此，张道一先生从未停留于学理辨析和理论阐释，致力在教育领域实践其关于学科建设的理念和研究成果。应该说，进入教育实践层面，则不仅涉及知识的内在体系，而且关系社会需求、产业结构以及人才培养的具体因素,是一个进一步立体化、深化的过程。

1992年,在张道一先生和其他学者的呼吁下,国家相关部门将艺术学设为文学类下的一级学科,包含艺术学、美术学、设计学和音乐学等二级学科。所谓正"艺术学"之名,在国家学科和专业目录上取得实质性进展。1994年,张道一先生在东南大学创立我国第一个艺术学系并招收一级学科艺术学的硕士。此后几年,北京大学、厦门大学等相继成立艺术学系、艺术学研究所,我国高等教育中艺术学系科建设由此展开。1998年,张道一先生领衔东南大学其他学者申请到我国第一个二级学科艺术学博士点,艺术学高层次人才培养开始发挥长远作用。从中可以看到,学科建设不仅是某一类型的学术范畴与理论体系的构建,也是一种组织结构的构建,由大学中的系科、学生获取的特定学位、专业领域研究者的职称等一系列内容构成,并形成一种整体性的文化氛围。

因此,在学科建设的具体实践中,张道一先生重视科研成果的发布和交流,主编大型学术丛刊《艺术学研究》及"艺术学研究"丛书,将学术刊物作为发表科研成果的阵地,推动学科发展。刊物广泛涉及到艺术学学科建设、艺术原理研究、民艺学、设计学、美术理论与美术史、诗学、汉字艺术与中国图案学、音乐美学、舞蹈学与戏剧史论等内容,充分反映了张道一先生关于学科建设的思路,即既要明确学科本身的研究对象、研究宗旨和研究方法,还要进行充分的分类研究、综合研究、比较研究和专题研究,随着研究领域的不断扩大和深入,所构建的学科本身会走向成熟和完善。也是因为具有这样提纲挈领的开阔视野,在建立艺术学系的教育实践中，张道一先生不仅重视培养高层次专业人才以加强艺术实践的理论研究，而且提出设立应用型专业，如工业艺术设计、环境艺术设计等，培养本科生，重视在综合大学各专业开设艺术选修课，增加美育的渠道。

在这样的实践探索推动下，自20世纪末期以来，我国许多综合性大学新建了艺术学院、艺术系科和相关专业，同时，几乎所有的高校先后设立艺术中心，负责全校学生的艺术教育和艺术素质培养。达成的共识在于"艺术学科从点到面、从个别到普遍，逐步成为中国高校不可或缺的一个部分"，"直接汇入到中国大学的整体学术氛围和人文素养的新型结构之中"。如果说经过一步步扎实建设，艺术学科的地位在我国得到了确立，"艺术学在中国经历了一个从无到有，从边缘到主流的发展历程，同时作为一个相对独立的学科，艺术学的学科制度在逐渐健全，学科体系也在逐渐完善，艺术教育更有蓬勃发展之势"，那么，张道一先生这样的开拓者，在艺术学科建制方面进行的探索无疑发挥了切实的作用。也正是在推进教育实践和建设学术阵地的过程中，张道一先生的一系列学科建设思想落地生根开花结果，培育和影响着一批批年轻的学子，扎根中国的文化艺术土壤，实现理论建构与提升。甚至可以说，由此形成了"西学东渐"以来西方学术范式渐成主流的语境中，一支具有本土生命力、有承传、有发展、能够实现理论提升的学术中坚。

三、从教育教学探索到求解现实命题

如果说从理论研究到教育教学实践是学科建设的基本道路，那么，张道一先生的学科建设思想中时刻凸显的还有

➡张道一先生著作（部分）

对现实问题的关注。例如着眼中国当代设计发展的现实，张道一先生提出，"建设新的设计艺术学科，发展新的艺术设计专业，必须明确'谋求'的是什么，怎样才能达到目的，得到满足。抓住一个'谋'字，就有了起因和动力；探索一个'道'字，就掌握了原则和规律；寻找一个'法'字，就具备了解决问题的能力和办法。这是最根本的一条治学之路。吸取古人的经验，借鉴外国人的做法，都是自己行路的参照"。正是基于这样提纲挈领的剖析，强调"在理论方面，要把艺术和设计的关系理解深透，进而说明它与生产、经济、

张道一先生与作者合影，2017年

消费的关系，以及如何使之形成良好循环。对于历史，要明确借鉴的重要性，既应强调艺术设计与生产在近现代的结合，又不能隔断历史，忽略古代手工艺对近现代设计的影响，在知识方面，不但要掌握与设计有直接关系的知识，也要具备文化的、经济的以及工学的有关知识"。可以说，这样关于设计现实的分析在设计需求、设计手段、设计理念不断变化发展的当下，仍然具有重要的指导意义。

当前，构建设计战略、重视设计的传统文化根基、由设计推动产业升级和经济转型等，仍是需要不断探索和解决的问题。尤其现在设计已经突破产业阈限，具有全局性的战略意义，不仅要以"高精尖"科技作为提升发展的关键，而且要将民族民间文化资源作为重要基础，发挥提升和引领作用，要真正从设计层面解读传统文化资源，把握当代生活方式内涵，在设计实践中实现优秀传统文化的传承和创新，并以设计为媒介，促进民族文化的传播和发展，也只有这样才能形成完整意义上的"中国设计"。这需要我们如张道一先生那样，以宏观视野和深入切实的剖析思考去应对和推进。

可以看到，张道一先生从文化传承和创新的高度关注设计现状，痛陈时下设计中存在的种种弊端，批评不重动手实干的"口头"设计、过度包装等浮夸设计，担心商业化追求肢解优秀传统文化，担心工具化使专业设计人员的基本功弱化，提出了"设计怎么办"的问题。并因此进一步将设计规划、设计方法等向设计思想、设计文化、设计伦理的层面延展，探讨设计发展的深层次问题。这不仅是一种深度的解析，也是实质性的研讨和号召，指出"看行情做生意，什么有利卖什么，那是小商贩为了营生。艺术是塑造灵魂的，而设计艺术担负着美化生活、丰富生活、使生活更美好的任务；只能追求高尚，不能混入低俗。人各有志，既然志在于此，唯有德才并进，攀登高峰，才不负设计艺术的历史使命"，倡导从业者"做一块民族振兴的基石"。

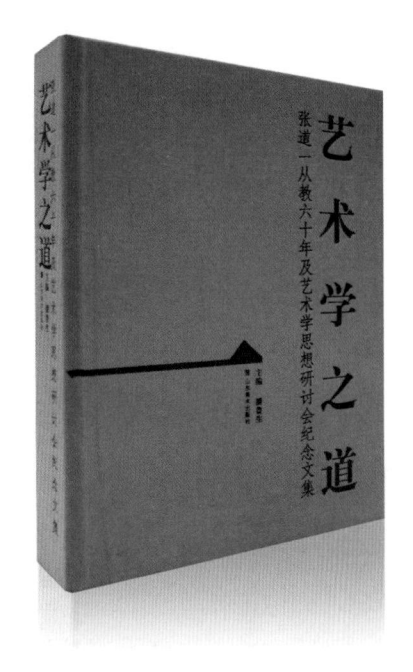

张道一先生坚持设计创作，从招贴、包装、书装到标志，他设计了许多具有深厚文化底蕴而又实务的作品。正如他重视理论研究、致力于培养艺术理论研究人才，也时刻关注实践层次问题的解决，他所强调的"美与用的辩证统一，审美的意匠与功能机构的发挥"、"人体的研究，即人与物与环

→《艺术学之道——张道一从教六十年及艺术学思想研讨会纪念文集》（潘鲁生主编，山东美术出版社，2011年）

境的关系"、"材料的研究。各种造物材料的性能、结构,及对物品的适应"、"工艺的研究。各种工艺手段、技术特点、加工方式,对设计的局限,以及设计对工艺、材料的适应"以及"消费心理和市场物资的研究",等等,对设计实践和设计教学都有重要的指导意义。

可以说,张道一先生的治学实践历程与中国现当代设计发展的脉动深刻契合,其学科建设思想不仅具有专业理论价值和实践意义,而且体现了这一历史时期中国人文学科建构发展的内在理路,从中可以获得良多启示。尤其当前,艺术学上升为独立的学科门类,进一步印证并实现了张道一先生对艺术学科建设的前瞻性探索,同时也更需要我们深入解读前辈学人的学术思想和艺术实践,深入思考当下的艺术学科建设问题,探索如何进一步从深层的规律、原理和知识架构出发,面向文化发展的现实,推进艺术学及相关学科建设,探寻理论与现实、传承与创新的契合点,从

↑ 张道一先生海报作品《和平》,1956年

教育、科研、实践等诸多角度推动文化艺术的发展。

时下，无论是设计发展的现实，还是文化传承振兴的使命，都对当代学人做出考验，能否以开阔的胸怀、通达的视野、进取的精神致力其中，由辨析学理而成就事理，关系着我们的文化艺术弘扬壮大或湮没无闻。张道一先生由学科建设而汇聚引领性的动力，给予我们很多启示，是为中国当代可贵的学科建设思想，也是治学为人的教诲。我们当汲取教益力量开拓前行。

附：张道一主要著作及作品目录

一、图集

1. 张道一：《剪纸》（个人作品集），南京：江苏人民出版社1956年版。

2. 何燕明、张道一编：《南京剪纸》，上海：上海人民美术出版社1956年版。

3. 张道一编选：《中国古代图案选》，南京：江苏人民出版社1980年版。

4. 张道一编：《中国民间剪纸——介绍与欣赏》，南京：金陵书画社1980年版。

5. 张道一主编：《外国图案选》，南京：江苏人民出版社1982年版。

6. 张道一编：《中国图案大系》（12卷6册），济南：山东美术出版社1993年版。

7. 张道一编：《老戏曲年画》，上海：上海画报出版社1999年版。

8. 张道一编：《外国图案大系》（五卷本），南京：江苏美术出版社2001年版。

二、专著与文集

1. 张道一等合编:《工艺美术通讯》,北京:中央工艺美术科学研究所1956—1957年印。

2. 张道一:《工艺美术参考资料》(文选),北京:中央工艺美术科学研究所1956—1957年印。

3. 张道一主编:《中国民间工艺》(中国民艺),1984年创刊至1997年,不定期,共出版18期。

4. 张道一主编:《陈之佛九十周年诞辰纪念集》,江苏省教育委员会、江苏省文化厅1986年印。

5. 张道一:《中国民间剪纸艺术》(日文版《中国の民间切り纸芸术》),北京:外文出版社1986年版。

6. 张道一:《中国民间剪纸艺术》(英文版),北京:外文出版社1989年版。同日文版,无中文版。

7. 张道一:《工艺美术论集》(论文集),西安:陕西人民美术出版社1986年版。

8. 张道一编:《民间印花布》(江苏民间美术丛书),南京:江苏美术出版社1987年版。

9. 张道一:《美在民间》(民间美术文集),北京:北京工艺美术出版社1986年版。

10. 张道一:《中国印染史略》(专著),南京:江苏美术出版社1987年版。

11. 张道一编:《工艺美术研究》第1集,南京:江苏美术出版社1988年版。

12. 张道一:《造物的艺术论》(论文集),福州:福建美术出版社1989年版。

13. 张道一编:《民间木版画》(江苏民间美术丛书),南京:江苏美术出版社1990年版。

14. 张道一:《美术长短录》(论文集),济南:山东美术出版社1992年版。

15. 张道一编:《中国民间美术》,台北:台湾汉声杂志社1992年版。

16. 张道一:《麒麟送子》(民俗专题研究),台北:台湾汉声杂志社1993年版。

17. 张道一编:《工业设计全书》,南京:江苏科学技术出版社1994年版。

18. 张道一编:《艺术学研究》(丛刊·第一集),南京:江苏美术出版社1995年版。

19. 张道一、汝信编:《美学与艺术学研究》(丛刊·第一集),中华美学学会与东南大学艺术学系合办,自1996年出版共四集。

20. 张道一:《美哉汉字》(专著),台北:台湾汉声杂志社1996年版。

21. 张道一编:《中国织绣》(艺林撷珍丛书),上海:上海人民美术出版社1997年版。

22. 张道一编:《中国陵墓雕塑全集·两晋南北朝卷》,西安:陕西人民美术出版社2007年版。

23. 张道一编:《夹缬》,台北:台湾汉声杂志社1997年版。

24. 张道一编:《中国女红——母亲的艺术》,台北:台湾汉声杂志社1998年版。

25. 张道一编:《美术鉴赏》,北京:高等教育出版社1998年版。

26. 张道一等:《精神的美食——艺术与人生》,北京:北京教育出版社1999年版。

27. 张道一:《吉祥如意》(民艺专题研究),台北:台湾汉声杂志社1999年版。

28. 张道一:《张道一文集》(两卷集),合肥:安徽教育出版社1999年版。

29. 张道一编:《中国民间美术辞典》,南京:江苏美术出版社2001年版。

30. 张道一、唐家路编:《心灵之扉——张道一论艺术》(博导谈艺·艺术对话),济南:山东美术出版社2001年版。

31.《中国艺术学研究张道一教授七十华诞暨从教五十年文集》,李砚祖主编,长沙:湖南美术出版社2002年版。

32. 张道一:《论设计》(关于设计艺术的思考),南京:东南大学艺术学系2003年印。

33. 张道一编:《燕尾裁春》(民间剪纸与艺人),武汉:湖北美术出版社2003年版。

34. 张道一主编:《惠山泥人》(第一册),台北:台湾汉声杂志社

2003年版。

35. 张道一：《考工记注译》（先秦古籍注译），西安：陕西人民美术出版社2004年版。

36. 张道一编：《喻湘涟王南仙泥塑集》，深圳：海天出版社2005年版。

37. 张道一：《鸡年大吉》，海南三亚·南山吉祥文化博览，2005年。

38. 张道一：《汉画故事》（古典艺术解读），重庆：重庆大学出版社2006年版。

39. 张道一：《设计在谋》（文集），重庆：重庆大学出版社2007年版。

40. 张道一：《张道一论民艺》（文集），济南：山东美术出版社2008年版。

41. 张道一：《麒麟送子考索》（民俗艺术研究系列），济南：山东美术出版社2008版。

42. 张道一：《老鼠嫁女——鼠民俗及其相关艺术》（民俗艺术研究系列），济南：山东美术出版社2009年版。

43. 张道一：《道一论艺——艺术与艺术学文集》，苏州：苏州大学出版社2008年版。

44. 张道一编：《艺术学记 第1集》，苏州：苏州大学出版社2008年版。

45. 张道一编：《艺术学记》（集刊），苏州：苏州大学出版社2008版。

46. 张道一：《画像石鉴赏》（古典艺术解读），重庆：重庆大学出版社2009年版。

47. 张道一：《张道一选集》（论文集），南京：东南大学出版社2009年版。

48. 张道一：《中国木版画通鉴》（专著），南京：江苏美术出版社2009年版。

49. 张道一：《蓝花花——民间布面点画赏析》（专著），济南：山东教育出版社2010年版。

50. 张道一：《剪子巷花样——山东民间刺绣剪纸》（专著），济南：山东教育出版社2011年版。

51. 张道一：《吉祥文化论》（专著），重庆：重庆大学出版社2011

年版。

52. 张道一:《书门笺——张道一美术序跋集》(文集),重庆:重庆大学出版社2011年版。

53. 张道一:《徐州画像石》(江苏符号系列,专著),南京:译林出版社2011年版。

54. 张道一:《南京云锦》(江苏符号系列,专著),南京:译林出版社2011年版。

55. 张道一编:《桃坞绣稿 民间刺绣与版刻》,济南:山东教育出版社2013年版。

56. 张道一编:《乡土玩具》,济南:山东教育出版社2016年版。

57. 张道一编:《中国拓印画通览 上》,南京:东南大学出版社2016年版。

58. 张道一编:《中国拓印画通览 下》,南京:东南大学出版社2016年版。

59. 张道一编:《狮子艺术 造型原理的一个动物典型》,南京:东南大学出版社2018版。

60. 张道一:《纸马》,济南:山东教育出版社2018年版。

61. 张道一编:《画石像鉴赏:看得见的汉朝生活图志》,北京:文化艺术出版社2019年版。

62. 张道一、徐飚:《徐州画像石》,南京:江苏凤凰美术出版社2019年版。

63. 张道一:《论工艺美 张道一言论辑录》,丁涛、郭廉夫编,天津:天津杨柳青画社1991年版。

64. 张道一:《张道一研究 道德文章 学术思想评论集》,孙建君、潘鲁生主编,济南:山东美术出版社2000年版。

王树村

学高为师

王树村（1923—2009），美术史论家、民间美术收藏家。曾任中国艺术研究院美术研究所研究员、中国民俗学会理事、中国民间美术学会副会长、中国工艺美术学会民间工艺美术专业委员会副主任。2004年获中国美术家协会授予的首批"卓有成就的美术史论家"荣誉称号，2007年获中国文学艺术联合会颁发的"第六届造型表演艺术成就奖"。

王树村与民间年画研究

　　王树村先生是我国民间年画研究领域的重要奠基人之一。笔者1987年在中国艺术研究院《中国美术史》编辑部工作时，经邓福星先生推荐相识王树村先生，当时我负责民间美术方面的资料整理，常去先生西坝河东里的居所求教问题。王树村先生擅于独立的学术思考，不喜欢社交活动，印象中他的书房里总是堆满了厚厚的书籍文献，满屋子都是年画资料。他常向我介绍个人收藏年画珍品的故事，指导我如何沉下心来收集整理文献，如何鉴定不同区域的年画风格。他认为年画是"中国民间文化的百科全书"，遗憾的是没有引起学界的高度重视，希望我们这一代人从基础研究做起，多读画，多调研，从中寻找年画所承载的中华文明内涵。后

↓ 中国工艺美术学会民间工艺美术专业委员会第十六届年会，2001年

来，应北京工艺美术出版社约稿，我有幸协助先生编辑"中国传统手工技艺丛书"的编撰工作。20世纪80年代末90年代初，"全盘西化"的思想观念在社会上十分盛行，与之相对应中国本土文化也受到了西方文艺家的推崇，就学术研究而言，如何寻找文化根性成为热点。国家社科基金项目《中国美术史》在王朝闻先生的倡导下把民间美术列入研究对象；1986年中央美术学院成立了民间美术系；1988年5月文化部成立中国民间美术学会，王树村先生担任副会长，他推荐我担任副秘书长，负责学术研究和日常工作。在中国艺术研究院工作期间，我曾多次跟随先生参加有关学术会议和调研活动，他为学为艺的坚定品格给我留下了深刻的印象。而今王树村先生已经离开我们十年有余了，他毕生奉献民间美术研究，尤其是在民间年画领域研究所做的成果与贡献，仍然散发着灼灼光华，启发并激励后来人在年画艺术研究园地勤勉耕耘。

↑ 王树村在工作室

↖ 王树村在研究民间年画

一、抢救保护研究年画遗产

王树村生于年画重镇杨柳青，少年时代见证了杨柳青古镇画业兴盛的景象。画店满墙的画样常让他流连忘返：任文鸿的剪纸窗花，高家的挂钱、花样子，娃娃李的泥塑戏人、杨掌作的彩扎花灯，任子玉的纸扎和文泰裕的纸祃等民间美术品都是他难忘的记忆。"七七事变"中，天津被日军攻陷，王树村目睹了杨柳青大批画版和旧稿粉本在战乱中被损毁的厄运，曾经繁华的古镇"田园荒芜，百业凋敝"。年少的他对年画十分爱惜，14岁时起就开始了旧年画版样及雕版的收集之路。他会用平时的积蓄购买一些价廉的旧年画；有时见到烧饼铺用画版做柴火，便请求掌柜允许他在版上铺纸用蜡笔或墨汁刷印线版，存留画样；有时甚至到军事防御工事现场寻找收集散落的画版。在战事频繁、漂泊离乱的年代，这些辛苦收集到的年画藏品，以及王家祖上传下来的齐健隆画店清初"点套"戏出、娃娃古版年画粉本，都被他十分爱惜地保存了下来，成为今天国内罕见的珍贵年画遗产。

钟情年画，热爱年画，收藏研究年画，几乎贯穿了王树村的整个一生。如果说，年少时对年画艺术的收藏主要是个人的兴趣爱好使然；那么，后来把年画研究提升到传承弘扬民族文化事业的高度则主要是他拳拳爱国之心和家国情怀的体现。王树村在1980年所写的《关于民间年画》一文附录"近现代年画的收集于研究简述"中回顾了自清末即开始收藏中国年画的俄罗斯军官柯兹洛夫，德国中国学院的魏礼贤（Richard Wilhelm），法国中法汉学院杜伯秋（J.P.Dubose）、亨利·道尔（Henri Dore），日本冈田伊三郎、泽村幸夫等人的研究成果，指出国外人士"固然有的是为了介绍东方文化艺术，但不少人研究我国民间风俗习惯是为了传教布道，进行文化渗透。"[①] 在回忆录《我与年画的半生缘》中，王

---

① 王树村：《关于民间年画》，《美术研究》1980年第2期。

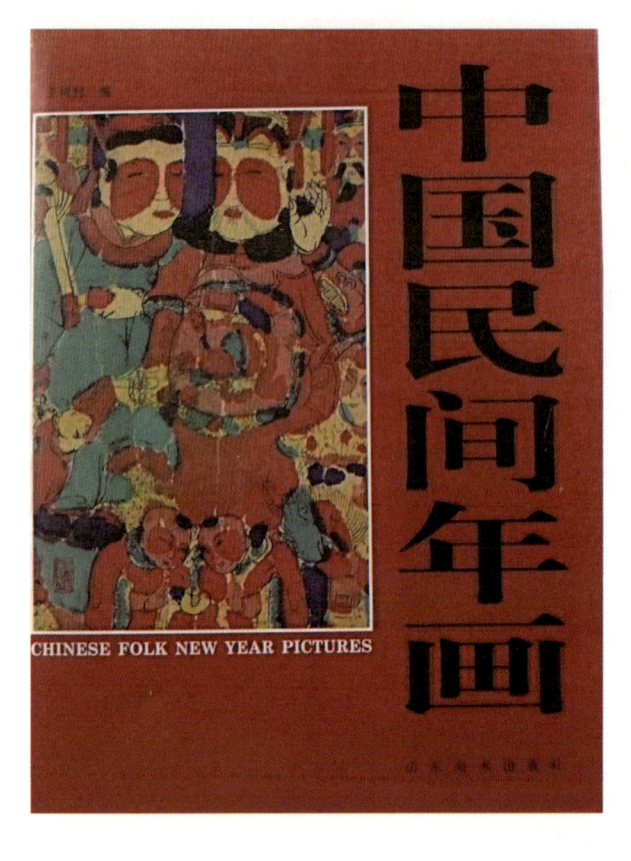

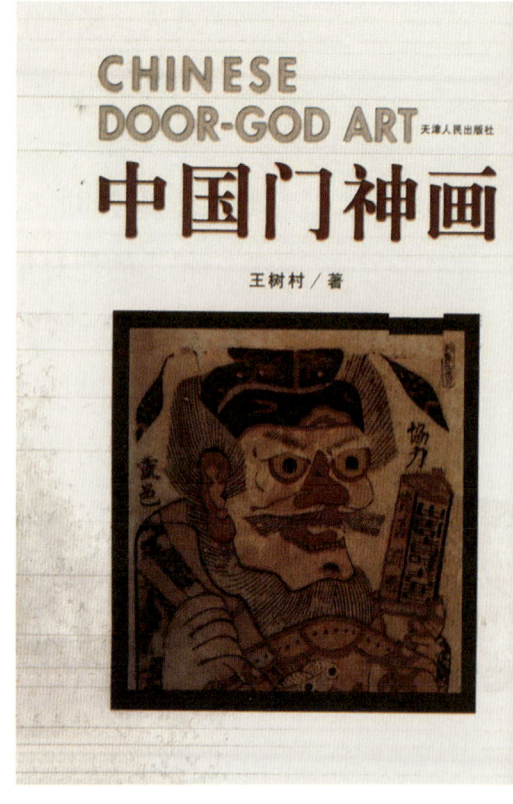

树村提到:"1937年前,日寇把杨柳青南乡和河北省宁河县东丰台的年画版劫运到奉天(沈阳)充作'满洲帝国'文化。抗日战争起,目睹耳闻当时抢夺糟蹋杨柳青年画艺术之罪恶,使我更感民间艺术和国家命运一样,悲愤万分。日本人操纵的北京兴亚院,曾派人到处搜索、调查当地年画情况,后又用石印方法印'灶君',并印有'大东亚共荣'",以及"东三省,山河依旧;满洲国,王道维新"等口号来迷惑人心。① 这些事情都不断激发着他"保护祖国文化遗产"的决心。"日满文化协会"印制的《满洲之民艺》《满洲北支民艺图选》《北支民俗志》等研究介绍中国年画的出版物,更是深深刺激了王树村的民族自尊心和振兴民族文化的使

王树村著《中国民间年画》《中国门神画》

---

① 王树村:《我与年画的半生缘》,《文史杂志》1993年第1期。

命感，他年纪轻轻便决心将年画研究作为个人终生的志业。

王树村著述等身，1959年以来出版的民间美术研究共计75部。据李霞整理的"王树村学术年表"①可见，年画领域专著计38部，论文计95篇，占据了他学术生命的大半壁江山。相关著述还被翻译成了俄文、英文、德文、法文、日文出版，在世界范围内传播了民族文化。2006年6月，第一个中国文化遗产日前夕，面对刚刚展开的非物质文化遗产保护工作，他怀着高兴又焦虑的心情抱病给时任中国艺术研究院院长王文章先生写信，建议结合研究院图书馆藏年画和个人藏品，出版《中国古版年画宝鉴》，"以此作为样板来对照、辨别真假年画"。②当时王树村已经罹患绝症，在王文章先生全力支持下，由他的学生中国艺术研究院王海霞研究员主编完成的《中国古版年画珍本》（11卷）2015年正式出版，这套书辑录了王树村个人以及中国艺术研究院、中国国家图书馆、重庆中国三峡博物馆等文化机构所藏珍本年画4000幅，为年画研究者提供了系统化、权威性的"标准件"。

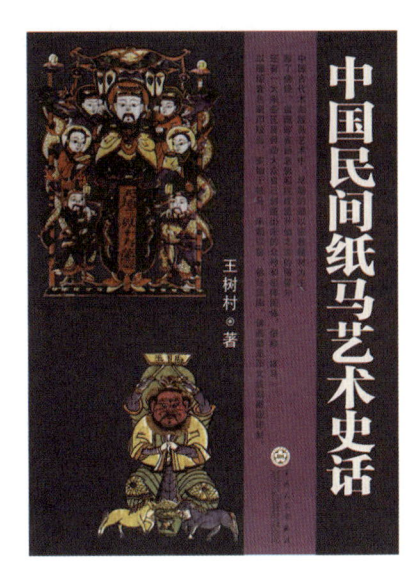

→ 王树村著《中国民间纸马艺术史话》

---

① 李霞：《王树村学术年表》，《民艺》2019年第6期。
② 王海霞：《中国古版年画珍本·中国社会民间生活的图像志》，湖北美术出版社、北京工艺美术出版社2015年版。

二、辨析年画概念与范畴

"年画"是什么?对年画研究者而言是一个既复杂又无可回避的问题。对于年画本质的认识也贯穿了王树村年画研究的全过程。1956年,王树村在《关于门画、历画问题》一文中,认为:"年画以欢闹热烈的场面、喜庆吉祥的内容和较强的故事性为其特点。"[①]此后,他在《明清之际的木版年画》(1957年)、《漫谈民间年画》(1957年)、《年画古今谈》(1979年)、《关于民间年画》(1980年)等文中,对年画的概念本质进行了持续的考索与辨析。1985年,王树村为《中国美术全集·民间年画》所写的《中国年画史叙要》一文,对"年画"一词的由来及概念演化进行了深入考证。该文中,他从清道光年间河北宝坻人李光庭所著《乡言解颐》中发现了"扫舍之后,便贴年画,稚子之戏耳"的记载,"年画"概念出现正与当时年画发展兴旺的史实相呼应。因此可以认定"年画是新年粘贴的一种点缀节日风俗之画,除了张贴驱灾御凶的'门神'之外,又需要有祈福迎祥、寓意吉庆的题材。"[②]这一观点与钱杏邨关于年画分为神像和吉祥喜庆两种题材的认识基本一致。[③]

王树村在《中国年画史》一书中,以考据的方式对"年画"概念与范畴进行了系统梳理。辨析了南宋"纸画儿"、元代"销寒图"、明代"画帖"、清初"卫画"以及杭州"欢乐图"、绵竹"斗方"、苏州"画张"等概念的适应情境,探讨了年画的定义。文章认为:"年画——中国民间传统绘

---

① 王树村:《关于门画、历画问题》,《美术》1956年第12期。
② 王树村:《中国年画史叙要》,载《中国民间年画史论集》,天津杨柳青画社1991年版,第58—59页。
③ 阿英:《中国年画发展史略》,朝花美术出版社1954年版,第1页。

→ 中国工艺美术学会民间工艺美术专业委员会第十五届年会专家合影，2000年

画的一个独立的画种。因主要张贴于新年之际，故名。狭义上，专指新年时城乡张贴于居室内外门、窗、墙、灶等处的，由各地作坊刻绘的绘画作品；广义上，凡民间艺人创作并经由作坊业刻绘和经营的、以描写和反映民间世俗生活为特征的绘画作品，均可归为年画类。"① 此定义从年画的制作与功用角度出发界定年画的范畴，既回避了数量巨大、类型庞杂的特定类型归属，又明确了年画"新年张贴""作坊刻绘"两个核心属性。

依据此概念，王树村从题材内容、功能属性、艺术形式、制作方法等诸多因素出发对年画进行了分类。如：从定义上划分，广义的年画包括喜画、福寿屏、祖师纸马、扇面画、西湖景和丈画、灯屏画、博彩玩具和岁时杂画八类；从题材上划分为历史故事、神话传说、世俗生活、风景名胜、时事新闻、讽喻劝诫、仕女娃娃、花鸟虫鱼八类；按技艺划分为

---

① 王树村：《中国年画史》，北京工艺美术出版社2002年版，第18–22页。

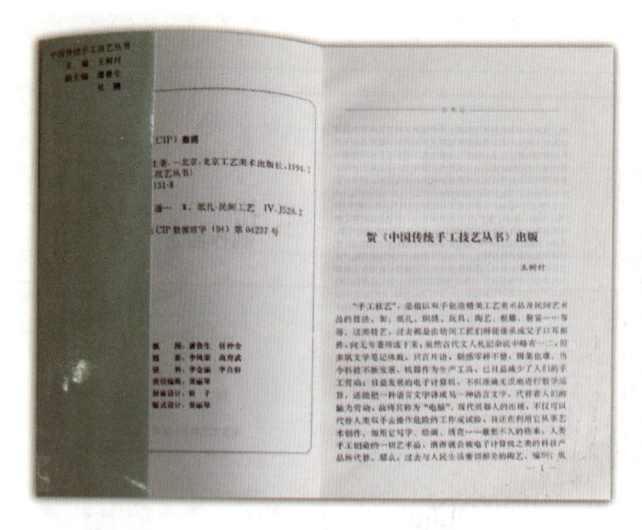

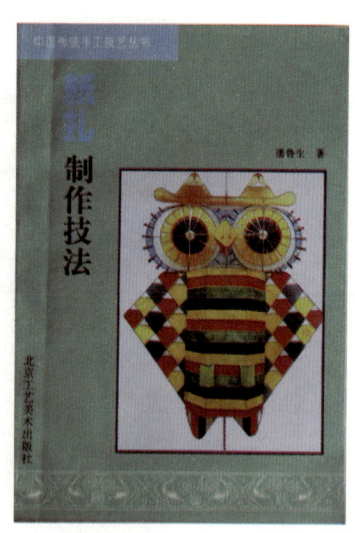

王树村先生为潘鲁生著作《纸扎制作技法》撰写序言

手工绘制、木版套色印制、半印半画、套印背景、手染脸面、仿版画法、漏版印刷七类；从功能上划分为宗教年画、世俗年画、行业年画、政教年画、农事年画、政治年画、艺术年画、商业年画、戏曲年画八类；从坊市行货划分为门神、门画、灶王马、钟馗、天师符、月光马、纸马、历画、月份牌、岁时杂画六类。年画艺术包罗万象，不同类型之间具有错综复杂的关系，这些划分方式为研究者从多角度、多方位认识考察年画属性，辨析概念边界提供了一个科学思考的框架，阔清了价值内涵，体现了"年画学"研究的学科取向。

三、推进年画史学研究

王树村是继阿英（钱杏邨）、薄松年[①]之后，第三位系统撰写"年画史"的学者。如果从1956年在《美术》杂志发表《关于门画、历画问题》一文算起，至2005年集年画

---

① 阿英：《中国年画发展史略》，朝花美术出版社1954年版。薄松年：《中国年画史》，辽宁美术出版社1986年版。

史论研究之大成的《中国年画发展史》在天津人民美术出版社出版，王树村的"年画史"写作时间跨度达半个世纪。出版相关专著共计6部：《中国民间年画史论集》（1991年）、《中国民间年画史图录》（1991年）、《年画史》（1997年）、《中国年画史》（2002年）、《中国年画发展史》（2005年）、《中国民间纸马艺术史话》（2008年）。王树村认为："没有资料（史料）空有观点写不成史书；相反，占有资料多而不用正确观点去研究，只能作为一位收藏家，不利于学术发展。"① 其"年画史"以海量的年画史料为基础，溯本求源，体系完备，取精用弘，脉络清晰，内容丰富，注重结合社会环境和历史条件探讨年画艺术萌生与发展的规律，将"年画"提升至"我国民族绘画传统的正宗"地位，展现了宽广而敏锐的学术视野。

王树村首次对年画的起源年代进行了确切认定。溯源年画发展的源头是年画史研究的第一要务。钱杏邨认为，"从明代起，随着木刻版画的发展，年画正式成为一种独立的艺术形式。"② 薄松年认为，"年画成为独立画种，最晚当在

王树村著《上元灯画》

---

① 王树村：《漫谈收集近代民间美术资料》，《美术观察》1998年第2期。
② 阿英：《中国年画发展史略》，朝花美术出版社1954年版，第1页。

五代北宋之际。"① 以上两种认识主要基于木版印刷技术的发展和新年张贴节令画习俗的形成。王树村在前人研究基础上，通过对大量史料的梳理，明确主张年画形成于北宋时期。他认为："年画的形成有两个标志：其一是年画作品已由宗教崇拜物变为世俗商品并通过木版印刷广为传播；其二是以描写和反映世俗生活为主的年画已发展成一门独立的画种。"② 其立论依据是北宋时期经营民间绘画的"画市"以门神、灶君、钟馗、纸马等为主要题材的'纸画儿'和专事生产纸画儿作坊的出现，反映了以'纸画儿'为泛称的宋代年画作品，已由宗教崇拜物转化为世俗商品。从流通属性变迁视角定位"年画"作为独立画种诞生的时间节点，体现了王树村对年画本质属性的独创性认识。

体系完备、取精用弘、脉络清晰是王树村"年画史"最为显著的特点。年画研究在历朝历代都是相对冷僻的学术领域，尤其是清以前的年画史料更是寥落晨星。王树村广泛钩沉索引，穷极一生搜集史料，架构了从先秦至当代时期的完整年画史研究框架。他的"年画史"以先秦、汉唐、宋代、辽金元、明代、清代、民国、新中国成立为年代分期，清晰分述了各个历史分期年画艺术的发展特色。先秦汉唐部分，主要论述了门神、钟馗等神像画在世俗信仰中使用状况，揭示了年画萌生发展的精神根源，如汉唐时期的门神、灶神"在原有基础上继续发展，并且糅进了释、道、儒三教的宗教色彩，也显露了世俗化的端倪"，这些发展趋势为年画的产生

---

① 薄松年：《中国年画史》，辽宁美术出版社1986年版，第11页。
② 王树村：《中国年画发展史》，天津人民美术出版社2005年版，第79页。

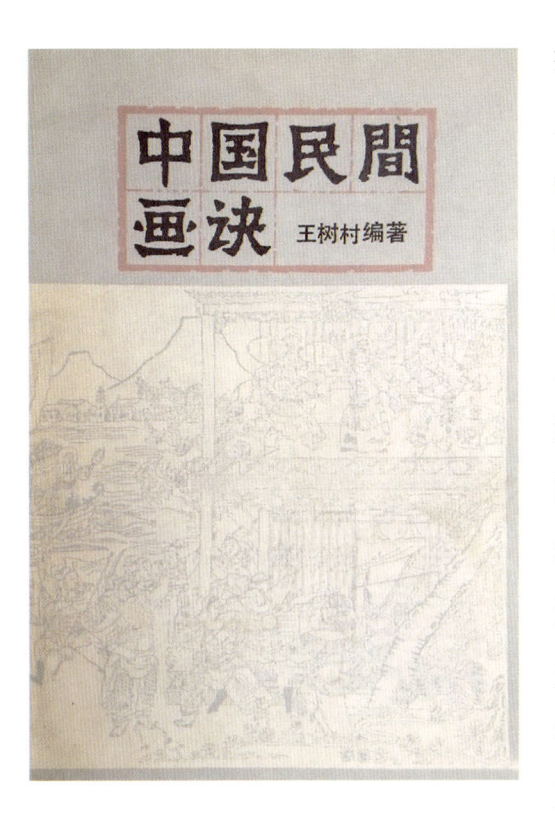

↑ 王树村著《中国民间画诀》

提供了社会观念基础。宋代部分，以画市上雕版印刷具有商品属性的"纸画"出现作为年画形成的重要标志，阐述了"描写和反映世俗生活为主"的《娃娃画》《村田乐》和纸马、门神等年画类型，以及文人画家与民间画工分立对年画创作产生的影响；辽金元三个朝代作为少数民族建立的政权"不断汲取先进的汉文化"，"对北方年画艺术的形成和发展起了积极的促进作用"。明代年画出现的"祥福吉庆之图，大都成了庶民家家户户普遍要求和希望的写照"，"人们思想喜善厌恶，民间年画正顺合此意而继续向前发展"。[①]清代年画艺术高度发展，南北地域民间木版年画中心产地成熟，戏出年画与门神纸马的生产制作占据主流，形成了各富地方特色的年画创作体系。晚清民国时期，出现了反映社会现实的反帝、维新、讽刺等改良题材年画以及石印年画、月份牌年画等新形式年画。新中国成立后，新年画创作在不同的历史阶段，融入了现实主义美术创作思想，发挥了年画艺术的时代价值。

王树村"年画史"写作以唯物史观为指导，兼具现实主义美术思想，阐明了中国年画显著特征是"与民间的世俗生活密切结合，是反映各历史时期世俗民风的一面镜子"。[②]

---

① 王树村：《中国年画发展史》，天津人民美术出版社2005年版，第14—15页。
② 同上书，第10页。

王树村著《中国民间美术史》《中国年画发展史》

值得一提的是，他将"纸马"纳入年画史的研究视野，并认为："道教充分汲取原始宗教与释、儒之长，引其崇拜的诸神为己用，形成包括门神、灶君、财神、日月星辰等在内的数量繁多的道教俗神"，"为年画艺术世俗化的进程注入了催化剂"。[①] 这一论述将年画艺术发展与民众世俗信仰相联系，揭示了年画艺术得以孕育生成的深层次人文意涵，无疑从历史研究角度拓展并深化了对"年画"内涵与外延的认识。

四、记录整理画工画诀

民间画诀的记录整理是王树村年画研究的另一突出贡献。画诀是过去民间画工在长期创作实践中的经验心得，是

---

① 王树村：《中国年画发展史》，天津人民美术出版社2005年版，第39页。

技艺的关键要领。在传统社会,"画诀"多在民间画店作坊内部,在父子、师徒之间口口相传,因为其中的诀窍关系到生意生计,常常"秘不示人"。坊间规矩:"宁赠十锭金,不撒一句春","春"即画诀。王树村成长于年画重镇杨柳青,家邻画肆、传真馆,课余师从民间画师徐少轩、阎文华学画,靠着作画口诀临摹粉本画样,与当地民间画工有天然的情感纽带。在长期的田野考察中,他与民间画师结下了深厚的情谊。在阎文华、徐少轩、张喜恩、申玉成、李靖、潘忠义等师傅的"口传手授"中,王树村从只言片语零星记录到聚沙成塔整理出版专著《中国民间画诀》(1982年),让这份流传于民间的宝贵民族文化遗产得以传示后人,避免了"人亡艺绝"的命运。

王树村所整理的民间画诀既包含了绘事总决、画人物诀、小说人物、戏出角色、道释神仙、传真画像、楼台界画、鸟兽山水等分科要领,也包含了创作方法、色彩笔法、观画诀法等创作观念与审美标准,十分具体系统。"绘事总决"记录了各个绘画分科的总体性造型特点,如"金人物,玉花卉,模糊不尽是山水",讲的是山水画中的人物要显耀夺目,花卉要洁净鲜美,山水要有不尽止境;"富道释,穷判官,辉煌耀眼是神仙",讲的是画僧道人物要有富相,切记寒伧;"三停九象,十鹿九回头",讲的是塑造一条龙的形象要分头、腹、尾三部分处理,全身头、身、眼等九个部位各有属相,画鹿要多体现回头招呼动态,体现其"仁慈"本性。"画人物诀"要求"画将无脖颈,画少女应肖肩"、"若要人脸笑,眼角下弯嘴上翘"、"贵家妇,宫样妆;耕织女,要时样;娃娃样,要肥胖;庄稼汉,衣裳越薄越显壮"。"小说人物诀"

中，对美人样、贵妇样、丫鬟样、富人样、寒士样、魔鬼样等诸色人物造型及配置景物均作了细致的说明。"道释神仙诀",讲的是描绘神将要"顶盔掼甲护肩布,九吞八麥沙鱼带,锦带包肚登云靴,挺胸叠肚摄魂魄";玉皇形象要"冕旒冠,天衣披肩,腰衬、腰群,托布镇圭";文财神形象要"丞相冠,如意翅,蟒袍玉带五绺髯"。

在创作方法上,"画中要有戏,百看才不腻;出口要吉利,才能合人意;人品要俊秀,能得人欢喜",涉及了年画题材选择、内容构思以及人物造型三个方面,是年画的创作总纲。在具体画面处理方面,戏出题材要达到"真、假、虚、实、宾、主、聚、散"为优,时样节景画要求有"意、理、功、趣"为上品。酒肆茶馆、公所行会悬挂的巨幅横披画创作要讲究"四梁八柱"的处理,"四梁"指故事何时、何地发生,何人、有何"关子";"八柱"是指"眼、横、锁、扣、拨、插、冠、带"八字诀,要领涉及画面焦点、人物神态、情节趣味等方面的处理。"画娃娃样",既要显透吉庆韵味,又要构图饱满匀称,切忌半脸或背脸向内。"画吉祥样",需要"摇钱树多,聚宝盆大,元宝山高"。在色彩"点套"方面,有"红靠黄,亮晃晃""女红、妇黄、寡青、老褐""红忌紫,紫怕黄,黄喜绿,绿爱红"等配色要诀。"观画诀法"是画行评价作品好坏的审美标准,言简意赅地将民间绘画的创作旨趣表达了出来。如"观释老者,尚庄严慈觉,观罗汉者,审视四像","观道流者,尚孤闲清古","观人物者,尚精神状态,有贵贱中外之别","观山水者,尚平远旷回",等等,这些论述强调了民间绘画的审美趣味,为创作者提供了清晰、明了的范型标准,也为鉴赏者评价作品的优劣好坏

王树村编著《中国古代民俗版画》

《王树村藏中国精品年画》（李小菡主编，岭南出版社，2004年）

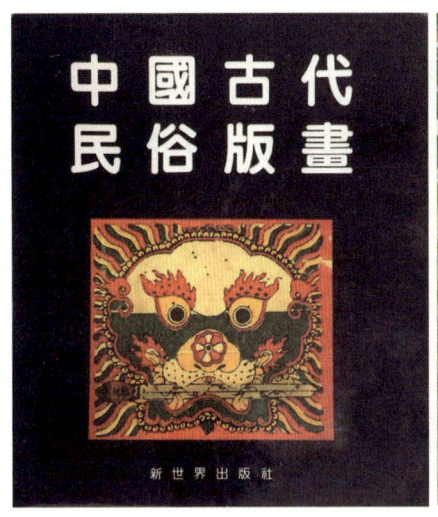

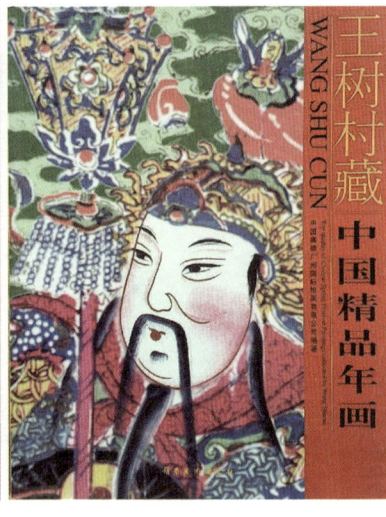

树立了参考标尺。

　　画工艺匠的塑作口诀，虽然没有上升到画理画论的理论高度，但却是长期创作经验累积的记录。从民间文化传承效度看，作为程式化的一定之规，画诀不是桎梏文化生命的"枷锁"，而是创造智慧的"催化剂"。

五、结语

　　王树村先生以学者的文化自觉与浓烈的家国情怀将毕生的精力投入到了年画研究事业之中。从《年画史》《中国年画史》和《中国年画发展史》这三部年画史论著作内容体系排比中可以看出，他一直在相关理论问题上不断补充、调整、深化，一直在苦苦追索。王老在写作《中国年画发展史》时已经罹患重症，虽然文稿篇章结构还需要一定的时间做进一步的调整，但天不假年，他在权衡之后也只能就此搁笔，将所余精力投入到更重要的年画藏品归档整理工作中，这些付出最终在他去世六年后呈现于2015年出版的11卷本《中国古版年画珍本》之中。王树村所走的是一条拓荒之路，在弘扬民族文化的坎途中，年画稿本、版样及雕版的收集与年画史论研究写作占据了他生命航程的绝大部分时间。他为年画艺术的传承发展呕心沥血，几乎拼尽了人生的最后一丝气力。作为一个曾在王老身边工作的晚辈，每念及此，都会感到由衷地钦敬。

附：王树村年画研究著作目录

1. 王树村：《杨柳青年画资料集》，北京：人民美术出版社1959年版。
2. 王树村：《京剧版画》，北京：北京出版社1959年版。
3. 王树村：《太平天国版画》，南京：江苏人民出版社1959年版。
4. 王树村：《高桐轩（年画艺人传）》，上海：上海美术出版社1963年版。
5. 王树村：《中国各地年画研究》，香港：香港出版公司1976年版。
6. 王树村：《杨柳青墨线年画》，北京：人民美术出版社1980年版。
7. 王树村：《中国民间画诀》，上海：上海人民美术出版社1982年版。
8. 王树村：《徐白斋（灯画艺人传）》，上海：上海人民美术出版社1983年版。
9. 王树村：《民间艺人方炳南画稿》，成都：四川人民出版社1985年版。
10. 王树村：《中国美术全集画选（21民间年画）》，北京：人民美术出版社1985年版。
11. 王树村：《中国民间年画百图》，北京：人民美术出版社1988年版。
12. 王树村：《苏联藏中国民间年画珍品集》，北京：人民美术出版社、列宁格勒：苏联阿芙乐尔出版社1990年版。
13. 王树村：《中国民俗版画集》（英、德、法文版），北京：外文出版社1990年版。
14. 王树村：《戏出年画集》，台北：台湾汉声杂志社1990年版。
15. 王树村：《中国民间年画史图录》，上海：上海人民美术出版社1991年版。
16. 王树村：《中国民间年画史论集》，天津：天津杨柳青画社1991

年版。

17. 王树村:《钟馗百图》,广州:岭南美术出版社1991年版。
18. 王树村:《门神艺术》,成都:四川美术出版社1991年版。
19. 王树村:《中国民间美术图说》,杭州:浙江文艺出版社1992年版。
20. 王树村:《中国杨柳青木版年画集1历史故事》,天津:天津杨柳青画社1992年版。
21. 王树村:《门与门神》,北京:学苑出版社1994年版。
22. 王树村:《年画三国志》(日文版),东京:集英社1994年版。
23. 王树村:《中国民间年画》,杭州:浙江教育出版社1995年版。
24. 王树村:《中国民间年画》,济南:山东美术出版社1997年版。
25. 王树村:《年画史》,上海:上海文艺出版社1997年版。
26. 王树村:《中国现代美术全集·年画》,沈阳:辽宁美术出版社1998年版。
27. 王树村:《杨柳青年画全集》,天津:天津杨柳青画社1999年版。
28. 王树村:《河南朱仙镇年画》,哈尔滨:黑龙江美术出版社2001年版。
29. 王树村:《杨柳青年画》(民俗卷),台北:台湾汉声杂志社2001年版。
30. 王树村:《华夏诸神——门与门神卷》,台北:云龙出版社2002年版。
31. 王树村:《中国年画史》,北京:北京工艺美术出版社2002年版。
32. 王树村:《中国民间画诀(增订本)》,北京:北京工艺美术出版社2003年版。
33. 王树村:《中国古代民俗版画》,北京:新世界出版社1992年版。
34. 王树村:《中国门神画》,天津:天津人民出版社2005年版。
35. 王树村:《中国年画发展史》,天津:天津人民美术出版社2005年版。
36. 王树村:《中国非物质遗产丛书——年画》,杭州:浙江人民出版社2005年版。
37. 王树村:《中国民间纸马艺术史话》,天津:百花文艺出版社2008年版。

常沙娜

学高为师

常沙娜（1931— ），浙江杭州人，生于法国里昂，我国著名艺术设计教育家和艺术设计家，曾任中央工艺美术学院院长。"敦煌守护神"常书鸿之女，师从林徽因，她受父亲的影响，承载父亲遗志，一生致力于敦煌艺术保护、研究与教育。曾参与完成人民大会堂的建筑装饰设计等重大项目，创作了一系列具有我国当代工艺设计的中国精神、中国风格和中国气派的作品，为我国工艺美术事业做出了杰出的贡献。

常沙娜的工艺美术教育理念与实践 *

"花开敦煌——常沙娜艺术研究与应用高校巡展"在山东工艺美术学院举行，常沙娜与作者出席开幕式

　　长河落日，大漠孤烟，保留了千年艺术灿烂遗影的敦煌是一座宝库，积淀着文化艺术绵长深远的文脉。敦煌的建筑、壁画、彩塑凝聚了先民的创造伟力，往往使人穿越时空，重见绮丽壮阔的历史场景，亲历执着高远的心路历程，体会到历史云烟中不同时代的精神和风采。古往今来，一代代爱国学者、艺术大家投身敦煌文化艺术，发扬传统，传承文化，成就了震古烁今的事业。作为我国著名设计家、教育家和艺术家，"敦煌守护神"常书鸿之女，常沙娜先生继承父亲遗

---

* 2017年10月23日，"花开敦煌——常沙娜艺术研究与应用高校巡展"在山东工艺美术学院举行，此文为作者在展览开幕式上的讲话。

1986年6月在北京家中父女谈话仍离不开敦煌

志，致力敦煌艺术保护、研究与教育。自20世纪40年代随父临摹敦煌壁画，到以敦煌图案为蓝本完成人民大会堂建筑装饰，以及发展工艺美术教育，常沙娜先生以纯粹的艺术态度、崇高的艺术境界和坚实的教育理想，在中国传统文脉融入当代设计方面做出了突出的贡献。

"花开敦煌"展览是常沙娜先生敦煌壁画临摹与花卉作品的合集，不仅再现了敦煌艺术与大自然美学的活力，更由此探索传统艺术传承与创新的表现形式，是敦煌宝库里延展生成的艺术之花。展览自2014年发起，至今已在国内外多地展出，收获了来自世界各地民众的赞赏。此次在山东工艺美院美术馆展出，是"花开敦煌"高校系列巡展的第一站，囊括了常沙娜先生敦煌临摹、装饰手稿及设计作品，完整展示了其七十多年的艺术研究成果，在"一带一路"背景下，呈现了当代学人对敦煌艺术精神的研究与转化、继承与升华，也带给我们关于工艺美术教育传统的深刻启示。

↑ 庞薰琹先生将学生的代表献花转送给常沙娜

↗ 常沙娜先生带领 77 级全班实习时的合影

一、认识临摹的意义

常沙娜先生的艺术实践始于敦煌莫高窟的壁画临摹，不仅练就了临摹的"童子功"，也使临摹过程成为体悟和研究的过程。几十年来不断探索敦煌艺术的美学和历史，形成了具有自身风格的当代阐释，也成为艺术创作与设计的重要给养和源泉。常先生将这一实践历程凝练为工艺美术的人才培养方法，在中央工艺美院开展临摹教学，使学生深刻学习和体会艺术传统，指导学生临摹之后再进行创新运用的图案设计。相较于 20 世纪以来，受西方美术及教育体制影响，在美术教育中崇尚通过写生获得造型能力、写实能力，对临摹存在不同程度的否定和贬斥，常沙娜先生对临摹教学的重视以及和写生教学的有机融合，把握了中国传统艺术发展和人才培养的关键，充分发挥临摹对于深入感受和认知传统笔墨语言、造型规律、文化内涵的重要作用，是建立在传统艺术本质基础上的工艺美术教学理念和方法。

诚如研究者指出："临摹的目的，就是要掌握传统的程式与法，并借以研究前人的种种经验，认知中国画的特殊本质。没有这一过程，就很难入中国画之门，很难深入领悟它的奥妙，也就很难从它自身出发去'通变'。"包括工艺美术在内的传统艺术教育应重视临摹教学，引导学生增强感受和理解传统的能力，领会笔墨气韵，使临摹的过程成为建立传承关系和文脉延续的过程。这是常沙娜先生艺术创作和工艺美术教育实践带给我们的重要启示。

二、把握图案的内涵

常沙娜先生重视图案的意义，将图案放在社会发展的历史进程中加以阐释，将图案与自然、社会、民族、习俗等联系在一起，不只是认识抽象的形式美，更在于全面把握其中的情感意志和社会历史文化内涵，明确图案的价值。在工艺美术教育中，常沙娜先生将图案课程作为中央工艺美院的重要基础课，强调"图案问题对艺术设计教育来说，是非常重要的一个环节"，深刻剖析以"三大构成"替代图

常沙娜先生临摹敦煌壁画装饰纹样

案基础课的弊端,主张深入学习中国传统图案的造型规律和艺术法则,打牢创造中国图案的基础,避免"只有所谓现代的、西方式的,即所谓的'国际性'风格,而没有中国的东西"。

如宗白华先生所言,"艺术家往往倾向以'形式'为艺术的基本,因为他们的使命是将生命表现于形式之中","这'形式'里面也同时深深地启示了精神的意义、生命的境界、心灵的幽韵"。今天的工艺美术教育仍然要把握图案教学的意义,进一步传承和研究图案教学的方法,从传统中汲取精华,正所谓"于从线条中得到节奏,于色彩中得到和谐,于形式中得到完整",在图案的教学和创新发展中不断丰富和创造今天艺术的生活。

三、延续创新的文脉

常沙娜先生是敦煌艺术的传承者和发展者,她在艺术创

↓ 1985年5月,全国美协会议在济南召开,常书鸿、常沙娜等到山东工艺美术学院指导工作

"花开敦煌——常沙娜艺术研究与应用高校巡展"在山东工艺美术学院举行，2017年

作与设计实践中融入敦煌图案元素，在 20 世纪 50 年代人民大会堂的室内设计中以敦煌石窟图案装饰中的藻井、平棋、人字披、华盖、背光、边饰图案等为母体，结合现代建筑结构特点，充分运用敦煌图案中变化多样的莲花纹、卷草纹、点、线等装饰元素，根据现代审美观与现代建筑功能需要相结合的思路设计，形成了富有民族特色且历久弥新的装饰效果，与中国现代优秀的装饰艺术家一道开创了既有传统又有创新的现代装饰风格。

历史演进，社会发展，中华民族数千年的文化积淀具有强大的生命力，承载集体记忆，包含共同的追求和向往。从历史文脉中生成的设计是回音，是呼应，不断唤起人们内心深处对传统文化的依赖，找到文化的根。常沙娜先生将历

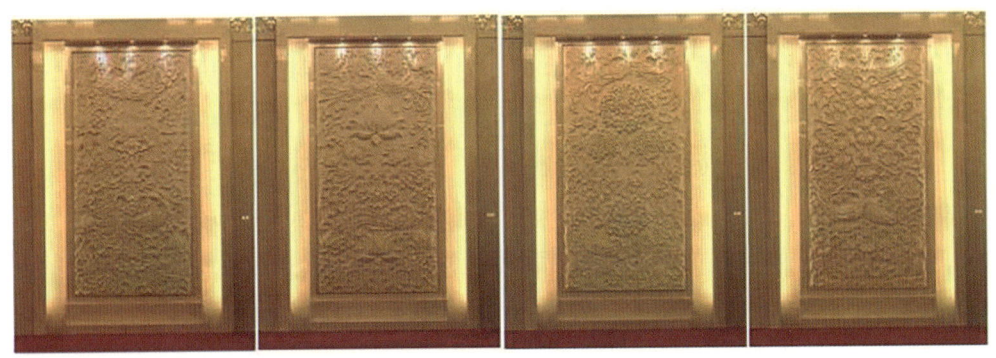

↑ 常沙娜先生设计景泰蓝和平鸽大盘

↗ 常沙娜先生设计《和平鸽丝巾》

↗ 人民大会堂北大厅重新装修"四季"设计（2008年7月）

史文化元素与时代气象、国家形象融于一体，将文化艺术的"源""流"融入设计教育，开拓了一条传统艺术与现代设计融通的道路，带给我们良多启示。七十年前，常书鸿先生将国立敦煌艺术研究所（1944—1950）的壁画摹本带到南京、上海举办规模盛大的"敦煌艺术展览"时，宗白华先生盛赞"可从'一粒沙中窥见一个世界，一朵花中欣赏一个天国'"；今天，常沙娜先生"花开敦煌"展览在大学举办，展示了从历史走向未来的文化之路，诠释了艺术的图案、临摹、创新中包含的生命律动、文化创造和精神追求，教育的情怀与启示也将春风化雨润泽年轻的学子。

在展览启幕之际，谨以此文向常沙娜先生致以崇高的敬意！

附：常沙娜主要著作目录

1. 常沙娜编：《敦煌历代服饰图案》，北京：轻工业出版社1986年版。

2. 常书鸿、吕斯百绘，常沙娜主编：《常书鸿绘画作品集 吕斯百绘画作品集》，广州：岭南美术出版社1997版。

3. 常沙娜编：《印染织绣》，石家庄：河北美术出版社1998年版。

4. 常沙娜：《常沙娜花卉集》，哈尔滨：黑龙江美术出版社2001年版。

5. 常沙娜编：《中国敦煌历代服饰图案》，北京：中国轻工业出版社2001年版。

6. 常沙娜：《常沙娜花卉写生选 明信片》，北京：荣宝斋出版社2003年版。

7. 常沙娜主编：《中国织绣服饰全集1：织染卷》，天津：天津人民美术出版社2004年版。

8. 常沙娜主编：《中国织绣服饰全集2：刺绣卷》，天津：天津人民美术出版社2004年版。

9. 常沙娜主编：《中国织绣服饰全集4：历代服饰卷（下）》，天津：天津人民美术出版社2004年版。

10. 常沙娜编：《常书鸿画集》，长春：吉林美术出版社2004年版。

11. 常沙娜主编：《中国织绣服饰全集5：少数民族服饰卷（上）》，天津：天津人民美术出版社2005年版。

12. 常沙娜主编：《中国织绣服饰全集6：少数民族服饰卷（下）》，天津：天津人民美术出版社2005年版。

13. 常沙娜：《中国现代艺术与设计学术思想丛书 常沙娜文集》，高璐、崔岩编，济南：山东美术出版社2011年版。

14. 常沙娜：《黄沙与蓝天：常沙娜人生回忆》，北京：清华大学出版社 2013 年版。

15. 常沙娜编:《中国敦煌历代装饰图案 续编》,北京:清华大学出版社 2014 年版。

16. 常沙娜:《花寄》,北京:清华大学出版社 2015 年版。

17. 常沙娜编:《王培波》,长春:吉林美术出版社 2017 年版。

18. 常沙娜:《敦煌 常沙娜笔下的敦煌之美》,北京:中国青年出版社 2018 年版。

19. 常沙娜:《花开 常沙娜笔下的花卉之美》,北京:中国青年出版社 2018 年版。

冯骥才

学高为师

冯骥才（1942— ），浙江宁波人，当代作家、画家和文化学者。近二十年来，他投身于城市历史文化保护和民间文化抢救，对当代中国社会产生广泛影响。曾任中国民主促进会中央副主席、中国文学艺术界联合会副主席、中国民间文艺家协会主席、中国小说学会名誉会长、全国政协常委、天津文学艺术界联合会主席等职务。

冯骥才的民间文化思考与实践

> 2002年10月，冯骥才先生与作者考察山西古村落

　　冯骥才先生是这个时代民间文化的先觉者，在潮水般涌动的物质商品、迭代革新的工具技术、疾速转型的生活方式和观念中溯源而上，以最坚定而坚韧的力量呐喊呼吁，并躬身实践，带动民众认识民间文化价值，守护民间文化之根，就像一盏明灯，穿透物质功利的裹挟与盲动，引导人们在物质躯壳的"新""旧"交替中守得历史，守护我们民族文化本来的面貌和内在的精神之光。这是对民间文化价值的坚守和文化家园的守护，在"与时间赛跑"的征途上守护着一种价值存在和信念，并以民间文化的历史观、价值观带动实践，

冯骥才先生身上体现的知识分子精神和人文气节，正是支撑当代文化发展的力量。

◤ 冯骥才先生参观山东工艺美术学院中国民艺博物馆，2013年

一、倡导民间文化先觉

纵观人类文明的历史进程，冯骥才先生从文化自觉角度提出三阶段的划分理论，包括"自发的文化"、"自觉的文化"和"文化的自觉"，并由此阐释知识分子的本质之一就是先觉性，"当社会迷惘的时候，知识分子应当先清醒；当社会过于功利的时候，知识分子应给生活一些梦想"，提出文化先觉"既是文化发展的需要，更是知识分子的职责与使命"。冯骥才先生不仅做出了这样的理论阐释，更着眼中国民间文化的前途命运，围绕文化现实中的困境和应对之策，就民间文化遗产抢救与保护进行了深入的思考和实践，以深刻的文化先觉、深切的文化情怀、执着的文化使命，在历史性的社

会经济文化转型进程中,从民间文化是中国文化的母体、给世人留下一个完整家底的意义上,推动开展全民动员的文化自救和人文精神重建。早在20世纪90年代,冯先生就发起了对天津市商业老街的抢救行动,并进一步将抢救和保护的范围拓展到中国民间文化遗产相关领域。2002年,在联合国教科文组织通过《保护非物质文化遗产公约》之前,冯骥才先生主持的"中国民间文化遗产抢救工程"已全面启动。这是我国历史上一场前所未有的民间文化抢救和保护工程,涉及传统村落和民间美术、民间工艺、民间文学、民俗文化等一系列领域。在冯骥才先生的倡导下,从同行专家学者到大众百姓,从城镇老街到乡村田野,从国家文化方略到具体执行举措,都融入到保护和传承民间文化的现实行动中来。这也是我们经过"五四"反思传统文化、改造传统文化以及20世纪80年代本土文化与外来文化碰撞、90年代文化遭遇经济和市场巨流冲击后,对民族传统的文化意义一次深刻觉醒,对文化生态及展开的广泛且持续不断的研究

↑ 冯骥才先生参观潘鲁生当代艺术巡回展

↗ 冯骥才先生进行田野调研

和保护实践。冯骥才先生正是这一行动的发起者、主持者和引领者。

为了摸清文化的家底，抢救严重濒危和正在迅速消亡的重要文化遗产，让更多的人能够领会民间文化中的命脉和智慧，他身体力行，开展了大量艰苦的田野普查，他带领的团队以一种时不我待的精神积极工作，展开了对木版年画、唐卡艺术、民俗文化、民间故事以及民间剪纸、泥彩塑艺术的抢救，开展了对民间美术普查，对古村落保护、民间杰出文化传承人调查等一系列工作。他捐画筹款，建立基金会，支持处于弱势的文化遗产抢救与保护，并通过政协建言献策、邀请传媒访谈以及个人博客等各个平台呼吁，用自己的先知、先觉与先行，致力唤起国人的文化自觉。他致力大学人文精神建设，年近七旬投身大学教育，将民间文化遗产的数字化保护等课题引入教学和科研，努力培养一批视野宽阔、有思辨力、操作力和社会责任的青年学者。作为中国民间文艺家协会主席，他十五年如一日，坚持田野调研，呼吁抢救保护，推进学术立会，全面带动传承，团结带领专家学者和民间文艺家，开展了"民间

▶ 冯骥才在村落中进行田野调查

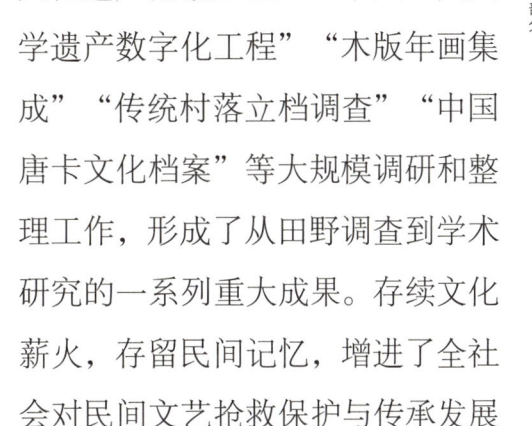

文化遗产抢救工程""中国口头文学遗产数字化工程""木版年画集成""传统村落立档调查""中国唐卡文化档案"等大规模调研和整理工作，形成了从田野调查到学术研究的一系列重大成果。存续文化薪火，存留民间记忆，增进了全社会对民间文艺抢救保护与传承发展的共识。

↑ 冯骥才先生与作者在研讨《中国民间文学大系》编辑出版工作

冯骥才先生尝言："我们说责任，当然不仅仅是说说而已，而是要去承担。这道理无须多说，从雨果到晚年的托尔斯泰，从顾炎武到鲁迅，他们的言行都在我们心里。"这样的文化先觉不仅是对社会文明和精神的关切与敏感，更是责任的担当。在全球化的飓风、商业化的强势冲击下，坚守文化尊严，守护精神家园，为子孙后代文化传承思虑，追求终极价值，并把这一切融入现实的关切关怀和行动之中，落实为自己的一份责任，也是我们这个时代知识分子精神与人格的榜样和引领。

二、树立民间文化的历史观

一个时代有一个时代的命题，文明演进、技术更新、生活方式改变给整个人类社会带来文化发展的悖论，如鲍德里亚在《消费社会》中所说，"我们生活在物的时代：我是说，我们根据它们的节奏和不断替代的现实而生活着，在以往所有的文明中，能够在一代一代人之后存在下来的是物，是经久不衰的工具或建筑物，而今天，看到物的生产、完善和消亡的却是我们自己"，这种困局在我国也格外严峻。

面对这样的现实，冯骥才先生明确提出了民间文化的历史观。首先是以历史视野看待文化命题，明确其中之必然，指出："全人类的文明正面临第二个重大的转型期，即从农耕文明向现代工业文明的转型。在原有的文明阶段，不管文化多灿烂，历史多悠久，很多文明都要消失，因为新的文明要确立。"进而深刻地提出以未来反观历史，并以此定向未来，即"不仅仅是站在现在看过去，还要站在明天看现在"，提出"最终只剩下少数的民间美术和不多的民间艺人，后世之人就一定咎罪于我们，责怪我辈的无能"，呼吁"我们不能坐等后世的口诛笔伐，而要迎上去，帮助我们的民间美术翻越这座时代转型的大山，让历史之花开放到未来"。因此冯骥才先生主张深入精神文化层面，探寻合理的方法，强调行动的必要性和紧迫感。他在民间文化遗产抢救工程启动之际曾不无感慨地说："我们不能笑呵呵地看着民间文化从自己眼皮底下消失。为了不负前人、不负后人，也为了今天的中国，我们决定对960万平方公里、56个民族'大到古村落、小到香荷包'的民间文化遗产进行一次全面的、彻底的、拉网式的普查与抢救，把中华民族五千年灿若繁星的文化全部拥进怀中，这是我们不能拒绝的神圣使命，这是时代和历史放在我们肩背上必须承担的责任。"

↑ 冯骥才总主编《中国非物质文化遗产百科全书》

"四驾马车——冯骥才的绘画、文学、文化遗产保护与教育"展览开幕式，2012年

回溯现代以来我国民间文化艺术的研究与保护实践历程，"五四"时期以"歌谣学运动"为发端对民间文艺的搜集、记录和研究，主要是在启蒙文化的整体氛围中，从自由充满创造生命力的意义上对民间文化、生活等生命精神活动加以认识和肯定，从而将民间文化艺术作为重要的精神价值和审美资源，在不同门类的艺术实践和思想启蒙意义上加以创造性地传承和转化，并开创了中国民间文艺学等研究领域，试图由此重建民族精神。20世纪80年代，伴随"寻根"意识和文化潮流兴起，关注和表现散落于边远地区的民间地域性的文化，以期"揭示一些决定民族发展和人类生存的谜"，并由此寻找现代艺术的营养，重构文化等，带动了民间文化艺术的系统关注，加之西方文化、艺术译介形成热潮，反思、审视和关注民族的本土的艺术，寻找中国文化艺术发展的支撑点，促进了民间美术教学与研究的兴起。冯骥才先生直面时代命题，敏锐洞悉工业文明迅速发展，全球经济一体化扩张，强势文化侵蚀下相应而来的物质消费方式和生存观念的急剧改变，以及导致的传统文化样态的急剧消亡和流变，由

此展开民间文化抢救行动，以艰苦卓绝的行动和坚定的文化理想探索求解这个时代最紧迫的文化命题。

荷兰哲学家皮尔森在《文化战略》中提出："文化是一个动词。文化是人的活动，它从不停止在历史或自然过程所给定的东西上，而是坚持寻求增进、变化的改革。人不是单纯地问事物是怎样的，而是问它应该是怎样的。以这种方式，他能够通过超出实际状况的规范（超越性），突破自然过程中或历史过程中所产生的确定条件（固有性）。"冯骥才先生致力保护和发展的正是我们民族文化的应然状态，面对冲击和挑战，以深远的历史观看待民族文化，抢救载体，立档存志，唤起文化自尊和自信，并由此增进民族情感、情怀和凝聚力，是对历史使命的有力担当。

三、深化民间文化的价值阐释

在通达的历史视野观照下，冯骥才先生对民间文化价值做出了全面深刻的阐释和论证。从民族文化自身发展上，将民间文化视作"中华文化的一半"，从文化构成意义上明确阐释了民间文化的重要价值，提出："我们为之自豪的中华文化从来都是由两部分组成的。一部分是精英和典籍的文化，一部分是民间文化。两部分同等重要，相互不能代替。特别是民间文化，它是我们的人民用双手和心灵创造的。数千年来，它积淀深厚，博大而灿烂，并且与人民的生活情感与人间理想深深凝结着。如果说我们民族的精神思想的传统在精英和典籍的文化里，那么我们民族的情感与个性便由民间文化鲜明而直接地表现出来。所以我们说，民间文化是中华文化的一半。"同时，从人类文明构成和文化比较的视

作者陪同冯骥才先生参观济南灵岩寺，2002年

野出发，冯骥才先生强调民间文化的个性价值，指出："从本质上说，正是由于全球化时代的到来，才空前地显示出民间文化的精神价值。它是人类精神丰富性和相互差异性的直接表现，也是各个民族和地域坚持自己文化个性的依据与根本。"在数十年如一日的实践中，从具体的民间文艺样式出发，冯骥才先生对木版年画、传统村落、口头文学等民间文化载体的价值做出了深刻、系统的阐述，产生了广泛而深刻的影响。

冯骥才先生把民间艺术视为一种传统精神，提出"民间艺术一直是民族情感与精神的载体之一"，强调"保持住民间艺术中那种对生活的虔诚与执着"，指出包括普查与记录原生态的民间艺术，就其目的来说，"也不只是为了记录一种文化形态、一种充满情感的美，更是为了见证与记载一种历史精神"。这种对于生活之美、对民间文化精神价值的追寻和倡扬，不仅建立在全面的文化认识基础上，更包含深

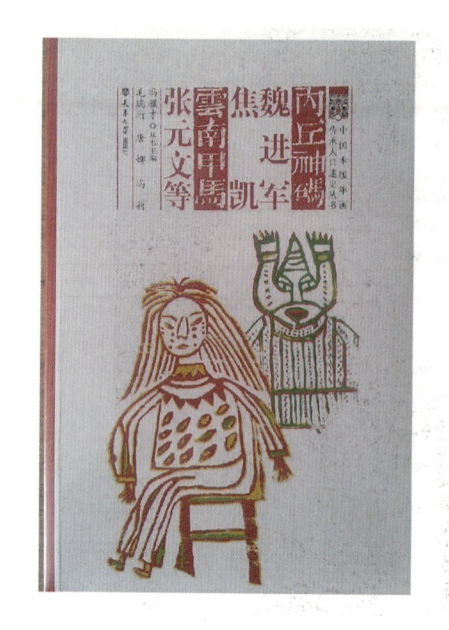

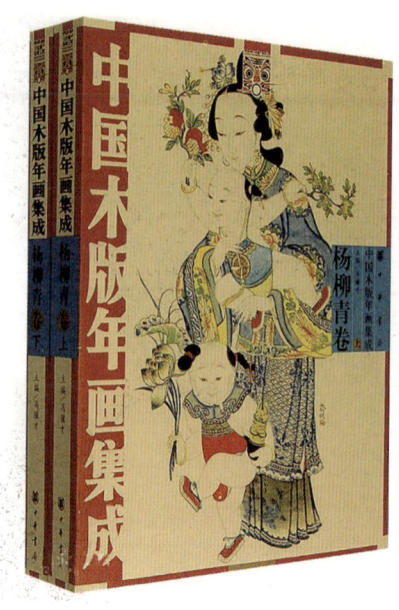

▲ 冯骥才先生著作

刻的文化反思，包括"我们的国力只表现在物质性方面吗？我们的种种社会问题能够只用发展经济来解决吗？"，以及当民间文化"由日常使用、司空见惯的寻常事物，悄悄转为一种历史的纪念、标志、符号、记忆，乃至经典"时，我们如何作为？这些反思直指当下，也涉及未来。所以冯骥才先生对年画、对年俗、对每一样看似寻常的民间文化样式的精细阐发都包含着深刻的文化精神，其中对于记忆、时间、情感、生命意味的发掘也是从民间文化艺术出发的美学阐释和哲学沉思，不仅具有理论意义，更直接带动了近三十年来对民间文化的抢救保护实践。

四、走向田野的研究与实践

冯骥才先生开启了民间文化遗产抢救与保护的一个时代，一个引领专家学者走出书斋、走向田野、走到抢救保护一线开展实践的时代，一个引领全社会共同关注和参与民间

▲ 冯骥才先生在天津杨柳青年画艺人的年画作坊里调研

文化保护与传承的时代，一个从具体的文化艺术物象延展到村落等文化生态聚落的时代。由于民间文化的生活性和经验性，在工业化和全球化的今天，必然遭受致命的冲击，所以对民间文化的抢救与保护不能固守书斋、纸上谈兵，必须深入生活现实之中，必须唤起千千万万生活主体的文化自觉，必须在生活的演进发展中身体力行寻求可行之策并点点滴滴加以落实。

面对纷繁复杂的生活物象和多重因素交织影响的现实，冯骥才先生就民间文化遗产抢救建立了严谨的普查步骤和科学的方法体系，高度重视学术理论对田野方法的支持，致力建构符合我国实际的文化工作方法论，积极引入文化人类学、民俗学以及国际非物质文化遗产保护最前沿的理念和方法，为抢救保护工作提供科学的理论指导，不断提升田野作业的学术水准。在《中国木版年画集成》工程中，他带领学术团队建立了活态普查、全记录方式、数字化档案等一系列科学的普查方式，大大拓展了以往民间美术或民俗调查形式，采取民俗学、文化人类学、美术学、历史学多学科交叉方式，综合运用文字、拍照、录音、录像四合一的手段，对全国各地活态产地进行地毯式普查，不仅编纂出版了22卷本《中国木版年画集成》和14卷本《中国木版年画传承人口述史丛书》，并建成一整套数字化档案。这一系列举措对相关保

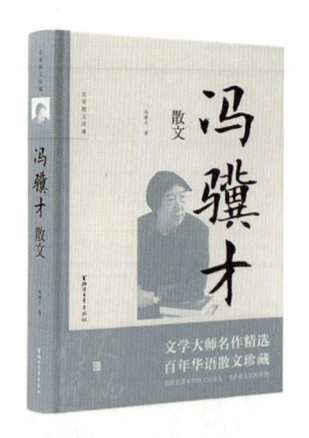

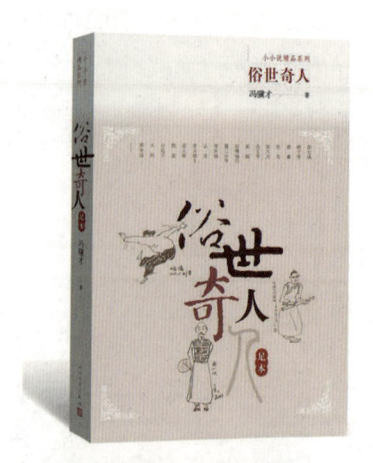

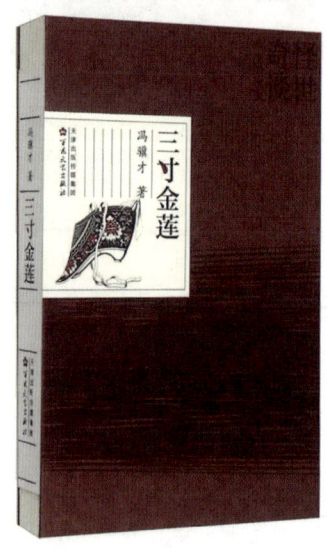

冯骥才先生文学作品（部分）

护行动具有重要的指导意义，方法论的作用也将更加现实、更加持久、更有学术价值。冯骥才先生积极探寻并严谨地面对文化生成发展的规律，在保护实践中绝不避重就轻、不回避难题，而是怀着深切的文化忧思尽可能寻求解决之道，从民间美术到交织着自然、生产、生活并处在时空变局中的传统村落，他以知识分子的历史责任和文化眼光去探究和守护这些文化的肌理与遗存，呼吁和唤起人们加以珍视和守护。

在人类社会转型与文明发展的进程中，守护和发展传统民间文化充满艰辛，往往旧有的问题尚未充分解决，新的挑战已然丛生，冯骥才先生未曾止步于已经取得的浩瀚成果，而以深切的忧患精神追问"何去何从"，以深刻的反思和批判直指对文化功利性地肢解和破坏。这些年来，从冯骥才先生身上格外深切地感受到"先天下之忧而忧，后天下之乐而乐"的人格力量和文化使命感，体会到艾青诗句"为什么我的眼里常含泪水？因为我对这土地爱得深沉……"，这也是一种文化的情怀和感染力。

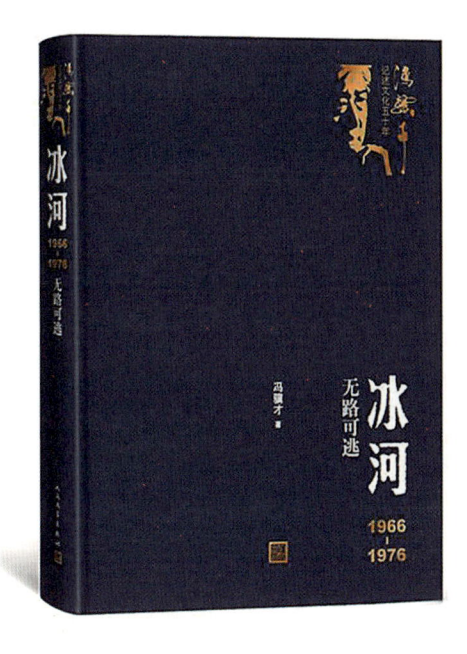

→ 冯骥才著《冰河：1966—1976 无路可逃》，人民文学出版社，2019 年

在冯骥才先生开拓的民艺事业里，我们不断地追述历史，重温民间文化艺术和生活。这不只是追寻过去的历史，更是在务实做人的根底和文化的根底。一个人、一个民族如果失去了与过去的联系和关系，就变得浮躁盲从。所谓"近处的世俗,远方的意义;实在的物质,虚处的精神。远近并存，虚实相依，才能抵挡住迷失的陷阱、堕落的危险，才能汲取前行的力量，生活就是在持久沉重的努力中存在。精神世界的丰富与否代表了一个社会的文明程度，情怀、理想、信仰、境界的建构决定了一个社会的基本品质，人类文明向上发展需要的是'脚踏实地，仰望星空'的人"——冯骥才先生正是这样的榜样。

附：冯骥才主要著作及文学作品目录

一、文化与艺术类

1. 冯骥才:《冯骥才画集》,天津:天津杨柳青画社1990年版。

2. 冯骥才:《温情的迷茫 冯骥才绘画作品精选集1991》,天津:天津杨柳青画社1992年版。

3. 冯骥才:《灵魂不能下跪 冯骥才文化遗产思想学术论集》,银川:宁夏人民出版社2007年版。

4. 冯骥才:《年画手记》,银川:宁夏人民出版社2007年版。

5. 冯骥才:《灵性 冯骥才的文与画》,北京:生活·读书·新知三联书店2009年版。

6. 冯骥才编:《平度东昌府年画 宗成云、宗绪珍、赵善成》,天津:天津大学出版社2011版。

7. 冯骥才编:《新绛年画郭全生·临汾年画宁积贤》,天津:天津大学出版社2011年版。

8. 冯骥才编:《朱仙镇年画 郭泰运、尹国全》,天津:天津大学出版社2011年版。

9. 冯骥才编:《中国唐卡艺术集成 德格八邦卷》,银川:阳光出版社2011年版。

10. 冯骥才编:《佛山年画冯炳棠·漳州年画颜仕国》,天津:天津大学出版社2011年版。

11. 冯骥才编:《滩头年画钟海仙·梁平年画徐家辉》,天津:天津大学出版社2011年版。

12. 冯骥才编:《一个古画乡的临终抢救》,北京:生活·读书·新知三联书店2011年版。

13. 冯骥才:《人类的敦煌》,银川:阳光出版社2012年版。

14. 冯骥才编:《年画研究2012秋》,北京:中国戏剧出版社2012年版。

15. 冯骥才编:《中国木版年画代表作》,青岛:青岛出版社2013年版。

16. 冯骥才编:《年画研究2013秋》,北京:中国戏剧出版社2013

版。

17. 冯骥才编：《中国传统村落立档调查田野手册》，北京：文化艺术出版社2014年版。

18. 冯骥才编：《中国传统村落立档调查范本》，北京：文化艺术出版社2014年版。

19. 冯骥才编：《符号中国 精编版》，南京：译林出版社2015年版。

20. 冯骥才编：《年画研究2015秋》，北京：文化艺术出版社2015版。

21. 冯骥才总主编：《中国非物质文化遗产百科全书》，北京：中国文联出版社2015年版。

22. 冯骥才编：《20个古村落的家底 中国传统村落档案优选》，北京：文化艺术出版社2016年版。

23. 冯骥才编：《中国口头文学遗产数据库总目 河北卷（上）》，北京：文化艺术出版社2016年版。

24. 冯骥才编：《艺写四季》，天津：百花文艺出版社2016年版。

25. 冯骥才编：《年画研究2016秋》，北京：文化艺术出版社2016年版。

26. 冯骥才编：《中国民俗艺术 汉族卷2015版》，北京：北京华语教学出版社2016年版。

27. 冯骥才编：《"原生态·新生代传统木版年画的当代传承"国际研讨会论文集》，北京：文化艺术出版社2017年版。

28. 冯骥才：《意大利读画记》，青岛：青岛出版社2017年版。

29. 冯骥才编：《非物质文化遗产保护理论与方法丛书 为文化保护立言》，北京：文化艺术出版社2017年版。

30. 冯骥才编：《冯骥才文化保护话语》，青岛：青岛出版社2017年版。

31. 冯骥才编：《年画研究2018秋版》，北京：文化艺术出版社2018年版。

二、文学类

1. 冯骥才：《冯骥才选集》，天津：百花文艺出版社1984年版。

2. 冯骥才：《冯骥才选集2》，天津：百花文艺出版社1984年版。

3. 冯骥才：《冯骥才集》，福州：海峡文艺出版社1986年版。

4. 冯骥才:《冯骥才散文自选集》,天津:百花文艺出版社1995年版。

5. 冯骥才:《我是冯骥才 冯骥才自白》,北京:团结出版社1996年版。

6. 冯骥才:《冯骥才小说选》,北京:中国文学出版社1999年版。

7. 冯骥才:《冯骥才品味文集》,广州:广东人民出版社2001年版。

8. 冯骥才:《中国国外获奖作家作品集 冯骥才卷》,昆明:云南人民出版社2001年版。

9. 冯骥才、周立民:《冯骥才周立民对话录》,苏州:苏州大学出版社2003年版。

10. 冯骥才:《冯骥才 一百个人的十年》,北京:中国文联出版公司2008年版。

11. 冯骥才:《文章·四家 冯骥才》,北京:文化艺术出版社2010年版。

12. 冯骥才:《冯骥才作品 珍藏版》,武汉:长江文艺出版社2013年版。

13. 冯骥才:《灵魂的巢 冯骥才散文》,杭州:浙江文艺出版社2014年版。

14. 冯骥才:《文化先觉 冯骥才文化思想观》,银川:阳光出版社2014年版。

15. 冯骥才:《冯骥才散文精选》,武汉:长江文艺出版社2015年版。

16. 冯骥才:《冯骥才 田野散文卷》,青岛:青岛出版社2016年版。

17. 冯骥才:《冯骥才的天津》,北京:生活书店出版有限公司2016年版。

18. 冯骥才:《冯骥才 书画卷》,青岛:青岛出版社2016年版。

19. 冯骥才:《冯骥才 行动卷》,青岛:青岛出版社2016年版。

20. 冯骥才:《冯骥才随笔精选》,武汉:长江文艺出版社2016年版。

21. 冯骥才:《冯骥才 诗文卷》,青岛:青岛出版社2016年版。

22. 冯骥才:《冯骥才 思想卷》,青岛:青岛出版社2016年版。

23. 冯骥才:《百草园 唯美品读书系 冯骥才卷 挑山工》,济南:明天出版社2016年版。

24. 冯骥才:《三寸金莲》,成都:四川文艺出版社2017年版。
25. 冯骥才:《冯骥才艺术谈》,青岛:青岛出版社2017年版。
26. 冯骥才:《冯骥才散文精选 灵感忽至》,武汉:华中科技大学出版社2018年版。
27. 冯骥才:《冯骥才精选集》,北京:中国文联出版社2018年版。
28. 冯骥才:《冯骥才小说》,杭州:浙江文艺出版社2019年版。
29. 冯骥才:《冯骥才经典作品》,北京:当代世界出版社2019年版。

邓福星

学高为师

邓福星（1945— ），河北省固安人，当代著名美术史论家、评论家、书画家和美术教育家。1968年毕业于天津师范学院（现天津师范大学），翌年入伍，1975年转业到天津工艺美术设计院创作室，1978年考入中国艺术研究院研究生班，师从王朝闻先生。曾任中国艺术研究院美术研究所所长、名誉所长，先后任《美术观察》杂志社社长兼主编、《中国画学刊》主编。现为中国艺术研究院研究员，博士生导师，中国画学会副会长。

邓福星的美术学研究

邓福星先生参观潘鲁生国瓷写意作品展,2015年

时光匆匆,我与邓福星先生相识已经三十多年了,与邓福星先生的师友之缘交织在恭王府里求道索理、编书承志的日日夜夜,及几十年来在美术研究、美术评论、美术创作以及民艺田野调研等专业领域的工作和生活中。这是一段难得的缘分。岁月染风华,随着学理的精进,情谊的积淀,我们得到了岁月人生宝贵的馈赠。

一、执着谨严:为人为学的后学楷模

邓福星先生为人谦逊,做人诚挚。他出身军旅,有一股坚韧刚直的骨气和雷厉风行的作风,所以投入学术研究,

1990年,《中国美术史》总主编王朝闻、副总主编邓福星与作者合影

往往以滴水穿石、铁杵成针的韧性完成美术史论许多浩繁庞大的项目。他在从事美术研究之前,已有大学英语专业的基础,在部队研读了马克思主义哲学,并有过美术创作实践的经历,这也使得他的学问有更加开阔的视野和坚实的哲学基础和美术创作实践的经验。作为王朝闻先生的学生,他重视美术学理研究的方法论,强调研究对象的复杂性,关注现实生活,既探索历史与逻辑结合的方法,也开展以小见大、力求专、求细、求深的研究,强调史、论、评的相互融合与完善。他坚持理论研究与艺术实践并重,不仅策划举办了一系列开风气之先的美术展览,主持学术研讨会,创办《美术观察》杂志,而且坚持在艺术创作方面的实践。可以说,邓福星先生作为我国1978年恢复高考及研究生培养以来成长和发展起来的一代学人,作为中国当代美术学研究领域的中坚力量,作为著名的美术史论家、美术教育家和书画家,在治学理念、研究方法、理论建构、创作实践上有许多质实、深刻、熠熠生辉的成果,需要我们深入地加以认识和阐发,并在更

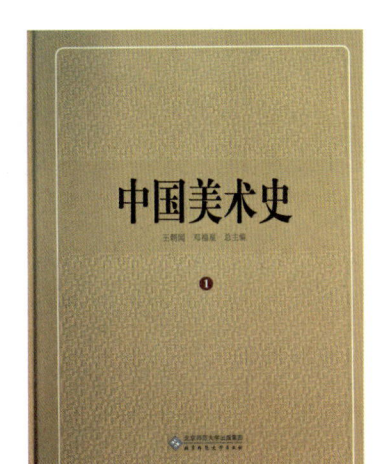

→ 邓福星著作

多的年轻学子中传承和发扬。

邓福星先生治学严谨，对学术追求一丝不苟。记得王朝闻先生为他的《艺术前的艺术》写的序言中曾这样写道："他治学的态度严肃，对待学术上的矛盾，也像他平时与人交际时那样，不隐瞒自己的观点；重视别人对他的批评或建议，但不盲从；习惯从大处着眼，不在枝节问题上钻牛角尖；在研究具体问题的同时不断探求新的研究方法。他在这本专著里提出的基本观点，显示了他不愿吃现成饭，也不愿走捷径的一种可贵的开拓精神。"学术事业容不得半点马虎，邓福星先生这种对待学术真诚、专一的态度和他执着的学术精神、开阔的学术视野、谨严科学的研究方法以及一系列兼及美术史、论、评的智慧成果给我们这些后学带来丰富的给养和深远的启示。

二、学术之路：从美术史论研究到美术学学科构建

1979 年起，邓福星先生在中国艺术研究院师从王朝闻

王朝闻总主编、邓福星副总主编《中国美术史》

先生，相继完成了硕士和博士学业，毕业后留在美术研究所工作，曾任中国艺术研究院美术研究所所长、《美术观察》杂志社社长兼主编。邓福星先生始终关注业界热点，以著述为使命。1993年出版的，由王朝闻先生任总主编，邓福星先生任副总主编的14卷本《中国民间美术全集》，被中宣部评为"五个一工程"奖，并获得国家社科基金项目一等奖。2000年底由中国艺术研究院美术研究所承担的艺术学科国家重点项目，王朝闻先生任总主编，邓福星先生任副总主编的《中国美术史》，全书共12卷，500万字，6000余幅图片，国内百余名专家学者参加编写，从开始编撰到出版历时17年，被认为是20世纪编撰历时最长，编撰人员最多，成书规模最大，学术水准最高的一部多卷本中国美术史。邓福星先生还策划、组织编写了"美术学文库""艺术美学文选""民间美术基础理论丛书""中西美术比较十书"等十几种美术史论研究丛书，有力地推动了美术理论研究的深入和相关学科的发展。

早在20世纪80年代，邓福星先生就是国内美术史和美术理论研究领域非常活跃的学者。他攻读硕士学位时，正值西方现代美术涌入，中西文化激烈碰撞，美术思潮活跃，西风甚盛，美术界围绕抽象美、形式与内容等问题展开热烈讨论，但其中不乏情绪化争论难以进入学理层面，他以《绘画的抽象性》为题完成硕士论文，对中西传统艺术中的抽象因素和西方现代抽象绘画等问题进行研究和阐释。他研究视野开阔，可以说，所有美术的现象、思潮、史料，都是邓福星先生深入开展理论研究的资源和对象，他以严谨科学的态度剖检美术史料，而从未囿于事项本身。他当年发表的一系列论文，至今能让我们领略到他思想的深刻和视野的开阔，如《绘画的抽象性》（1983年）、《原始艺术的现代魅力》（1985年）、《新文人画略说》（1989年）、《中国原始艺术的文化阐释》（1992年）等，都对中国现代艺术的探索曾起过非常重要的影响。

邓福星先生对于美术研究向理论层面的建构和深化不遗余力。20世纪后期，民间美术引起社会广泛关注并一度成为热点，但当时研究大多停留在艺术形态或样式，尚未形

➜《邓福星美术学研究述评》（潘鲁生主编，山东美术出版社，2015年）

邓福星专著（部分）

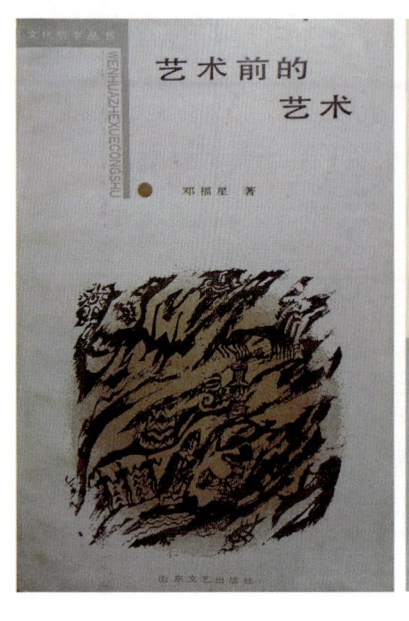

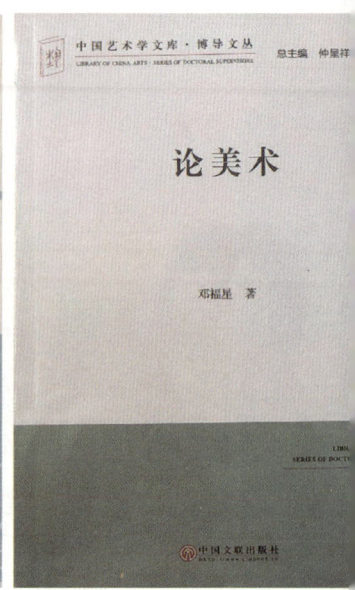

成完善的基础理论体系。就此，邓福星先生于1990年在《美术史论》刊发《论民间美术》，对民间美术的基本范围、性质、内涵及特征等方面展开探讨，从民间美术的界定和分类、民间美术的原发性特质、民间美术的功利性意义、民间美术的民俗学内涵、民间美术的工艺学特征等方面展开论述，提出"民间美术保留着如同原始艺术所体现的艺术的原发性特质，保留着一种和现实生活紧密相关的原发性"，并提出从"功能学"角度对民间美术进行分类，而非照搬纯美术的分类，用"原发性""功利性""民俗性"和"工艺性"概括民间美术的特征。这些学术主张在他主编的"中国民间美术基础理论丛书"和协助王朝闻先生主编的《中国民间美术全集》编撰中也有很好的体现。直至今日，邓福星先生建立在"元文化"基础上的民间美术研究方法依然有着重要的理论和实践价值。

邓福星先生注重美术研究的现实意义与美术学思想的

→ 邓福星先生为山东工艺美术研究生授课

传播，不仅主编出版了一系列美术学著作，构建美术学思想体系，同时，举办展览，创办刊物，积极搭建平台，促进交流。1995年，他在《美术史论》的基础上创办《美术观察》，在发刊词中写道："《美术观察》是横跨在人文学科和艺术创作之间的学术刊物。一个刊物的学术性应该表现在其反应敏锐，思考深入，持论科学和态度公允上。"由此他强调观察视角和方式多样化，既宏观把握美术总体的格局、思潮、走向和动态，又微观地剖析具体作品的内涵、构成及对作者经历、心理等作静态的索解，并对源流、演变、承传、变异的发展过程追溯探寻。这体现了他的治学理路以及对文化环境变化引起美术形态变化的敏感。之后还主编有《中国画学刊》，也是基于同样的思考，并在学术界产生广泛影响。

邓福星先生多年担任中国艺术研究院美术研究所所长并参与制订国家艺术学科选题规划及主持多项国家重点科研项目，在学科建设与研究方面体现出一种宏观视野、建构意识及顶层设计理念，对于推动我国美术学研究与学科发展做出

邓福星、乍启典与作者交流国画作品

了重要贡献。其中他关于美术学的构想及元美术学的研究尤具现实意义与独特价值。他早在 20 世纪 80 年代初便意识到构建美术学学科的必要性，并在 1988 年率先提出并倡导建立美术学学科。而回望这段历史尤能看到，"美术"是 20 世纪初才获普遍认可的一个新概念。1895 年，康有为在编写《日本书目志》介绍日本现代科学书籍时，将西方"美术"概念引入中国。最初的"美术"主要基于美术创作和美术史研究层面，其中的美术史研究也是沿用了西方历史学的学科规范，这一状态一直延续到 20 世纪 80 年代。正是经过张道一、邓福星、陈池瑜等学者的呼吁和倡导，1990 年，国务院学位委员会专业目录调整会议决定，将"美术历史与理论"改称"美术学"，1992 年"美术学"成为二级学科，2011 年"艺术学"上升为学科门类，"美术学"成为其下设五个一级学科之一。至此，我国的"美术学"学科完成了从无到有，从三级学科到一级学科的发展。今天看来，现在的艺术学、设计学、艺术学理论等概念在某种意义上都是由美术学这个概念引申出来。

➡ 全国美术学学科建设论坛暨邓福星美术学思想研讨会在山东工艺美术学院举办，2015年11月16日

邓福星先生等学者对美术学富有前瞻性和建设性的倡导，不仅是一种价值的自觉和提升，也是高等艺术教育内在体系的不断完善，并将更深远地作用于我国艺术类人才培养和社会发展。

三、同步说：艺术起源的中国声音

回顾邓福星先生的学术历程，应该说他是一位史论兼长的学者，但相对来讲他的主要成就在美术史研究上。邓福星先生最早也最具影响的学术专著，这就是他的博士论文《史前艺术研究》。他在总结分析西方学界关于艺术起源的各种学术观点之后，在马克思关于"劳动创造了人"基础上，明确提出了"艺术的起源与人类起源同步发生"的观点，认为"人的起源不仅为艺术的发生提供了最基本的条件，而且使之成为必然……心理机能的发展以及人类社会关系的形成，这些都是艺术发生的条件……艺术的起源虽然和人类的起源是同步发生的，但前者是后者的局部，它们并不是完全重

合的。越是上溯艺术的源头，就越发现它同人类起源密不可分。劳动对艺术起源的意义，从根本上说，并不亚于对人类起源的意义。"并认为，"在特定历史条件下的史前艺术是一种不同于文明人艺术的独特艺术形态"。1986年，该论文以《艺术前的艺术》为书名出版。王朝闻先生在为其书作序时称赞道："这部专著中一个带根本性的新观点，就是他在1983年就向我提出，后来参加美术史原始卷的专家们在反复讨论过程中所同意和采用了的观点——艺术起源与人类起源同步。""认为原始工具拥有艺术性并标志着美的发生，这种论断是以大量史料的共同特征作为根据而获得的，不同于一厢情愿、随意性的主观臆测。"王朝闻先生认为，"把艺术当作与人类的存在相伴着的一种精神活动的发生和发展过程，他所提出的艺术起源与人类起源是同步发生的观点，有独创性和科学性。"在艺术发生学研究和艺术学研究中，西方的摹仿说、劳动说、巫术说、游戏说等学术观点占据了主导位置，没有涉及以中国艺术为主体的东方艺术。邓福星先生在人类艺术起源这一国际学术界普遍关注的重大问题上，提出了中国人自己的观点。

山东工艺美术学院聘邓福星先生为"六艺学者"

作者陪同邓福星先生参观山东工艺美术学院刺绣馆

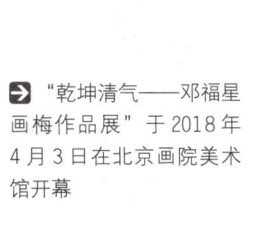

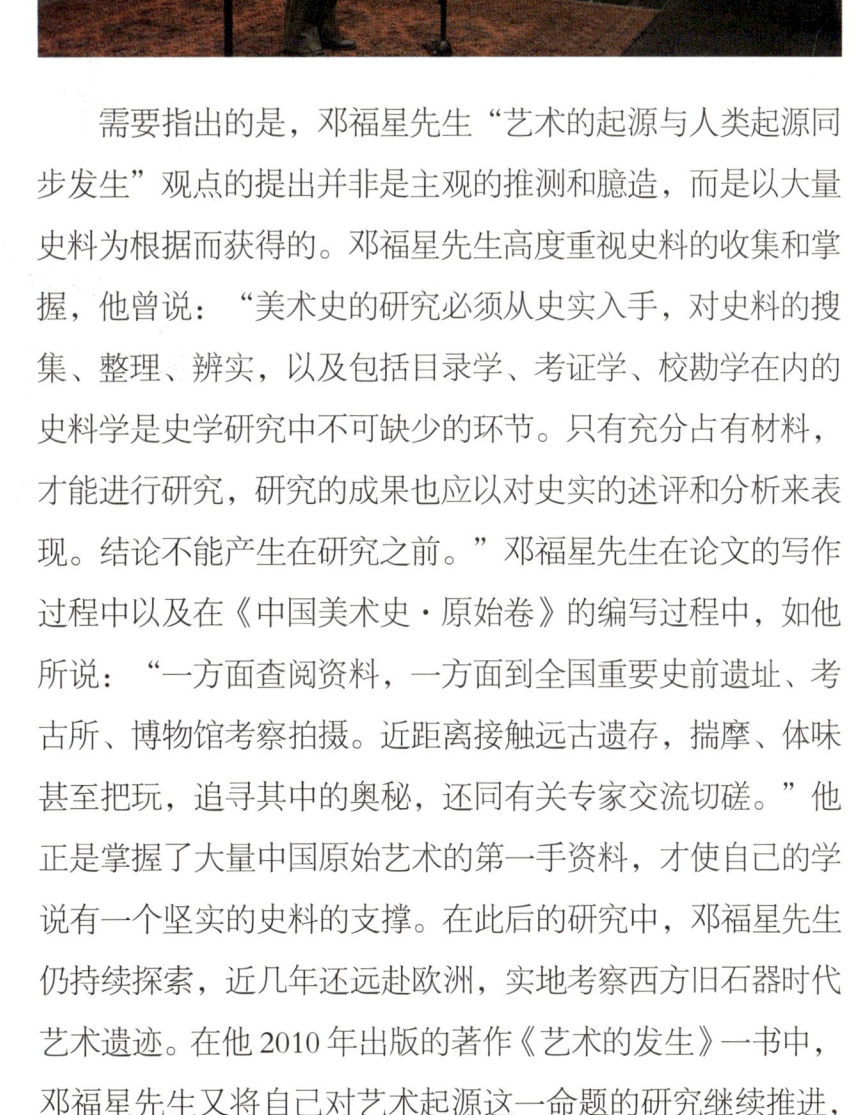

"乾坤清气——邓福星画梅作品展"于2018年4月3日在北京画院美术馆开幕

需要指出的是，邓福星先生"艺术的起源与人类起源同步发生"观点的提出并非是主观的推测和臆造，而是以大量史料为根据而获得的。邓福星先生高度重视史料的收集和掌握，他曾说："美术史的研究必须从史实入手，对史料的搜集、整理、辨实，以及包括目录学、考证学、校勘学在内的史料学是史学研究中不可缺少的环节。只有充分占有材料，才能进行研究，研究的成果也应以对史实的述评和分析来表现。结论不能产生在研究之前。"邓福星先生在论文的写作过程中以及在《中国美术史·原始卷》的编写过程中，如他所说："一方面查阅资料，一方面到全国重要史前遗址、考古所、博物馆考察拍摄。近距离接触远古遗存，揣摩、体味甚至把玩，追寻其中的奥秘，还同有关专家交流切磋。"他正是掌握了大量中国原始艺术的第一手资料，才使自己的学说有一个坚实的史料的支撑。在此后的研究中，邓福星先生仍持续探索，近几年还远赴欧洲，实地考察西方旧石器时代艺术遗迹。在他2010年出版的著作《艺术的发生》一书中，邓福星先生又将自己对艺术起源这一命题的研究继续推进，并对中国艺术发生的独特性，中华原始艺术的基本特征等进行了系统而富于哲理思辨的研究。可以说，深入的理论探索以及对第一手资料的掌握、分析和研究，贯穿于他的学术研究并与其他研究方法相互交叉或并行，相互影响、相互结合。

改革开放至今已有四十余年，在这一中国社会急剧而深刻转型，各种问题、矛盾和诉求的社会思潮交杂碰撞的时期，邓福星先生理性地廓清学界热点问题，以其敏锐的学术敏感，学者的责任与担当，以及广博的文化视野和深厚的知识积淀，阐释学术真理，成就斐然。可以说，邓福星先生在新时期美术研究领域所进行的探索、思考与研究，是颇具前瞻性、原创性和代表性的。对他学术道路和学术成就进行回顾与梳理，对于我国的美术学研究具有重要的借鉴价值和启示意义。

↑ 邓福星《雪虐风饕》，136cm×68cm

附：邓福星主要著作目录

1. 邓福星：《艺术前的艺术 史前艺术研究》，济南：山东文艺出版社1986年版。

2. 邓福星：《道在足下 邓福星美术学文集》，哈尔滨：黑龙江美术出版社1990年版。

3. 邓福星：《绘画的抽象与抽象绘画》，北京：人民美术出版社1990年版。

4. 王朝闻总主编、邓福星副总主编:《中国民间美术全集》,济南:山东教育出版社1993年版。

5. 邓福星主编:《美术史论》,北京:文化艺术出版社1994年版。

6. 邓福星、王安葵主编:《艺术名流》,北京:龙门书局1995年版。

7. 邓福星主编:《世界华人书画展作品集》,北京:文化艺术出版社1998年版。

8. 王朝闻总主编、邓福星副总主编:《中国美术史》,济南:齐鲁书社2000年版。

9. 邓福星主编"美术学文库"丛书,哈尔滨:黑龙江美术出版社1994年版。

10. 邓福星主编"中西美术比较十书"丛书,石家庄:河北美术出版社2000年版。

11. 邓福星:《寒香 邓福星梅谈暨咏梅书画》,天津:天津人民美术出版社2007年版。

12. 邓福星、邓青:《美术鉴赏》,南京:江苏教育出版社2008年版。

13. 邓福星、黄兰、曲润海、孙维学主编:《中国文化艺术丛书 中国美术》,北京:文化艺术出版社2008年版。

14. 邓福星:《美术概论》,上海:上海人民美术出版社2009年版。

15. 邓福星主编:《中国美术论辩》,南昌:百花洲文艺出版社2009年版。

16. 邓福星:《邓福星美术序文集》,济南:山东教育出版社2009年版。

17. 邓福星:《艺术的发生》,北京:生活·读书·新知三联书店2010年版。

18. 邓福星:《中国美术》,北京:文化艺术出版社2010年版。

19. 邓福星:《美术理论问题》,北京:中国书店2011年版。

20. 邓福星:《从古代到现代 20世纪中国美术散论》,济南:山东教育出版社2011年版。

21. 邓福星:《论美术》,北京:中国文联出版社2014年版。

22. 邓福星:《美术纵横》,北京:北京时代华文书局2015年版。

刘敦愿

学高为师

刘敦愿（1918—1997），湖北汉阳人，著名历史学家、美术理论家、考古学家。在美术考古领域做出了卓著的贡献，发挥美术学、考古学、历史学、人类学、民族学、民俗学、宗教学、神话学和图像学等学科的交叉优势，为中国美术考古学、中国艺术史学的建立，做出了奠基性的贡献。1972年，在山东大学历史系创建考古专业，是山东大学考古专业的奠基者。

刘敦愿的学术视野 *

→ 刘敦愿先生百年诞辰纪念暨考古学术研讨会在山东大学举办，作者出席开幕式，为刘敦愿塑像揭幕并在研讨会上发言

　　刘敦愿先生是我国著名的历史学家、美术理论家、考古学家，在美术考古领域做出了卓著的贡献，他以关于古代文明以及艺术学的丰厚积累和精深造诣，发挥美术学、考古学、历史学、人类学、民族学、民俗学、宗教学、神话学和图像学等学科的交叉优势，为中国美术考古学、中国艺术史学的建立，做出了奠基性的贡献。

---

* 2018年6月24日，为纪念我国著名历史学家、美术理论家、考古学家、山东大学考古专业创始人刘敦愿先生百年诞辰，山东大学历史文化学院、山东大学文化遗产研究院及山东大学博物馆联合举办刘敦愿先生百年诞辰纪念暨考古学术研讨会，本文根据作者在研讨会的发言整理而成。

刘敦愿先生于 1947 年应聘于山东大学，1972 年在山东大学历史系创建考古专业，是山东大学考古专业的奠基者，其关于美术考古的研究和人才培养，也使山东大学成为美术考古领域的学术高地。大学者，有大师之谓也。山东大学具有我国艺术学科建设的基础，早期的戏剧学、音乐学、美术学和美术考古学丰富了文史哲学科，使大文科构建更具有山大特色；1952 年全国院校调整，山东大学艺术系戏剧学科重组的上海戏剧学院，音乐和美术学科组建的华东艺专，即后来的南京艺术学院，山东大学的艺术学科传统影响着 20 世纪至今中国艺术教育和艺术学科建设。纪念刘敦愿先生的百年诞辰，也是回顾和认识中国艺术学科建设与大学精神、学术传统的一个契机。

一、艺术学养与审美视野

在《美术考古与古代文明》自序中，刘敦愿先生曾言，自小喜爱绘画，幻想将来成为一个伟大的画家，于 1939 年考进国立艺专西画组，不仅对西方美术史有浓厚兴趣，更在中国古代艺术、中国古代史方面形成了专攻和积累，期间，从古代艺术的角度接触到考古学知识，认识到欧洲关于古代艺术的研究奠定了现代考古学的基础，古代艺术品具有艺术和史料的双重价值，确立了考古学研究的艺术审美视野。

与其他出身文史的考古学家有所不同，刘敦愿先生的美术基础和造诣使他对不同历史时期的造型艺术有深刻认识，一改传统金石学重文图的倾向，他重视考古发现的形制与图像特征，注重文化传承中的视觉经验规律，从人类文明的不同阶段、不同区域、不同形制与图像中发现造物的普遍规律

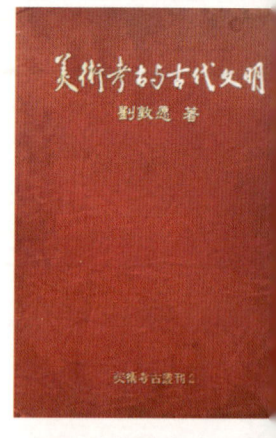

↑ 刘敦愿著《美术考古与古代文明》

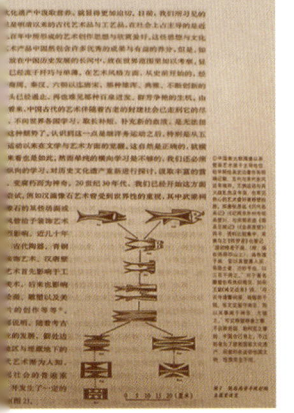

与审美特征，对中国古代器物对形象和纹饰的处理方式、母题含义、艺术价值以及与时代的关系做出深入研究。刘敦愿先生以考古发现为主的造型艺术探索涉及中国史前陶器艺术、古代雕刻艺术、古代青铜器艺术、青铜器纹样母题和绘画样式、汉代画像石绘画艺术等领域，形成了关于古代文化的造物形制、装饰艺术、图像语言、工艺文化以及中国古代绘画观念等深入独到的研究，涉及美术考古领域关于中国古代器物造型谱系、图案纹样谱系以及由美术造型形态特征认识中国美术史的一系列重要命题，由此从艺术审美视角建立了美术考古的方法论，也是对中国美术史研究方法的重要补充。

事实上，古代艺术品类、美术造型遗迹不仅是物质生产的产物，也是精神生产的产物，刘敦愿先生注重把握其造型艺术特征，深化了考古遗存的艺术学研究，避免"将美术品作为游离意识形态的实物标本"，而是全面复原古代社会文化；通过对早期象形文字和青铜纹饰的联系研究，进一步推考当时绘画艺术面貌等研究，对于中国美术史学具有填补空白的重要意义。从艺术审美的角度认识古代文明遗存，把握造型艺术，阐释图像含义，不仅拓展了传统意义上考古学研究领域，也深化了艺术学和美术史的研究，是中华文明研究方法论的重要推进。

二、学科融通与创新

刘敦愿先生主张基于造物和审美的主体是人，强调创造者和接受者的审美感受，在造物者造型和审美的视野下定义，富有人文精神，他还原艺术发生的本元以探寻美的规律，构建学科体系。刘敦愿先生在美术考古研究中建立了学科交叉融通的研究视野和方法体系，谈及学术理路曾言："实际上各学科之间的联系与互相渗透，关系往往相当密切，自然科学与社会科学之间尚且如此，古代艺术研究之与古代史、考古学的关系就更不待言。"一方面，以严谨的考古学方法为基础，不仅重视田野考古发掘和调查获得的实物材料，尊重考古获得的物证和相关资料，力求客观地复原历史文化的本来面貌，为美术史研究提供了可信的美术实物依据；并在生活用品的艺术性其象征意义和历史价值之外，更深入地研究其艺术价值及形态变化与时代的联系，主张"社会生活是一切艺术的源泉"，"必须把古代艺术品同产生它们的特定的社会土壤与历史条件密切地结合起来"，"为古代艺术的研究提供客观的科学基础"。另一方面，注重学科融通，将文献与图像相结合，把古代宗教和神话的文献记载与古代绘画和器物纹饰结合起来综合进行研究，融会历史学、人类学、民族学、民俗学、宗教学、神话学和图像学等多学科视野和成果，形成了交叉学科的研究创新。如今，人文科学研究趋于整体化，学科间相互渗透交叉更加频繁，也印证了刘敦愿先生当年对于美术考古研究的当代引领意义。

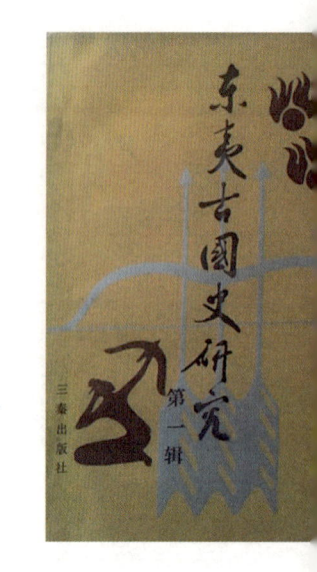

↑ 刘敦愿等主编《东夷古国史研究（第一辑）》

三、关心支持美术史研究与美术教育

刘敦愿先生一直关心和支持美术史学教育与研究工作。记得1981年，我曾随张道一先生拜访刘敦愿先生，听两位先生探讨造型艺术与美术考古、史前彩陶图案纹样与生活方式等话题，从美术学的角度解读人类文明的发生。1988年我借调国家社科基金重点项目《中国美术史》编辑部工作，受总主编王朝闻先生指派，随副总主编、《中国美术史·原

刘敦愿先生绘青铜器纹样

始卷》主编邓福星先生拜访刘敦愿先生，求教关于新石器时期陶器和石器的审美特征等问题。邓先生送给刘先生一本《艺术前的艺术》，两位先生探讨彩陶图案的发生，谈起有关"圆"的起源问题，刘敦愿先生提出"圆"由编织而来，邓福星先生认为很有道理。刘敦愿先生说"我们以后可以就美术史与美术考古学进行合作，我研究史料，你们研究美学思想"，邓福星先生欣然赞同。刘敦愿先生对《中国美术史·原始卷》的编写工作给予了很大的支持，特别在大汶口文化、龙山文化的器型研究方面和纹饰领域提出许多独到的见解。刘先生还在工作百忙当中帮助《中国美术史·原始卷》审读有关章节和学术观点，并给予重要的学术支持。

我与刘敦愿先生的幼子刘陶是工艺美院同事，毕业留校工作后常有机会拜访先生并请教有关学术问题。记得1984年10月，曾专程拜访先生，约请先生为《山东工艺美术学报》撰稿。1988年元月，我和弟弟随刘陶拜访先生，请教关于我家乡曹县文物保护工作的有关问题。90年代初，我就拙著在第一时间请先生指导。先生从事山东地区田野考古调查和发

掘工作，曾调查日照两城镇、五莲丹土，青岛霸王台、古镇和古城顶，即墨北阁，临沂土城子、毛官庄、援驾墩、重沟、护台和石埠等，滕州岗土、宫庄和后堆，曲阜西夏侯，泰安大汶口，胶县三里河，章丘城子崖、平陵城，济南甸柳庄、大辛庄，"对建立山东地区考古学文化序列做出了重要贡献"。而且刘先生不以独据考古材料取胜，由习见的出土资料和文献独辟蹊径地做出深入研究，在学界产生了重要影响。

刘敦愿先生与孙长林先生是至交，常就古代文物进行交流，关于宁阳磁窑鸟形陶鬶的研究就是孙老收藏鉴赏的深化研究。刘敦愿先生毕生从事教学和研究，对山东工艺美术学院的美术学科建设给予指导，为学校的升格发展做出了重要贡献。先生多次出席山东工艺美术学院的学术交流活动，1986年曾与叶又新先生来校参加"日照农民画展"和学术座谈会，共同研讨原始美术、民间美术与当下农民画艺术样式的谱系关系传承等相关学术问题。刘敦愿先生建立我国美术考古研究的方法体系，是中国考古学的拓展，也是中国美术史研究的补充、拓展和深化。特别对于中国艺术史、美术史

《刘敦愿文集》

刘敦愿先生百年诞辰纪念暨考古学术研讨会，2018年

学科建设来说，刘敦愿先生由田野考古入手，以深厚的国学功底将文献材料与考古发现相结合做整合研究，分析美术遗迹和遗物的艺术形态的发展规律，为美术史研究提供了科学考据和实物例证，分析了美术图像、型制、工艺深层的文化动因与规律，对中国美术史、艺术史研究有重要的指导意义。

时光荏苒，在与先生相识求教的日子记忆犹新，如今已是刘敦愿先生百年诞辰。刘敦愿先生曾给予我宝贵的教诲和指导，启示我们学术研究要坚持专一，治学要严谨，视野和方法要融通。他崇高的学术精神、开阔的学术视野、创造性的方法成果和专注坚韧的品格境界是一种示范，一代学术大家的卓越的贡献泽被后学，相信刘敦愿先生的学术精神将薪火相传，中国的美术考古研究还将结出丰硕的成果。

附：刘敦愿主要学术著作目录

1. 刘敦愿、逄振镐主编：《东夷古国史研究（第一辑）》，西安：三秦出版社1988年版。

2. 刘敦愿、逄振镐主编：《东夷古国史研究（第二辑）》，西安：三秦出版社1990年版。

3. 刘敦愿：《美术考古与古代文明》，北京：人民美术出版社2007年版。

4. 刘敦愿：《刘敦愿先生纪念文集》，济南：山东大学出版社1998年版。

5. 刘敦愿：《刘敦愿文集》（上下卷），北京：科学出版社2012年版。

朱铭

学高为师

朱铭（1937—2011），江苏泰州人，著名美术史家、设计史家、美术教育家。曾任全国政协原常委，山东省政协副主席，中国民主同盟中央委员会原常委，中国民主同盟山东省委员会主委，山东工艺美术学院副院长。

朱铭的学术境界与视野

朱铭先生与作者一道出席艺术教育研讨会

　　作为中国艺术学学术史学者，朱铭先生的学术贡献和精神品格，并没有随着时间流逝而被遗忘，反倒是他的学术影响、人格力量在他去世之后愈加凸显出应有的地位和光辉。朱铭先生（1937—2011）是一位学识渊博、德高望重的学者和师者，他在数十年繁重的教学、研究和领导岗位上，笔耕不辍，著作颇丰，尤其是在美术史、美术原理、设计艺术学理论和设计艺术史的研究上做出了开创性的学术贡献，是我国著名的美术史学家、艺术教育家，在 20 世纪中国艺术学

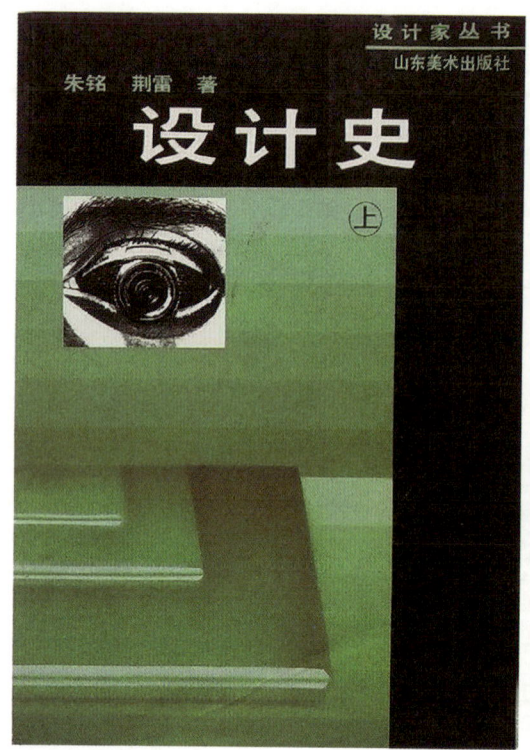

研究的学术史上具有一定的位置和声望。

▷ 朱铭、荆雷著《设计史》

↑ 朱铭编著《外国美术史》

一、学术建构：从美术史到设计史的体系构架

朱铭先生是国内外知名的艺术史论家，他应讲授美术史论之需，尽传道解惑之职，以开宗明义辨析概念、解读称谓为起始，由钩沉史料、引介经典而延展，由条分缕析、由表及里的论述而深入，并构建形成了美术史、设计史的体系构架，形成了一系列影响深远的论著。从1979年开始讲授《外国美术史》，到发表出版一系列研究成果，三十余年间的系列著述深深影响着一批批聆听教诲的学子，为有志于创作和设计的青年拓展了艺术的视野，舒展创作与人生的胸襟，也为致力于史论教学的教师们树立了治学、为师的风范。朱铭先生经过十多年的不断积累和系统总结，他的40余万字专

著《外国美术史》于1990年由山东教育出版社出版,这是国内较早系统研究外国美术史的著作,在学术界引起强烈反响,并获山东省人文社会科学一等奖,为深入研究外国美术史奠定了良好的基础。

朱铭先生治史广博翔实,从美术史到设计史,从园林艺术到现代设计管理,从中国艺术史论到国外艺术史论,从东方日本的原著译介到西方俄罗斯的论著研究,贯通的不只是古今、中西,更有基础的理论命题与日新月异的前沿领域。他的史论阐释谨严而不失生动,深刻而绝不晦涩,在清晰完善的逻辑框架中,严谨地立论,旁征博引地分析,明白晓畅地陈说事理,不只传授着知识,不只给人以启示,更吸引人探索钻研。无论是对美术史和设计艺术史的研究,还是对设计学科的思考和建立,朱铭教授总能以独特的思维方式建立一种合理的体系。他的学术研究是在"博"的基础之上的"专"。在具体方法上,他特别注重系统性和逻辑性,每次进入一个新的课题,总是先建立一个体系,构建框架,然后广泛搜集资料,进行比较,用严格的逻辑格式,推演出新的理论层次,形成自己的理论体系。

朱铭先生以辩证唯物主义和历史唯物主义的观点研究艺术创造和设计艺术的发生、发展规律,在美术学和设计学方面具有高深的造诣;率先在山东高校开设外国美术史方面的课程,开创了山东的外国美术史教育之先河,在全国也处于领先地位;他在人文学科框架下对设计艺术学学科体系提出独到见解,为我国设计艺术学的建立和发展奠定了基础。朱铭先生的学术成果是具有开拓性和前导性的,他是山东省美术学科和设计艺术学科领域的理论家和学术奠基人之一。

朱铭先生力主在文化人类学视野中进行美术史研究，他以开阔的学术视野和独到的治学之道，承担诸多专项研究，在美术史研究方面独树一帜。他认为：美术史的研究包括美术发生和发展两个方面。任何美术现象的出现都不是偶然的，它是特定民族的历史、文化、传统的必然的继承、发展和变异。美术史研究必须建立在文化人类学基础之上，而原始艺术研究必须把艺术现象与文化人类学、人种学、史前考古提供的实物资料结合起来，进行系统研究。

朱铭先生对我国设计学发展也做出了突出贡献，特别是在人文学科框架下对设计学学科体系提出了独到见解。朱铭教授1984年和1999年分别在山东艺术学院和山东工艺美院创建了设计系和艺术设计学系。特别是1994年至1997年，朱铭教授担任山东工艺美术学院副院长期间，在设计艺术教育方面进行了诸多探索，带出了一支素质过硬的研究和管理

朱铭、奚传绩主编《设计艺术教育大事典》

朱铭主编《中外名画欣赏》

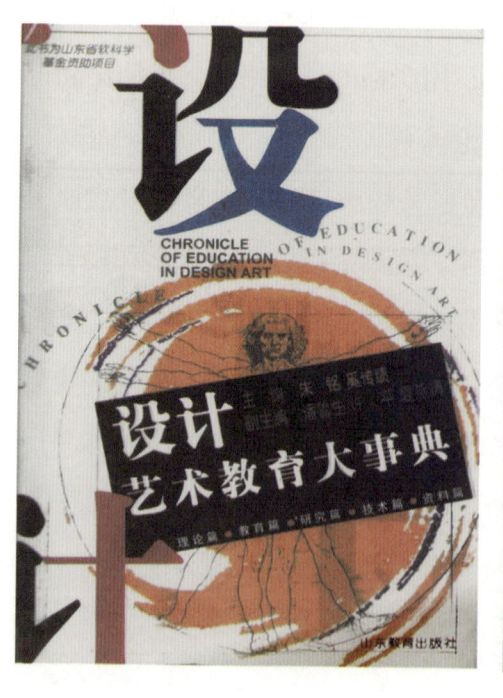

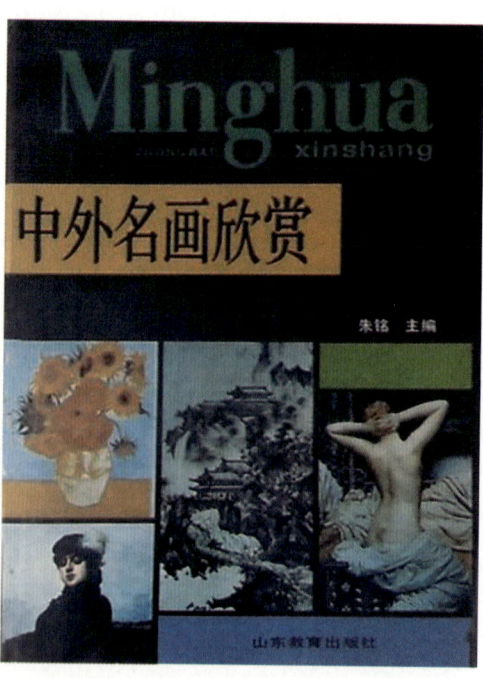

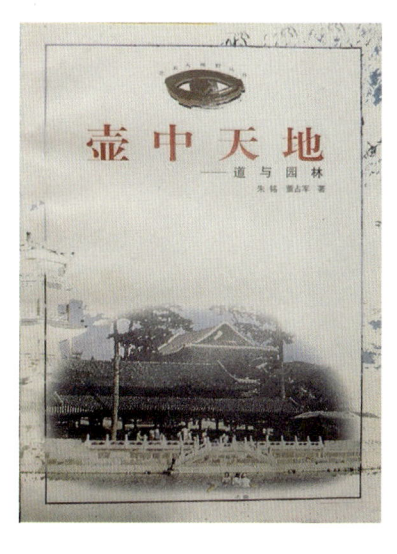

↑ 朱铭、董占军著《壶中天地——道与园林》

↗ "青少年美术馆丛书"（朱铭主编，奚传绩副主编，广西美术出版社，2003年）

队伍，在他的带领和指导下，经过20年的发展，山东的设计艺术教育已走在全国前列。这也是他设计艺术学研究"形而下"和"形而上"的两个层面，一个是侧重设计实践教学，满足经济发展对设计人才的需要，另一层面则是将设计艺术学纳入人文学科框架，对设计艺术学学科的建设和理论进行探讨。

他陆续出版了《设计史》《设计家的再觉醒——后现代主义与当代设计》《壶中天地——道与园林》《设计——科学与艺术的结晶》《广告策划论》《设计艺术教育大事典》等著作，发表论文《设计学与设计史论纲》等，晚年在业已成熟的"人体工程学"的基础上，结合设计与人的关系，提出了"人尺学"设计学研究命题，开拓了设计学研究思路，丰富完善了设计艺术学研究的学科体系，为我国设计艺术学发展发挥了重要的作用。在从事教学管理和学术研究的同时，朱铭教授也为山东工艺美术学院的学术梯队建设做出了贡献，培养了数名在设计史、设计教育领域颇有成就的中青年学者，他们已经成为山东工艺美术学院以及其他众多高等

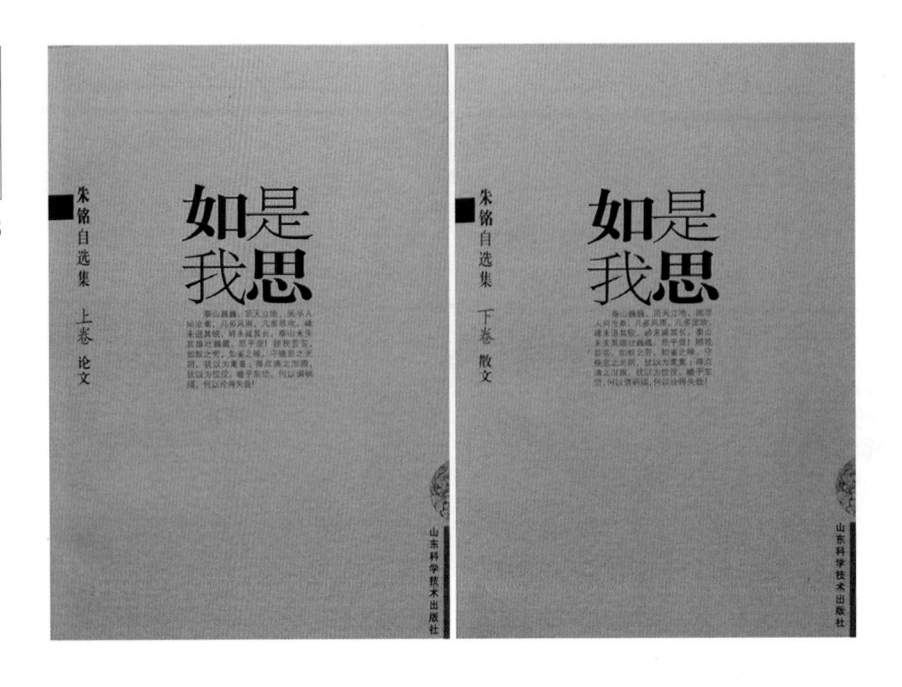

朱铭著《如是我思——朱铭自选集》

学校设计艺术专业的骨干力量，正在为山东乃至全国的设计艺术教育的发展发挥着积极作用。

他的《如是我思——朱铭自选集》收录的论文，集中体现了关于美术学、设计学理论体系的构建，包括系统阐释"美术学""设计学"架构，分析界定"造型艺术""艺术""艺术学"以及"设计""设计教育"等一系列基础概念，全面梳理并深入分析美术发展史和设计思潮，深入阐述创作灵感、设计伦理学等理论命题，总结美术史研究方法。值得指出的是，论文广泛涉及商业美术、景观艺术、民间工艺、企业形象等诸多专业领域，从艺术现象的梳理深入到美学理论分析，从纯粹的学术思辨拓展到前沿的应用领域，体现了宽广的文化视野，凸显出艺术、设计丰富深刻的内涵。这一系列研究成果，涵盖美术史、设计学的基础概念和重要命题，并形成了完善的学科架构体系，在美术学、设计学学科建设方面无疑具有开拓性意义。

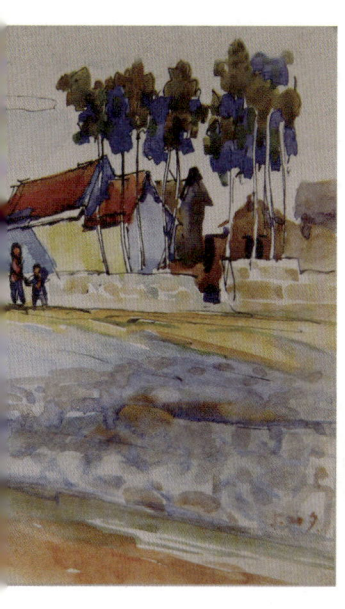

朱铭水彩作品

二、性情文章：止于至善的诗文随笔

真正的大学者，一般都有治学为文的多副笔墨，不仅能够致力于学术体系的架构，而且也可以倾情于性情随笔的挥洒。《如是我思——朱铭自选集》收录了朱铭先生的学术论文、散文随笔、旧体诗文近二百篇，内容兼集美术学、设计学、书画评论以及关于历史过往、人事风物的记述品评，充分体现了学术研究的理论性与前沿性，以及艺术视野中生活的意趣。应该说，作为整体，无论是学术评论还是散文纪事，文集贯通着学术史的视野，雍容平和，融汇着学术、艺术的素养，常有精妙睿智的论说，展示了对生活的情感，朴素真挚，具有深深的感染力。参差互见，于是不仅可获得史论见识，更有为学、为人的感触和启示。

从史论到序跋，从散文到旧体诗歌，从中可以感受其论说的宏大精当、诗文的冲澹隽永，也仿佛再次经历岁月的洗礼，欢乐与哀愁，真切难忘。此时，面对这闪耀着智慧光华的文集，想先生之治学为人，一如面对平波涌动的大海，辽远，沉静，充满真情。文集中，为师友弟子题写的序跋，则如桥梁，融汇了艺术和生活。其中，有关于绘画、关于书法、关于文学的评论，还有其人、其事、其时的感怀。在评论记述中，赞赏"抒情而又朴实"的作品，推崇千锤百炼的境界，往往不仅从作品出发，找到了文化的、理论的根据，在宏观地把握联系中深化、提升了创作的价值；也常常从人品立论，捕捉到品质与成就的契合点。可以说，较之于规范严谨的学术论文，这些序跋篇章也格外有价值，它们生动亦不失深刻，富有专业性，也充满了生活的韵味。

亲切可喜的还有文集中的旧体诗文。追忆历闻，怀念师友，品评美食，感怀生活，是一路走来的真实记录，点点滴滴，但只见真的、美的、善的，抒写自然而又饶有趣味。即使循着格律而作的旧体诗文也一样有着疏朗清淡的风格，亲切清新。应当说，这些诗文感怀，记述的不只是事、物，而是美，是健康的人性。就像作家汪曾祺所说的那样："美与健康的人性，不论在多么古老的民族传统中，永远是清新得如同荷风露珠一般"。这也是我们什么时候都需要的。

↑ 朱铭著《缝隙里的面孔》

可以当作他的"回忆录"看的，是其人生随笔集《缝隙里的面孔》。举凡故乡风物，求学经历，师友情貌，反右风潮，跃进癫狂，饥饿感受，下放岁月……从容道来，跃然笔端。他的文字没有曲意迎合，没有矫情拿捏，更没有乡愿与机巧，流露在字里行间的率真与朴实，让我们很难想到作者曾是一个从过政的"高官"。在"自序"里，作者以近乎谦卑的口吻写道："2010年又过去了，时间在我的身后第七十三

朱铭教授从教五十年暨艺术教育座谈会，2007年

次关上了它无情的门。想要回去弥补曾经的遗憾，却已经不再可能。我只能在这一面无情的门上，掰开一道缝隙，窥望那些曾经鲜活的面孔，以及那些曾经一起摸爬滚打的伙计们……当我的生命有一天也被拒之于时光之外的时候，如果有人也掰开一道缝隙，窥望我曾经的子丑寅卯，我在这里预先表态：不胜荣幸之至！"于是，透过作者掰开的那道缝隙，我们与他一同领略了其亲人师友的音容笑貌，并从作者酸甜苦辣的蹉跎人生里，感受了大时代的惊涛骇浪。虽然作者竟一语成谶，他的生命在写下这些文字一个月之后就"被拒之于时光之外"，但所幸的是，透过缝隙张望的那副面孔也已为读者牢牢记住——那是一副跨越新旧中国，历经磨难与诱惑，幸而未被扭曲的面孔。

朱铭先生的散文、随笔和旧体诗，全面、立体地展现着作者的学养、才华和人格，铺就了一条学术的道路，通向艺术史论更成熟、广阔的方向，也记述了一个时代的人、物、风貌，有着超越时域的人文意义。因此使阅读者受到学术、

朱铭先生与作者一起考察

艺术以及生活的陶冶，由文及人，倍感亲切，也由衷景仰。

三、人格风范：立德树人的师表楷模

朱铭先生的一生履历，充满了沧桑历史印记和时代使命担当，无论遭受挫折，还是身居高位，他都体现出执着的人生操守和高贵的人文品格。他1937年9月生于江苏省泰州市溱潼镇，接受了民国时期的传统文化教育，奠定了扎实的文史功底基础。1956年毕业于山东师范大学艺术系并留校任教，曾被打成"右派分子"，遭受人生的炼狱。三十多年间曾先后执教于山东艺术专科学校、山东艺术学院、山东工艺美术学院等院校。1985年被聘为教授，1991年任山东工艺美术学院副院长。1994年受聘担任南京艺术学院客座教授和硕士研究生导师。

朱铭先生从教五十余年，桃李满天下，为艺术教育事业培养了大批优秀人才。他胸怀坦荡，光明磊落，学养深厚，

作风谦逊，平易近人，奖掖后学，他"为人崇善，教育崇严，学术崇真"，具有崇高的道德风范和人格魅力，堪称为人师表，学界楷模。作为一位可敬、可亲的教师，他教绘画，讲史论，兢兢业业，无私忘我。授课的讲义史料丰赡，辨析深刻，结集就是煌煌专论，在后辈看来，能够听其授课的学生何其幸运。他曾感怀，心甘情愿地为后来者做一块铺路石。昔日学生有的已成画家，业绩出色；有的专治史论，硕果累累；有的承传风范，成为教师。正如先生所期望的，"都是真诚的、勤恳的、专注的、锲而不舍的劳动者"，在平凡的岗位上踏踏实实地工作。重读他为学生们写的序跋、读其叙述师生情谊的散文，真挚恳切、朴素感人。可见，一个优秀的人成为教师，有着多么深远的意义。

朱铭先生骨子里充满了艺术家的气节与才华，精通绘画与文学，造诣深厚。行文如行云流水，诙谐处令人会心，感人处直达肺腑。这是修养，也是天赋。正如他修俄文而能译介俄文专著，学日语而有数篇日语译作，且其翻译典雅流畅，所需的应该不只是勤奋。苏轼曾论："求物之妙，如系风捕影，能使是物了然于心者，盖千万人而不一遇也，而况能使了然于口与手者乎？"朱老即有这样的才华，以笔描摹物象，表达情感，状写人生的情境，记述岁月的过往，流畅而自如。温暖或者苍凉，喜悦或者悲伤，不再仅仅是内心的畅想和怀念，而是可以分享、可以传递、可以经受时间砥炼的有分量的作品。

人们说"君子之交淡如水"，和朱铭先生相识的人们，都感觉与他的情谊更像是陈酒佳酿，愈久愈醇。朱铭先生是个饱含真性情的人，对生活有着不倦的兴趣，从不敷衍，从不草率。几十年来，无论教书讲课、钻研学术，还是奔忙于

◀ 作者同朱铭先生 行考察四门塔

工作事务，他总是带着一份不计功利的踏实和诚朴，也许这也就离艺术的本质更近。他思考、记述、畅谈，发掘出生活中闪光的东西，于是都凝结在了他的诸多著作和文集里。

尤其值得钦佩的是，在取得这些成果的同时，近二十年间朱铭先生还担任着全国政协常委、山东省政协副主席、山东省民盟主委及山东工艺美术学院副院长、山东省美协副主席等职务，在从事管理工作的同时，在学术上、艺术上有所成就。世事苍茫，风云积淀，朱铭先生是个乐观的、达观的人，被打成"右派"的苦难经历，沉淀下来的，唯有朋友、同志患难间的情缘。时间的长河奔流不息，故人远去，于是看淡的是生死，珍重的是相知相守的情谊。他曾感慨："生命之路，是一条多彩的路，永远、永远是一条多彩的路。"对于有着高远胸怀、出色才华、真挚情感的人来说，生活里的景致格外美好。

附：朱铭主要著述目录

1. 朱铭：《绘画美学提纲》，载山东省美学学会编：《美学文集》，济南：山东美术出版社1985年版。

2. 朱铭：《什么是造型艺术》，《齐鲁艺苑》创刊号。

3. 朱铭：《设计学与设计史论纲》，载张道一主编：《艺术学研究》创刊号1996年版。

4. 朱铭：《汇入世界洪流的中国设计》，《设计艺术》1998年第一期。

5. 朱铭：《迈向美学时代的中国广告》，《设计艺术》1999年第二期。

6. 朱铭编著：《外国美术史》，济南：山东教育出版社1990年版。

7. 朱铭：《现代广告设计》，济南：山东美术出版社1995年版。

8. 朱铭、荆雷：《设计史》（上、下），济南：山东美术出版社1995年版。

9. 朱铭：《设计——科学与艺术的结晶》，济南：山东美术出版社1989年版。

10. 朱铭：《中外雕塑名作欣赏》，济南：山东教育出版社1995年版。

11. 朱铭等：《设计家的再觉醒——后现代主义与当代设计》，北京：中国社会出版社1996年版。

12. 朱铭、董占军：《壶中天地——道与园林》，济南：山东美术出版社1998年版。

13. 朱铭主编：《中外名画欣赏》，济南：山东教育出版社1989年版。

14. 朱铭、奚传绩主编：《设计艺术教育大事典》，济南：山东教育出版社2001年版。

15. 朱铭卷主编：《世界美术史》（第5卷），济南：山东美术出版社1990年版。本套书共八卷，由朱伯雄主编，朱铭作为编委会成员参与编写。

16. 朱铭：《舌外品味》，香港：香港国际画院出版社2004年版。

17. 朱铭：《如是我思——朱铭自选集》（上、下卷），济南：山东科学技术出版社2010年版。

18. 朱铭：《缝隙里的面孔》，济南：山东画报出版社2011年版。

刘铁梁

学高为师

刘铁梁（1946— ），辽宁省绥中县人，著名民俗学家，北京师范大学文学院教授、博士生导师。历任北京师范大学中文系民俗学教研室主任、文学院民俗学与文化人类学研究所所长。兼任中国文联全委会委员，中国民间文艺家协会副主席，中国民俗学会副理事长，北京市民间文艺家协会主席。

刘铁梁民俗学研究成果的启示

> 刘铁梁先生与作者走访北京非物质文化遗产传承人

  自20世纪20年代以"歌谣学运动"为发端,中国的民艺学即与民俗学有不解之缘。发端之际,学者们即站在理解民众的历史与文化创造的立场,开展相关资料征集及调查研究活动,近百年来,相同的社会历史和文化"场域"(field)、"情境"(context)里,民俗与民艺又有着共同的文化创造主体、共通的存在状态变化以及互为载体和表征的紧密联系,二者所面临和求解的问题往往具有深刻的共通性和相关性。

  从根本上说,近现代以来,特别是改革开放四十多年来,在中国具有恒常意义的民间发生了深刻变革,从构成主体到生产生活方式、从物质形态到精神世界无所不及。正如刘铁梁对农村社会变革趋势的分析:"一是村民离开了家乡和土地,造成村庄的消失或者空心化;二是村民从事市场环境下的农、工、商和旅游等行业,促使村庄利用土地升值的红利进行公司化体制的转型。农村千百年来形成的社会情感纽带和生活文化传统正面临断裂的可能"[1]。这是民俗、民艺变迁的共同的现实。

我们在国家社科艺术学基金重大项目"城镇化进程中的民族传统工艺美术现状与发展"最近的调研中也看到,乡村文化的传承系统、革新动力、存在方式、经济收益等都在新兴社会环境的疾速运转中发生改变。尤其在工业化、城市化的生产和生活中,不仅日常生活中以使用功能为主的物品、工具为新材质、新形态的工业化产品所替代,传统文化生活和形式语言、审美价值等也不同程度地失去载体和应用空间,物质消费对传统节日等原有的集体经验、文化认同和超越日常生活的神圣精神空间构成极大冲击,传统民间信仰、礼仪、习俗、艺术等趋于弱化和边缘化。

与此同时,社会发展需要共有的历史记忆、情感维系、文化寄托和凝聚。正所谓"民间文化,是唤醒人们村落历史记忆的核心符号,代表了乡村从历史到现在的某种人文传统"[2]"社会记忆中拥有社会得以再生产的巨大情感力量"[3]。因此也对研究者的视野、方法论提出了内在的要求。

---

[1] 刘铁梁:《村庄记忆——民俗学参与文化发展的一种学术路径》,《温州大学学报(社会科学版)》2013年第5期。
[2] 刘铁梁:《民间传说的当代人文意义》,《民俗研究》2009年第3期。
[3] 郭景萍:《社会记忆:一种社会再生产的情感力量》,《社会学家茶座(济南)》2010年第1期。

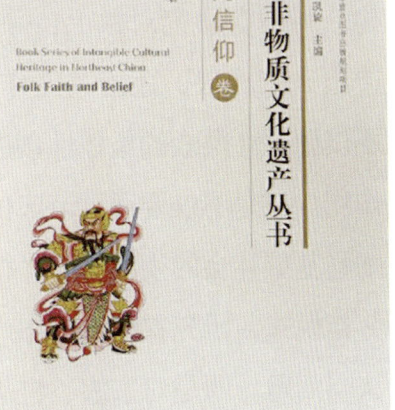

刘铁梁主编《东北非物质文化遗产丛书》

正是在这样的背景下，系统回顾刘铁梁民俗学研究成果的过程中，产生的共鸣、获得的启示尤为深刻。

一、坚持社会生活的整体观和历史观

作为"标志性文化统领式"民俗志理论的提出者，刘铁梁强调民俗学的根本性的价值是对于生活整体的关照，反对过早地将民俗文化从生活中分解出来，作为"遗留物"来展览。他指出："尽管在今天的地方社会空间中，原本作为整体的民俗文化已经在不同程度上被碎片化，但我们却应该尽可能地将它们放到一定时空的社会生活和文化传承的场域当中，做出相互联系的理解与认知。也就是说，许多民俗文化事象之所以成为'遗产'，是因为生活已经前进，历史难以复原，因而它们也不可能回到所谓'原生态'的环境中去，但是我们对于这些'遗产'原有形态和意义的认识却应该坚持社会生活的整体观和历史观，对这些遗产所在地的社会生活及其历史过程尽可能给予完整的考察"①。

因此,他在研究对象和方法上进行了一系列全面的建构。具体在研究对象上:一是不能仅看重民众在生活中创造出来的成果,还应关注作为创造主体的民众本身。二是不仅要关注民众的集体性创造,还应重视民众中个人发挥的作用。三是不仅要通过节庆仪式行为的象征和隐喻等研究和阐释基层社会的生活秩序、权力关系与文化认同,还应关注劳作模式,研究农民日常生产与交换行为方式的历史变化和认同问题。四是对宗族、村落、艺人组织、庙会组织等民众的社会关系即社会民俗制度加强研究。在研究方法上:提出改变以往将民俗当作客观对象去分类进行研究的习惯,把理解、体验不同群体生存与发展实践的经验作为研究目的。具体不是只用文字来进行资料搜集的工作,还是感受生活的研究过程,结合个人生活史的书写,能在最大程度上把人们的感受表达出来,也就是感受的民俗志。"民俗的传承与变迁从来都是与具体的人群、个人连接在一起,同时又与时代社会背景紧密联系,所以民俗志研究可以将问题、事件、人都凝结于富有弹性变化的表达与呈现之中,这是感受生活的民俗学所应该追求的"②。他引用劳里·航柯的主张,即从"民俗过程"的整体着手来发展搜集民俗的手段,争取获得"深度资料"。

这一系列理论和方法对民艺研究也具有极强的适用性。以我们对云贵两省少数民族刺绣手艺的调研为例,作为刺绣

---

① 刘铁梁:《"标志性文化统领式"民俗志的理论与实践》,《北京师范大学学报(社会科学版)》2005年第6期。

② 刘铁梁:《感受生活的民俗学》,《民俗研究》2011年第2期。

主体的女性生活内容发生变化，生活重心发生转变，刺绣正逐渐失去它原来的存在和传承方式。而且在农耕社会积淀形成的刺绣图案、文化符号、创新方式等逐渐弱化，年轻一代尽管按照老样子能够绣出图案，但对传统图案的理解越来越模糊，新的图案没有老图案那样有底蕴，也缺少新的生活创造，文化的传承或许会在这里断层或打折扣。加之刺绣的服饰载体发生变化，民族服饰习惯逐渐弱化，刺绣存在基础进一步动摇。此外，刺绣机器发展，以一套苗妹的盛装而言，手绣的在2万元左右，而机绣的在2000元左右。虽然苗族人观念中仍以手绣为上品，穿出来体面，但在实际情况中，机绣正逐渐被越来越多的人接受。少数民族刺绣手艺的调研说明，对于民艺的研究不能脱离它赖以生成和变化的社会环境，必须把视野和方法拓展到生活、社会和历史的整体上，从社会和历史、文化的大背景下加以研究和把握，通过"自然－人－社会"互动关系进行梳理和分析。如刘铁梁所说："艺术，尤其是老百姓的艺术，其价值一定是在特定的社会环境中得以实现的，因而我们的研究也必须与其社会环境的考察联系起来才有意义"[①]。

目前，我们展开的民艺研究包括与民间艺术孕育发展相关的典型自然生态环境，社会政治、经济、文化环境变迁对

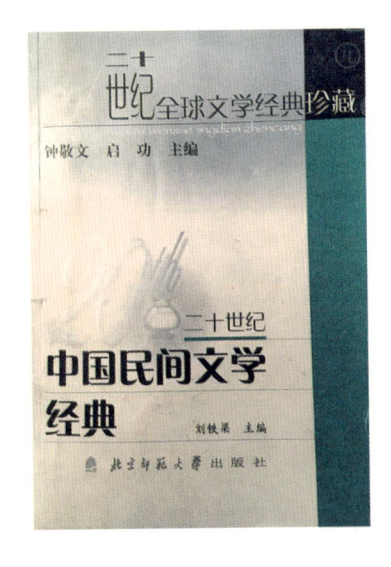

▶ 刘铁梁主编《20世纪中国民间文学经典》

---

① 刘铁梁：《村落生活与文化体系中的乡民艺术》，《民族艺术》2006年第1期。

民间艺术的影响，城市化、城镇化进程中生产方式、生活方式、文化方式导致民间艺术演变的现状，传统民间艺术与城镇、社区、村落环境中民间俗信的关系，本土文化延续与民间艺术的关系，外来移民文化对民间艺术的影响，民间艺术的大众化形态，新型城镇化基础条件下的民间艺术走向，等等。从宏观角度探讨民间艺术生存环境、生存状态在城镇化建设中面临的处境，研究现代文明的冲击下，社区村落环境中民间艺术的自然共生状态，全面把握民间艺术生存与发展的现状。

刘铁梁改编《盘古开天地》《神农尝百草》

二、重视民间文化的"内价值"

关于民俗文化的价值，刘铁梁提出可以从"内价值"与"外价值"两个方面来理解。所谓："内价值是指民俗文化在其存在的社会与历史时空中所发挥的作用，也就是作为局内人的民众所认可并在生活中实际使用的价值。外价值是指作为局外人的学者、社会活动家、文化产业人士等附加给这些文化的观念、评论或商品化包装所获得的经济效益等价值。内价值与外价值的相对区分，关系到民俗文化保护实践中所面临的根本矛盾。"[①]

[①] 刘铁梁：《内价值是民俗文化之本》，《中国社会科学报》2011年3月8日第016版。

作者与乌丙安先生（左）、刘铁梁先生（中）参加学术活动

　　这对于理解民间艺术的发展变化也是一个重要的参照视野。当传统生活的丰富性弱化，民间艺术的民俗功能向装饰功能转化，实用功能向礼品功能转化，民间艺术的生产价值和经济价值成为主导，市场选择成为重要的评价标准，由此带来形制、工艺、主题内涵的一系列变化。其中，礼品化发展的民间艺术具有一定的狭隘性，其承载的内在的价值观、外在的礼仪、符号等主要由市场消费进行选择和重塑，而这又是民间艺术从传统文明走向当代生活的一条必由之路。

　　作为研究者，我们应以内价值为根本出发点，避免本末倒置，遏止文化的自然传承与正常更新过程，所要发挥的作用，也是"在社会生活方式、交往方式的不断建构中，经由意义的阐释与形式的创新，不断地发挥作用，从而持续保有其内在的价值"①。因此关于民间艺术，关键要在文化传承与保护的基础上，回归生活，面向发展中的、不断变化的、现实的生活，寻找、梳理、明确既往文化传统、文化资源与生活千丝万缕的联系，并在数量有限的传承人之外传播、培育、唤起更广大民众的文化传承与创造力，推进民间艺术资源设计转化，培育核心动力，并采取切实措施扶持行业发展，实现民间艺术这一传统文脉的当代转型和永续发展。

三、发掘民间文化的"身体性"本质

关于民俗的性质，刘铁梁提出，不是"非物质性"而是"身体性"，即"民俗是人们在生活中习得、养成和开发，离不开身体的感受、习惯和能力的文化。所谓'看不见、摸不着'，不是指人们所认识的外界事物类属的特点，而是指肢体、感官、心理、意识相统一的人们的身体与世界关系的一种表现，即与文化的物化现象相一致却更多地表现为身体化的现象"②。

由此指明了我们认识民间文化的一个根本性的出发点。正如我们在寻求民艺复兴的哲学基础时会回到"手"与"心"、"技"与"道"、"悟"与"味"等的"体""用"范畴，发现传统民间艺术特别是手工艺，在当下机械技术、电子信息、虚拟空间以及物联网、高速交通等高度快捷的时空流里，保留的恰恰是身体本身参与建构的时空和经验，是人们在现代世界里感受生命、自然、劳作、造物等本来节奏的方式，

---

① 刘铁梁：《内价值是民俗文化之本》，《中国社会科学报》2011年3月8日第016版
② 刘铁梁：《中国民俗学思想发展的道路》，《民俗研究》2008年第4期。

而且这种本质的作用无可取代。所以，从"身体性"的意义上认识民艺，也是一种不可或缺的哲学维度。

围绕民俗的"身体性"，刘铁梁提出一系列针对性的研究方法，指出，"民俗学者需要改变以往将民俗当作客观对象去分类进行研究的习惯，应当把理解、体验不同群体生存与发展实践的经验作为研究目的"，"因为从劳动者主体的感受来说，民俗的根本变化是自身劳作模式的变化，而不是过年过节习俗的变化"。①在研究上要讲究感受和体验，"越过民俗作为研究对象范围和层次的问题，从生活本源的角度去直接讨论民俗学研究方法论的问题，也就是讨论民俗学者是否可能和怎样回归生活、体验生活的问题。体验生活才是回归于生活，在某种具体的同时也是整体的生活中寻求意义的方法"②。终极目的在于，"如果不是从现实生活中人的身份感、幸福感、价值感出发，保护文化的结果就只能是为产业开发、政绩积累提供资本"③。"在珍惜过去的文化创造的同时，是否应该更多关注地方社会如何发展？民俗传统如何发生新变？多样性文化怎样被创造？民俗学在尖锐的环境问题、资源问题的解释上是否可以有所作为？如何承担沟通人们和文化之间相互理解的桥梁？甚至，如何通过对生活细心感受的途径来消解人们精神的困顿？这些都不是为保护而保护的问题，但却是民俗学应当关切也是社会期待民

---

① 刘铁梁：《村庄记忆——民俗学参与文化发展的一种学术路径》，《温州大学学报（社会科学版）》2013年第5期。
② 刘铁梁：《城市化过程中的民俗学田野作业》，《文化遗产》2014年第4期。
③ 刘铁梁：《村庄记忆——民俗学参与文化发展的一种学术路径》，《温州大学学报（社会科学版）》2013年第5期。

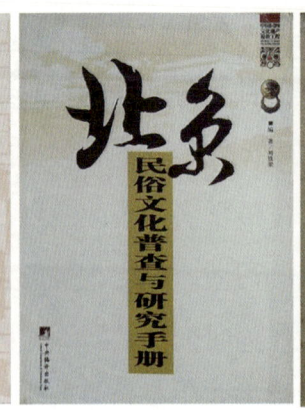

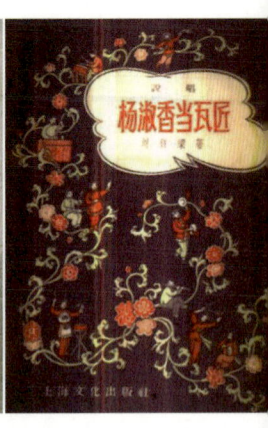

俗学回答的现实问题"①。

如格尔兹指出："当文化被看作是一套控制行为的符号手段和体外信息源时，它在人天生能够变成什么和他们实际上逐一变成了什么之间提供了链接……文化模式是在历史中产生的，我们用来为自己生活赋予形式、秩序、目的和方向的意义系统。"②回归民间艺术的本质维度，我们也将进一步探寻这一为生活赋形的意义系统里所包含的心理习惯、思维方式，回归身体经验，并展开体验的触角进行感知和交流，不仅在于把握历史长河里积淀形成的所谓"文化—心理结构"，更在于求解当下被挤压、弱化的情感空间问题，通过民间的、艺术的传承、创造和交流促进新的认同、维系和升华。

总之，刘铁梁的民俗研究扎根中国的社会现实，以坚实的田野调研为基础，但从未陷入客观事象本身。他强调问题意识，重视感受经验，倡导在全面观照社会生活整体和历史的基础上展开"标志性文化统领式"民俗志研究。他区分民间文化的"内价值"和"外价值"，剖析针砭遗产式保护、

---

① 刘铁梁：《中国民俗学思想发展的道路》，《民俗研究》2008年第4期。
② 格尔兹：《文化的解释》，纳日碧力戈、郭于华、李彬等译，上海人民出版社1999年版，第60页。

对象化研究以及片面产业化发展的症结所在。他的研究没有艰涩的语汇概念，不套用西学的范式理论，平实说理，质实有力，饱含深沉真挚的文化情怀。民俗、民艺最终属于生活、诉诸心灵，这种有深度、有厚度、有情感温度的研究是一种榜样。尤其在社会文化转型的大背景下，一代学人的自觉与担当，不仅在于成果本身，更在于带来的深刻启示、发挥的引领和示范，对于持续展开的民俗学以及民艺学研究和实践具有深远影响。

在刘铁梁先生七十华诞之际是以记之。

附：刘铁梁主要著作目录

1. 刘铁梁编：《杨淑香当瓦匠 说唱》，上海：上海文化出版社1957年版。

2. 刘铁梁编：《20世纪中国民间文学经典》，北京：北京师范大学出版社2004年版。

2. 刘铁梁编：《中国民俗文化志 北京 门头沟区卷》，北京：中央编译出版社2006年版。

3. 刘铁梁编：《中国民俗文化志 北京 宣武区卷》，北京：中央编译出版社2006年版。

4. 刘铁梁编：《中国民俗文化志 北京民俗文化普查与研究手册》，北京：中央编译出版社2006年版。

5. 刘铁梁编：《东北非物质文化遗产丛书 民间饮食技艺与习俗卷》，沈阳：东北大学出版社2018年版。

6. 刘铁梁编：《东北非物质文化遗产丛书 民间服饰卷》，沈阳：东北大学出版社2018年版。

7. 刘铁梁编：《东北非物质文化遗产丛书 民间岁时节日卷》，沈阳：东北大学出版社2018年版。

学高为师

第二部分 艺术评论

刘开渠

学高为师

刘开渠（1904—1993），安徽萧县人，雕塑家。1953年参加人民英雄纪念碑的建造工作，任设计处处长和雕塑组组长，创作主体浮雕《胜利渡长江解放全中国》《支援前线》和《欢迎解放军》。新中国成立后，曾任杭州市副市长、中央美术学院华东分院院长、中央美术学院副院长、中国美术馆馆长、中国美术家协会副主席、全国城市雕塑建设指导委员会主任等职。

刘开渠的雕塑艺术

↑ 刘开渠先生出席美术教育专家研讨会

刘开渠先生是我国当代杰出的人民艺术家、美术教育家，美术事业的奠基人。刘开渠先生为人民画像、为民族立碑，开创我国城市公共雕塑艺术先河；他领导建设中国美术馆，是当代美术馆事业的创业者，树立了新中国美术思想阵地；他辛勤耕耘于现代美术教育事业60余年，是20世纪中国美术教育事业的开拓者之一。

我与刘开渠先生相识于上世纪80年代末，在王朝闻先生主持的《中国美术史》《中国民间美术全集》编撰工作中，刘开渠先生给予了诸多指导，他质朴、谦和、严谨的为人态度与治学精神令我感受颇深。刘开渠先生十分关注民间美术事业，在他主持下，中国民间美术博物馆的筹建和藏品征集工作列为中国美术馆主要工作任务之一，他对民间美术收藏、研究与教育工作的重视对我影响深刻。20世纪80年代末我创办了民艺博物馆，刘开渠先生作为中国美术馆首任馆长为筹建中的民艺博物馆题词写道："变通俗为高雅，化平凡为神奇，探天地人之谜，索真善美之源"，对刚刚创办的民艺馆给予莫大的鼓励与支持。二十多年来民艺博物馆的收藏、保护、陈列与研究一直按先生所期待的稳步建设。

刘开渠先生的艺术发端恰逢现代美术在中国的萌芽时期，20世纪20年代，他在北京求学时期深受五四运动影响，学画之余他针砭画坛时风、发表文艺评论，并积极参与到社会活动中，由此形成他的早期文艺思想。他主张以新的理论、感情、生命与形式创造新的艺术，评论国画创作要皈依自然、破坏旧法，正如他总结说："所有评论贯穿一个主要思想，就是主张改革，主张创新。"他认为艺术要贴近人生，"艺

⬆ 刘开渠、王朝闻考察大足石刻

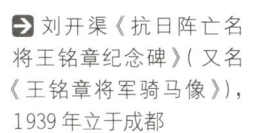

◨ 刘开渠《一·二八淞沪抗日阵亡将士纪念碑》（统称《淞沪抗战纪念碑》），1935年立于杭州

➡ 刘开渠《抗日阵亡名将王铭章纪念碑》（又名《王铭章将军骑马像》），1939年立于成都

术的人生是要经过艺术家的心去熔铸的，是艺术与人生内在生命力的统一"。绘画与艺术理论研究为他之后进入雕塑创作奠定了基础。20世纪20年代末，心怀对西方造型艺术的向往，在蔡元培先生的支持下，他赴法留学，进入法国国立高等美术专门学校学习雕塑，师从著名雕塑家朴舍并在此后成为其助手，朴舍主张自由创造，重视独创性和天才发挥，在艺术手法上与罗丹有相似之处，但又更接近现实主义，跟随朴舍期间，他又结识了马约尔、布德尔等许多当代文艺界代表人物，布德尔主张雕塑的整体性以及雕塑与建筑的密切联系，强调艺术家要有坚忍之心，诸位大师的思想与观念给予他深刻的影响与启示。"九一八"事变后，刘开渠先生心系国家，放弃国外优厚条件，于1933年应杭州国立艺术专科学校校长林风眠之邀，回国担任雕塑系教授及系主任，并受到蔡元培先生及鲁迅先生的勉励，为开创中国雕塑教育及公共艺术发展新局面而努力。刘开渠先生一边组织教学一边以创作支持民族解放战争，他将西方的艺术观念、表现手法与中国的民族精神和传统文化相融汇，创立了中国现代雕塑艺术的写实风范。

战争时期，他为民族英雄塑像，创作了一系列讴歌中国

◀ 刘开渠《川军出征抗日阵亡将士纪念碑》（又名《无名英雄纪念碑》），1944年立于成都

◣ 刘开渠《李家钰骑马像》，1945年

人民的革命业绩和英雄气概的作品，以强大的艺术感召力激发国人的民族精神和爱国热情。其中，1935年创作完成的《一·二八淞沪抗日阵亡将士纪念碑》是他回国后创作的第一座户外纪念碑雕塑，也是中国首座抗战纪念碑雕塑，纪念碑包括两个站立的军人铜立像以及《纪念》《抵抗》《冲锋》《继续杀敌》四块石浮雕，表现出爱国志士沉着应战，英勇抗敌的大无畏精神，这是他对东西方之间艺术与民族精神相融合的首次尝试，也为他之后纪念碑雕塑事业的开展奠定了基础。1937年，为纪念在滕县保卫战中殉难的将领王铭章，在当时大轰炸，条件非常艰苦的情况下，他带领全家及王朝闻、梁洽民、曾新泉等人，亲自翻砂铸铜，完成《王铭章将军骑马像》，被赞誉为东亚现代雕塑上，最足称道之作品。1944年完成的《川军出征抗日阵亡将士纪念碑》（又名《无名英雄纪念碑》）是这一时期的代表作，他塑造了一位坚实、刚毅的战士的形象，概括表现了当年300万川军在艰苦条件下离开家乡，坚定走向抗日战场的英雄气概，这座雕塑也成为中国抗战历史的光辉象征，产生广泛影响。刘开渠先生深受延安文艺座谈会的影响，在创作抗战题材的同时，他的视

刘开渠《农工之家》，1945年

野始终关注在普通百姓的现实生活中，这是他艺术服务人民观念的体现，认为在艺术创作中"内容决定形式，生活是艺术的源泉"。"使中国雕塑从以宗教等题材为主的道路上，转向以反映现代社会，社会生活为主。"他强调作品要独创和出新，"不是仅仅在形式上玩花样，是要创造出新形象、新意境、新思想、新的时代精神来"。40年代重庆郊区的生活经历促使他以工农形象作为题材创作了大型浮雕作品《农工之家》，他认为"这是我真正完全按照自己意愿完成的一次大型创作"。作品以一位乳子的农家母亲形象为中心，展开了一幅工人、农民劳动生活的立体画卷，表现男耕女织、田园生活的理想追求，造型采用高浮雕和浅浮雕相结合的方式，层次丰富、主题鲜明突出，作品内容紧扣时局变化，反应时代背景下人民对幸福生活的渴望，这也是中国雕塑史上首次真正以普通劳动人民的现实生活为题材的现实主义作品。刘开渠先生这一时期的创作奠定了他雕塑事业良好的开端，也确立了中国现代公共艺术的审美标准和时代价值，雕塑等公共艺术形式所独有的美育功能和社会意义开始受到重视。

新中国成立后，刘开渠先生顺应时代号召，于1953年参与创作具有民族特色的人民英雄纪念碑，这是新中国建立

1956年刘开渠等人在研究创作，左起张松鹤、萧传玖、王临乙、滑田友、刘开渠、王丙召、曾竹韶

后第一个由国家兴建的大型纪念碑，也是新中国美术史上最为重要的大型公共艺术工程。刘开渠先生作为设计处处长并兼美工组组长，为纪念碑设计及建设工程的顺利进行做出了重要贡献，除了负责整体设计工作，他还承担了碑正面《胜利渡长江解放全中国》《支援前线》《欢迎解放军》三幅浮雕的创作，作品整体构图以两幅精炼的小幅画面衬托出中央红军渡江画面的磅礴气势和强烈的进击节奏，高低浮雕的不同层次表现人物与环境的紧密关系，彰显渡江战役中无所畏惧、勇往直前的英雄气概，三件浮雕30余个人物形象的刻画高度凝练、朴素沉稳而富有内在生命力，以中国传统雕塑艺术风格融合西方写实技法，表达中国审美意蕴和民族精神，成为歌颂中国革命历史和劳动人民的代表作，是新中国成立以来造型艺术创作的里程碑式的作品，也开启了新中国城市公共艺术建设的前奏。1976年，毛主席逝世，党中央、国务院决定修建毛主席纪念堂，由刘开渠先生担任艺术指导，集中全国各地优秀的雕塑家创建堂内毛主席坐像和堂外

↗ 刘开渠《毛泽东像》，1958 年

↘ 刘开渠《周恩来浮雕像》，24cm×24cm×1.5cm，铜，1980 年创作于北京（中国美术馆藏）

→ 刘开渠《马克思恩格斯浮雕像》，24cm×23.5cm×1.5cm，铜，1956 年创作于北京（中国美术馆藏）

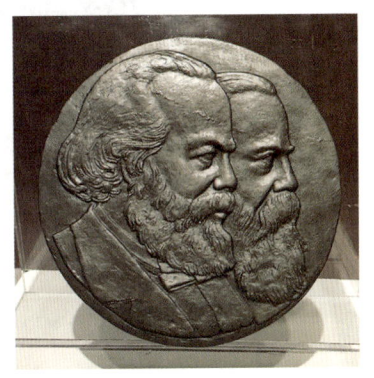

四组大型群雕。在此期间，他还为毛泽东、周恩来等革命领袖，以及蔡元培、鲁迅等文艺界代表人物塑像，寄托艺术家的深厚情感并激发人民的崇敬之情，这些服务于时代和人民的作品思想性和艺术性高度统一，在我国现代美术史上占有重要地位。

中国美术馆是新中国第一个国家级美术博物馆，刘开渠先生于 1963 年担任中国美术馆首任馆长，带领全馆职工努力贯彻"二为"方向和"双百"方针，制定美术馆有关收藏、保管、研究、陈列、展览以及藏品研究出版和对外交流等总体规划，为把中国美术馆建成具有中国特色的高层次的国家美术博物馆做出突出成绩。刘开渠先生认为收藏是现代美术

刘开渠创作《胜利渡长江》

史分析研究与陈列的基础，馆内人员应以研究和宣传馆藏作品为主要任务。他提出中国美术馆要将收藏、藏品保护与研究、策划、展览、公共教育、国际交流等方面结合起来进行整体性研究，他在工作中强调"美术馆是事业单位，不能单纯追求利润，要重视精神文明建设，大家应齐心合力搞好美术事业"，这为之后美术馆的发展确立了基本工作理念。

改革开放后，刘开渠先生提出城市公共艺术是社会主义物质文明与精神文明标志的观点，1981年他在《光明日报》发表题为《谈谈北京市城市规划问题》的文章，提出以雕塑美化城市和园林的问题，认为北京应当按美的规律建设，使它成为既是我国文明古都而又是现代化的城市。他呼吁全国各地重视这个问题，把城市雕塑作为精神文明建设的一项任务来实施。在他主持下，由中国美术家协会于1982年向中央提出《关于在全国重点城市进行雕塑建设的建议》，得到

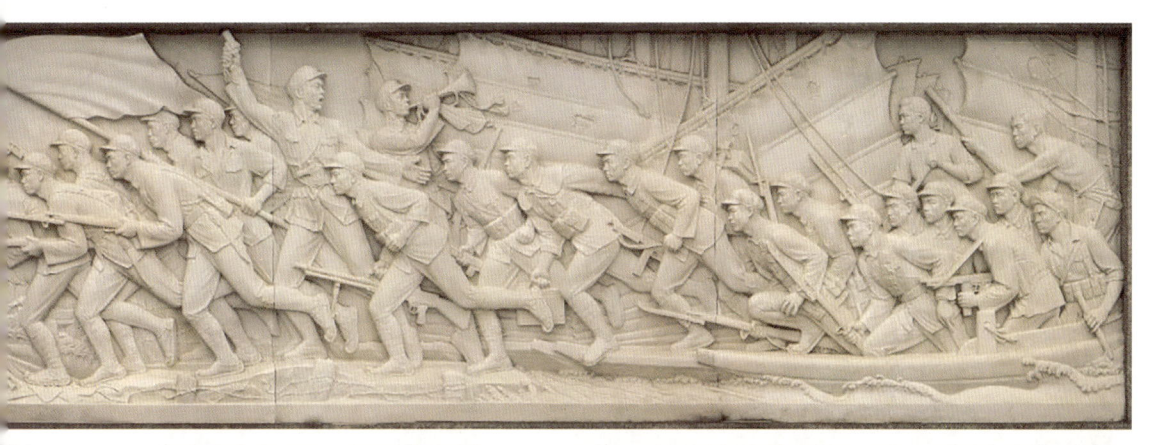

↑ 刘开渠《人民英雄纪念碑浮雕·胜利渡长江》，200cm×612cm，汉白玉，1958年

↑ 刘开渠《人民英雄纪念碑浮雕·支援前线》，200cm×200cm，汉白玉，1958年

↗ 刘开渠《人民英雄纪念碑浮雕·欢迎解放军》，200cm×200cm，汉白玉，1958年

国家批准，并相继担任全国城市雕塑规划组组长、城市雕塑建设指导委员会主任。他亲力亲为，年逾80仍不辞辛劳赴各地讲学，普及城市公共艺术并紧抓创作质量，为推动雕塑艺术从室内陈列更多走向城市公共空间，美化城市环境，丰富群众精神生活，推动中国公共艺术事业的发展做出重要的引领性贡献。

刘开渠先生在致力推动中国公共艺术发展的过程中，始终没有中断对美术专业教育和社会美育普及工作的关注。

自 1933 年起任教于国立杭州艺专开始雕塑艺术教学。抗战期间，随校辗转于湘、贵、川，1949 年出任杭州艺专校长，1951 年任中央美术学院华东分院院长，1959 年任中央美术学院副院长，并先后主持美院第二、三届雕塑研究班的教学。1990 年当选为国家教委艺术教育委员会副主任。刘开渠先生为社会培养了一大批卓有成就的艺术家，在教学中，他注重学生造型基本功和创作能力的训练，注重引导学生用社会发展的观点，正确的观察、了解中外艺术现象，强调个人风格与民族风格相统一，民族气派与时代精神相统一。在中国雕塑教育和公共艺术事业起步的关键时期，刘开渠先生在雕塑教学方面的理论建构具有重要的启蒙意义。

↖ 首都人民英雄纪念碑全体干部合影，1956 年 7 月 11 日

↑ 刘开渠《鲁迅像》，1948 年上海

↑ 刘开渠《女青年像》（又名《向新时代致敬》），1984 年创作于北京

刘开渠先生的艺术与时代发展同步伐，与国家命运共呼吸，将个人理想与民族的进步、社会的发展紧紧相连，他参与伟大时代的塑造，以公共艺术回应时代需求和人民需求，而时代也雕塑了他的精彩人生。

附：刘开渠主要著作及代表作品目录

一、主要著作

1. 刘开渠：《刘开渠雕塑集》，北京：人民美术出版社1961年版。
2. 刘开渠：《刘开渠美术论文集》，济南：山东美术出版社1984年版。
3. 刘开渠：《雕林漫步》，沈阳：辽宁美术出版社1984年版。
4. 刘开渠：《刘开渠雕塑集》，济南：山东美术出版社1987年版。
5. 刘开渠：《刘开渠作品集》，合肥：安徽美术出版社1992年版。

二、代表作品

1.《一·二八淞沪抗日阵亡将士纪念碑》（统称《淞沪抗战纪念碑》，1935年立于杭州）

刘开渠回国后创作的第一座户外纪念碑雕塑，也是中国首座抗战纪念碑雕塑。这座体现民族精神的雕塑是对雕塑普及和激发爱国热情的极大呼喊，被视为刘开渠纪念碑雕塑事业的良好开端。

2.《抗日阵亡名将王铭章纪念碑》（又名《王铭章将军骑马像》，1939年立于成都）

1937年，应徐悲鸿和熊佛西之邀创作《王铭章将军骑马像》，在当时大轰炸、条件非常艰苦的情况下，带领全家及王朝闻、梁治民、曾新泉等人，亲自翻砂铸铜，完成了当时成都最高的雕像。

3.《川军出征抗日阵亡将士纪念碑》（又名《无名英雄纪念碑》，1944年立于成都）

1942年受邀创作，并于1944年立于成都东门外的广场上，成为中国抗战历史的光辉象征，影响甚大，是刘开渠最有影响的作品之一，也是体现其艺术成就的经典之作。

4.《孙中山先生坐像》（铜，1944年作于成都，中国美术馆藏）

1944年，刘开渠应成都市市长余仲英邀请创作《孙中山像》。作品基座较高，从空间上使人产生敬仰、怀念之情，而从作品塑造上看，又表现出孙中山先生慈爱、忧国忧民的神态。

5.《李家钰骑马像》（1945年）

雕像是抗日战争胜利后，政府为纪念李家钰将军抗日阵亡，彰显其抗日事迹而立。刘开渠在抗战期间创作了大量的抗战题材作品，其作品数量和影响力在雕塑家中堪为之最。

6.《农工之家》（1945年）

这是由刘开渠第一次自主创作，用雕塑形式反映现实生活，将工农形象作为创作题材的大型浮雕作品，在中国雕塑史上是一个开端。

7.《人民英雄纪念碑浮雕》（1952—1956年创作完成，1958年立于北京天安门广场）

刘开渠担任纪念碑设计处处长兼美工组组长，并承担了碑正面《胜利渡长江解放全中国》《支援前线》和《欢迎解放军》三幅浮雕的创作。这座纪念碑是新中国成立以来造型艺术创作的一件里程碑式的作品，也是新中国城雕建设的前奏与序曲。

8.《马克思恩格斯浮雕像》（24cm×23.5cm×1.5cm，铜，1956年创作于北京，中国美术馆藏）

20世纪50年代刘开渠受中央编译局委托创作的《马克思恩格斯选集》《列宁选集》《斯大林选集》《毛泽东选集》封面浮雕作品。他倾注了很多心血，人物形象刻画准确到位，是一组可视为雕塑教科书的经典浮雕作品。

9.《周恩来浮雕像》（24cm×24cm×1.5cm，铜，1980年创作于北京，中国美术馆藏）

1976年，周总理逝世，刘开渠把全副精力和满腔热情都倾注在总理塑像上，反复推敲，反复修改，不仅用手，而且用心，完成他酝酿的时间最长、花费精力最多的《周恩来总理像》《周恩来浮雕像》《周恩来立像》，倾注了他对周恩来的深情厚谊。

10.《蔡元培胸像》（1947年作于上海）

对刘开渠一生影响最大的是蔡元培和鲁迅两位先生，蔡元培先生的支持与鼓励使他走向雕塑之路,成为中国现代雕塑的开拓者和奠基人。他一生多次创作《蔡元培像》,以表达他对先生的崇敬和感恩之情。

11.《向新时代致敬》(82cm×54cm×43cm,1984年,中国美术馆藏)

改革开放后,刘开渠以女儿刘米娜为模特儿做了汉白玉女像,作品所反映的时代精神引起了观众强烈的共鸣,这是刘开渠在新时期看到中华民族走向光明的希望,也是他心中点燃的理想之光的象征性表现。

参考文献

[1] 纪宇:《雕塑大师刘开渠》,济南:山东美术出版社1985年版。

[2] 纪宇:《雕塑人生 刘开渠传》,广州:花城出版社1986年版。

[3] 纪宇:《青铜与白石——雕塑大师刘开渠传》,北京:人民文学出版社1986年版。

[4] 杨力舟主编,中国美术馆编:《艺术大师刘开渠 纪念刘开渠教授九十诞辰暨从事艺术活动七十年》,北京:中国和平出版社1993年版。

[5]《人民艺术家刘开渠 纪念一代雕塑大师刘开渠诞辰100周年》,刘开渠纪念馆,2004年。

[6] 裴建国:《金石铸成时代书 刘开渠评传》,北京:中国水利水电出版社2014年版。

[7] 吕章申主编:《开渠百年 纪念刘开渠诞辰110周年作品集》,合肥:安徽美术出版社2014年版。

[8] 杨成寅、林文霞编著:《刘开渠雕塑论》,杭州:浙江人民美术出版社2016年版。

[9] 李万万、米洁编著:《刘开渠与二十世纪中国美术》,南宁:广西人民出版社2016年版。

[10] 杨桦林编:《中国美术学院名师典存 刘开渠美术文集》,杭州:中国美术学院出版社2018年版。

韩美林 | 学高为师

韩美林（1936— ），山东济南人，艺术家，清华大学教授、学术委员会副主任。创作范围广泛，包括绘画、书法、雕塑、陶瓷、设计及至写作等。艺术风格独到，注重从中国两汉以前文化和民间艺术中汲取元素，并转化为体现现代审美理念的艺术作品，代表作包括中国国际航空公司航徽、2008年北京奥运会吉祥物福娃、巨型城市雕塑《迎风长啸》《丹凤朝阳》等。

文艺之根：
韩美林艺术的人民性 *

➡ 韩美林参观山东工艺美术学院中国民艺博物馆，2004 年

己亥新春，"韩美林生肖艺术大展"在故宫博物院举办，是生肖文化、历史传统、艺术创作的一次融会与诠释，为我们理解和感受亘古不息的生命之音、文化之韵、艺术之美提供了一个生动而精彩的视角，也使更多的民众能近距离欣赏

---

* 2019 年 1 月 5 日，"韩美林生肖艺术大展"在故宫博物院举办，展览以韩美林的"生肖艺术"为核心，选择了绘画、书法、雕塑、陶瓷、紫砂、木雕、铁艺、民间工艺等使用传统媒介的创作类型，本文为此展览的评论。

作者参加"韩美林生肖艺术大展"学术研讨会，2019年

韩美林的艺术作品。

一、喜闻乐见的生肖艺术

我国的生肖文化源远流长，融入人生礼仪，也体现在生活的许多方面，可以说从一个生命的诞生之日起就与生肖联系在一起，记载年月时辰、区分辈分年龄，生肖是人生时光的轮回，是我们与天地自然的联系，也是绵延至今与远古图腾的一种文化脐带。古往今来，形成了关于生肖文化的丰富创造，民间的年画、剪纸、泥塑、印染等，都有丰富多彩的生肖形象，其中有约定俗成的图式，也有老百姓变化无穷的创造，往往与不同的工艺材质、地方风物、节令习俗等相结合，包含丰富和深邃的文化内涵与艺术韵味。

韩美林从艺术家的视角诠释和表达生肖文化，深入发掘传统文化和民间艺术的精粹，探索语言创新，作品具有亲和的艺术生命力，充满自由、清新与朝气，形成了生肖文化的艺术凝练与创新，是生肖文化艺术的一种创造性传承与表达。比如韩美林设计创作的己亥年生肖邮票，一居所、一口

"韩美林生肖艺术大展"在故宫举办，2019年

猪，诠释了我国农耕社会"家"的概念，无论是远古时期屋室之内以野猪为祭，而引申出家庭、群落之义，还是屋内养猪，有饲养、有衣食生活的基础，创作都追溯本源，诠释了最朴素美好的内涵。邮票第一图名为"肥猪旺福"，肥猪肚藏乾坤，憨态可掬，以奔跑的动态表现灵动生风的喜感，象征着正在奔向美好的生活；第二图名为"五福齐聚"，是首次在一枚生肖邮票中完整体现"全家福"的概念，两只大猪和三只小猪同时出镜，其乐融融，寄托新春佳节合家团圆、五福临门的美好祝福，惟妙惟肖的形象、"家"的核心概念、朴素的生活愿景在方寸之间得到表达，充满了生命力和创造力，可谓一生肖、一人生，十二生肖，多彩世界。

二、赏心悦目的创作活力

韩美林是极具创作活力的艺术家，六十年来他一直为老百姓创作，深受老百姓喜爱。来自民间、回馈民众的创作理

韩美林《牛》，70cm×22cm×39cm，青铜

韩美林《猴》，绘画，39cm×35cm，宣纸，2000年

路，彰显了韩美林艺术的人民性。

　　韩美林学习民间的审美情趣和创作意向，深入探究传统造型规律，他的岩画、铭文、古陶等创作中，可以看到民间年画、剪纸、刺绣、木雕、泥塑的符号，体现了"和谐"的

韩美林签字赠书

自然观。韩美林不仅扎根民间，从民间艺术土壤中汲取养分，而且深入生活、表现生活，爱人民之所爱、歌人民之所歌，坚信广袤的土地就是自己不竭的创作源泉，坚持民间采风，几十年来，从山东、河南到陕西、宁夏，从云贵腹地到江浙水乡，"和老乡同画、同唱、同舞、同聊、同哭"，把创作的根扎在生活中，落实在生活中，以饱满的创作热情，把自己对生活的理解、对美与善的执着追求融入作品，表现人生乐观、朴素的生活美学精神，他的作品是对生活的礼赞，向真向善、童心未泯，给人美好和希望。坚守中华传统，表现人民生活，也是 20 世纪中国艺术家的文化品格。

韩美林的艺术成就也让我们进一步思考当下的艺术教育理路，如何把民族的传统融入艺术创作中，把中华美学精神和艺术创造力传承好、发展好，把教育与创作落实在具体的传统造型体系、生活美学的建设与发展中来，都是具有关键意义的命题。

韩美林设计的生肖龙艺术作品

三、扎根生活的艺术道路

韩美林不只是民间文化的自觉传承者，更是中华优秀传统文化的转化创新者和传播者。他传承中华传统造型体系的构型规律，将传统艺术元素生活化，形成了自己的艺术创新之路。

韩美林将自己定位为中国民间文化的接班人，这种深厚的民族情感促使他在民间艺术的沃土中不断翻新自己的创作灵感，将传统图式与其独特的造型观念融为一体，他的作品摆脱了传统意义上艺术特征与创作理念的约束，在造型形象、文化特征等方面上实现了新的突破，促成了传统民间艺

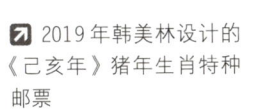

2019年韩美林设计的《己亥年》猪年生肖特种邮票

韩美林陶瓷作品《山花烂漫》

术的创造性的当代转化，彰显当代中国艺术风格。在60余年艺术生涯里，他广涉绘画、雕塑、工艺美术、民间艺术、设计、书法等领域，将"古老的现代"作为艺术创作的方向，推动中华优秀传统文化的现代转化，在充满动感的生命活力和激情的创作中展现民族文化的魅力。从国航标志、奥运福娃、十二生肖邮票设计，到大型公共艺术、绘画艺术、工艺美术等，他的作品不仅有文化传统的血脉、当代生活的底蕴，

而且形成了独特的中国当代艺术语言，艺术样式多样，艺术风格独到，作品得到大众认同，成为艺术与设计的审美引领，对中国乃至世界当代艺术产生重要影响。

　　来自民间，回馈民众，韩美林一直是艺术服务人民的践行者。从20世纪70年代开始，韩美林的动物绘画与生肖艺术结合在一起，影响了几代人。80年代，韩美林的"艺术大篷车"行驶在国内外众多的文化现场，下乡、进厂、入基层，发掘美，传播美，创造美。他是有责任感的艺术家，曾以设计帮助许多濒临倒闭的陶瓷厂，也常常帮助民间艺人，他的创作让人们感受到民族文化艺术历久弥新的生命力，他不断探索艺术之美的传播之路。正如今年故宫生肖大展的"艺术魔墙"环节，又是一次重要创新。在信息高度发达、大众传媒快速发展的今天，传统的阅读方式、传播方式和审美习惯发生改变，因而就推动艺术作品资源的数字化转化、创新艺术品呈现方式与交流方式做出探索与创新。韩美林的艺术富有综合创造性和创新精神，他执着于文化精神追求，注重艺术语言创新，注重装饰艺术的拓展，20世纪，他开创了艺术的跨界融合，开创了当代雅俗共赏的艺术风格。可以说，正是人格的本真造就了艺术语言的本真性，艺术风格的形成与文化的深层自觉密不可分。

　　韩美林的艺术传承、创作与传播，带给我们许多启示，来源生活，回馈民众，充满昂扬向上的生命力，就是艺术的真谛。

各美其美：
读"美林的世界"有感*

"美林的世界·韩美林八十大展"在中国国家博物馆举办，2016年

这次展览是韩美林先生的八十大展，也是他经典作品和新作的集成的一次重要的学术活动，展览气势如虹，震撼人心，以巨大的体量、丰沛的内容，展示了韩美林先生八十年

---

* 2016年12月21日，"美林的世界·韩美林八十大展"在中国国家博物馆开幕，此文为作者为此次展览所作的评论。

↑ 韩美林创作生肖艺术作品

春华秋实磅礴的创造力，展览用编年史的方式，通过"时间轴"展现了韩美林艺术的探索方向和追求本质，更在"草木皆宾""泥土的光芒""展翅的凤凰""远古的呼唤""神遇而迹化""和平守望"等展览单元内容上，荟萃了韩美林在书法、绘画、紫砂、陶瓷、雕塑、设计等各方面几十年的探索成果。作为韩美林先生"全球巡展"的第二站，展览选在丁酉春节年味儿最足的时候在中国国家博物馆举办，具有丰富的内涵和寓意，既是艺术家穿越历史时空、贯通艺术门类、参透生活肌理的创作展示，更是国人在传统节日里集体回溯和守望乡土乡愁的背景下，对"根在何处"的创造性阐释和解答，是百余年来中华艺术精神"往何处去"的创造性阐释和富有意味的作品的解答，带来不寻常的意义和启示。

今天的艺术发展不能脱离民族文化的根基，传统文化与

→ 韩美林作品《鸡》，绘画，70cm×70cm，宣纸，2004 年

艺术精神的传承也需要载体、需要赋形、需要蓬勃更新的创造力的维系，如果失去了相应的意象、物质、技艺等承载，内在的观念和精神也将凌空虚蹈，难以在广泛变化的生活中扎根生长、延展和提升。韩美林以自身贯通各门类的创作回答了这一社会的问卷和时代的命题，以艺术实践深刻阐释了中华艺术精神的本质和传承发展的路径。

一、传统造型体系的传承者

韩美林是传统造型体系的传承者，从研习中国岩画、传统书法、民间绘画、传统图案和图形中，提取有代表性的艺术语言，作为创作的基础和创新的来源，并将其发扬光大，传承中华传统造型体系的谱系，实现了创造性地发展，形成

韩美林《凤椅》，艺术家具，52cm×64cm×142cm，木，2014年

了独具匠心的艺术风格。韩美林直言："搞创作还有一个民族性的问题。'一方水土养一方人'。我吃中国的粮，喝中国的水，熟悉这块土地，所以找表现中国的东西就得心应手一些。就说中国古代的那么多艺术和民间的东西吧，丰富得取之不尽用之不竭，我离开中国就可能面临才思的枯竭，我不表现中国的风格和气派，外国人也不认。好比外国人给你他写的中国书法，你也难以接受一样。"这道理朴素深刻，特别对于盲目追捧效仿西方的观念技法、漠视甚至不惜肢解自己民族艺术传统的现象而言，是一种醍醐灌顶的启示，不仅犀利，也是一种示范。

艺术要有根基和土壤，从远古、从传统、从民族的文化创造中汲取养分，是历史的、记忆的、生命血脉的融会贯通。所谓的文化符号、视觉语言绝不是单纯的形式，更积淀着一个古老民族日积月累的情感，即使记忆变得模糊蒙昧，这些视觉的意象也能唤起远古的记忆和情感，穿透历史时空，留下默契和感动。正如《天书》中那三万多个沉淀在历史深处的文字和符号，神秘而又亲切，是表意的工具，是造型的艺

韩美林《鼠瓶》，陶瓷，33cm×33cm×42cm，2018年

术，是视觉上的美和感动，息息相通，意味深长。所谓"美是几万年、几十万年在辛苦而沉重的生存竞争中完成的一个典型"，对传统造型体系的传承，就是对这一"美"的守护。

几十年来，韩美林不曾用西方的观念来改造自己，坚持自己的方式传承传统艺术，在本民族的造型母体中寻找自己的语言，走到传统意象、符号的精神深处，从而传承转化、积蓄创造，完成自然的创作。他的《天书》《奔马图》《钱王射潮》以及《紫砂系列》《青瓷钧瓷系列》等作品，充满大胆浪漫的想象，包含简约深邃的人文精神，能透过久远的年代传达民族生命精神的共鸣，其中也融入了艺术家的个性才情。作为传统艺术造型体系的传承者，韩美林的艺术达其意、承其神，写意赋形，为传统造型体系注入了自己的活力，增添了新的气象。传统造型体系的传承，是形的传承，更是内里精神活力的传承，从心出，超象外，入寰中，韩美林做出了精彩的阐释。

二、传承民间艺术发展的倡导者

韩美林是传承民间艺术发展的倡导者，在数十年的创作中，一直在学习汲取民间艺术形象、民间艺术图案、民间

韩美林生肖艺术作品

艺术色彩的精神，从早期的水墨动物小品到生肖设计作品，民间艺术精神一直是他创作的风格和特色。他有炽热的民间情怀，他的民间大篷车行走万里，联系的是民间文化生活和民间艺人感情，创作了一批有鲜活生活的艺术形象。他说："我走了半辈子，这才找到艺术的家，那就是民族的、民间的东西。现代艺术的创作与古老传统的结合，就是我要走的新路。"他说"为什么我画一辈子，再画一辈子，都不会画重样？因为我的脚就踏在这个土地上，我跟这样的人民在一起，同画、同唱、同舞、同聊、同哭。"这是对民间生活世界的发现、关注和表达，把创作的根扎在生活中，落实在最普通不过的生活百态上，转化为典型的图案和色彩，表现民间的生活美学精神，乐观、朴素、充满热情，是每一日每一月每一年不断演进的生活的歌唱。

韩美林无穷的创造力来自民间，他的绘画、设计、雕塑、铁艺、陶瓷、紫砂在民间生活和文化滋养中孕育，以民间造物精神和对生活的理解、对美的追求，实现了造型与美的结

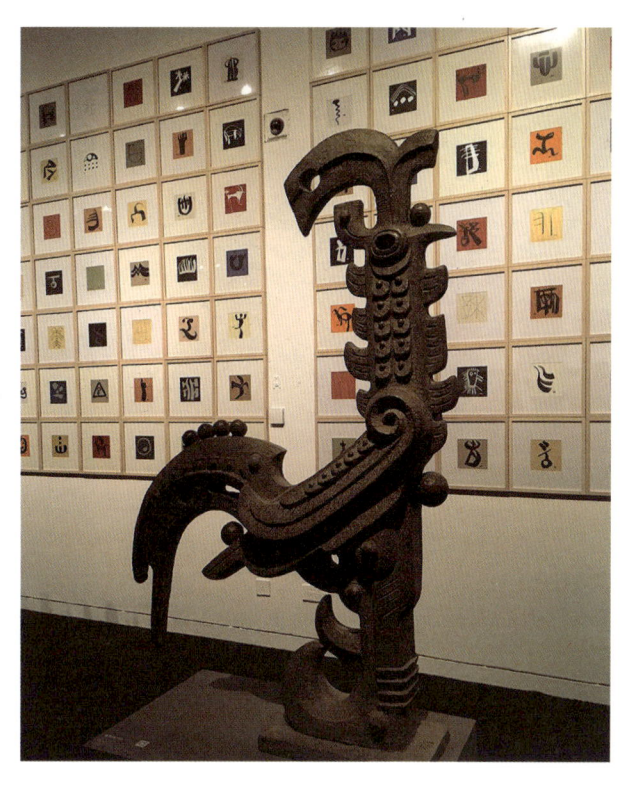

↑ 韩美林陶瓷艺术作品

↗ 韩美林雕塑艺术作品

合、器物和观念的结合、实用和幻想的结合。他的山东布虎融汇山东民俗的视觉表征，诠释了乡土艺术的真谛；他的印染花布传承传统图案母题与形态，赋予了新的意境追求。他热爱乡土，抓住了民间艺术自由真诚的灵魂，率真热情地加以阐释和表达，他回归生活的创作产生了更广更深的影响力，老百姓喜闻乐见，不少作品家喻户晓。韩美林说"我酷爱民族和民间艺术，我一生也不能离开这个'根'，它是抚育每一个中华大地艺术家的母亲。等我们长大成人了就得自己站、自己走、自己养自己。在困难面前或是在胜利面前，不要忘记回一回头，看一看这个抚育你的母亲。不要一辈子不断奶，但也不要跟着别人去姓人家的姓。"民间艺术不是渐行渐远的记忆，而是最鲜活的生活之美，是我们天涯海角岁月变迁不可出离的根。

韩美林不只是实践自己的创作，更以艺术反哺民间，不少老手艺因为艺术大家的加入绽放异彩，紫砂壶、钧瓷、琉璃等不少民间工艺的厂子，因为他的创作、设计走出了一条发展的新路。正如他以艺术家身份参与工艺大师紫砂创作，传承民间匠创与文人参与的形式，但不是对成壶的点缀题跋，而是以艺术家和设计师的心境从事创作，营造了紫砂壶另一番天地。传统民间艺术文化符号是我们共同的"家"的象征，它的延续需要这样的创造力、生命力与挚爱情怀的滋养和维系，韩美林对于发展民间艺术身体力行的倡导，富有影响力，启示良多。

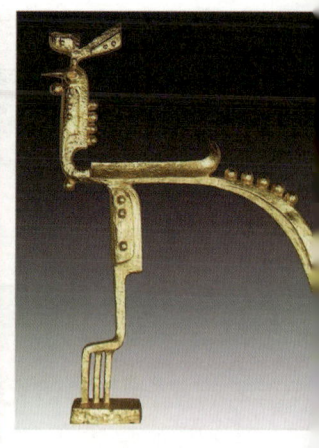

↖ 韩美林《金猪》，雕塑

↑ 韩美林《金鸡》，雕塑，青铜贴金，2001 年

三、设计转化应用的创新者

韩美林是设计转化应用的创新者，他的作品重在审美与应用相结合，服务民生需求，传达文化精神，从国航的标志、广场的公共艺术到家具陈设、陶瓷印染，艺术与设计给他提供了广阔的创新空间，也使他对民族民间艺术的传承与创新推进到生活的深处，开拓了人们感知民族文化艺术的空间。韩美林提出："设计应该既是传统的，又是现代的，中华民

→ 银川韩美林艺术馆

族有自己的传统,有民族艺术,中国的艺术设计应当强调民族性、历史性,同时又要有独立的创新精神,让传统文化在当代获得新的生命,必须重视传统,也必须重视创新,没有这两个我们没法前进。"其实,无论是平面设计里的图形符号,还是日常用品的造型,其中都沉潜着生活的审美经验,凝结着心理与情感的活动,溯其根本,正是对民族文化的共同经验、共同情感记忆的发掘和延续,在应用功能之外,还将增进精神认同与情感凝聚,并激发人们对于审美经验等更高的追求。历史变迁中"有许多民族是死亡了,他们的文明泯灭了,他们的文化符号消失了,或虽然存在却不再发生作用,也没有再创新的文明,便被时间压服,成了失败者",创造性的传承、转化、创新和推广,意义深远,它不只是艺术家自身的探索和创造,也是历史文脉的接续,是民族心灵之心的回响。

今天的中国设计需要这样厚植的文化基础,以有形的、日用的、生活中普遍应用和接触之物为载体,深刻发掘和塑造属于我们民族的生活世界和生活境界，就像先民在彩陶的制作与应用中融入了浑朴厚重的精神，在青铜里熔铸了礼仪法度的古老的中国，在漆器里诠释盛世的气象，在瓷器、家具、园林中维系生活的情思。正如韩美林的一系列雕塑作品，在公共艺术设计中融会传统的民族元素，阐释和平、发展的时代精神和母爱亲情等永恒主题，从有形的雕塑深入到无形的文化凝聚、情感维系和精神追求层面，在当代社会空间中展示地方的自然禀赋和社会风貌，表现社会的文化特色和价值认同，诠释社会的历史和当下，揭示潜在的传统和增长因素，启示人们超越物质的鸿沟追求更高的德性与永恒之美，发挥了艺术文化无形的引领作用。总之，设计是有根的，工艺是有魂的，设计的发展要激发内在的文化生命力，就像韩美林一系列精彩的创作与诠释，真正使美成为生活的一部分。

"美林的世界"引人遐思，细读展览，有很多感慨和感动。画如其人，韩美林的艺术语言与他的性格一样，单纯朴素，深厚博大，作品所传达的是他的底气与自信。他不仅以非凡的艺术才情和创造力贯通各领域，成就了一系列名作杰作，更是以赤子之心去发现和表达一切动人之美，是我们民族艺术精神的寻觅与复兴。韩美林先生的创作贯通了历史文化的血脉，启示我们重新思考其中的意义和价值。记得《百年孤独》开篇有云"这是个崭新的新天地；许多东西都还没有命名，想要述说还得用手去指"，既在文脉之中，又超越了所有概念和程式，指引我们向更渺遥的地方去，包含着无限新的可能。

一壶天地：
韩美林紫砂壶设计的美学境界 *

→ 韩美林先生与作者在"美林的世界·韩美林八十大展"开幕式上的合影，2016年

韩美林是艺术大家，以非凡的创造才情和对传统的深刻理解、对生活的独到发现，创作了一系列有鲜明民族文化精神和个人风格的作品。其中，紫砂壶设计是生活美学的鲜明体现，融会紫砂工艺传统，阐释生活文化境界，饱含对茶

---

* 2016年12月21日，"美林的世界·韩美林八十大展"在中国国家博物馆开展，展览展出韩美林自2011年国博艺术大展之后创作的全新作品约五千件，内容涵盖多个艺术门类，此文为作者针对韩美林先生紫砂作品所作的评论。

← 1984年，韩美林与顾景舟共同探讨紫砂工艺

具的浪漫想象，更有一壶天地的大千气象，形神兼备，艺象天成。

应该说，紫砂作为一种传统民间工艺和文人雅致生活结合的工艺器用，历史悠久，形成了成熟的工艺体系，经过了镂金错彩、诗书画印刻融入，以及仿古与创新兼备的发展过程，在传统紫砂创作领域里，制作技艺已成为一种民族创作形式的标志。但如何突破审美程式化，注入文化与艺术灵性，使人紫砂内涵不因技术的成熟而磨灭，是包括紫砂在内的诸多传统工艺美术面临的问题。韩美林以沉雄博大的艺术创造力，驾驭紫砂设计，通神韵、破程式、求灵动，改变了传统紫砂样式，突破了传统紫砂造型的光货与花货程式，让紫砂壶适应自己的艺术语言，利于工艺的创造，开时代之先河。

韩美林早年就倾心紫砂艺术，以艺术家身份参与工艺大师紫砂创作，传承民间匠创与文人参与的形式，但异于对成壶的装饰、刻画与题跋，而是以艺术家和设计师的心境从事创作，创造了紫砂艺术新境界。他充分汲取民间工艺传统，突出民间匠作传承，器型上继承明清以来紫砂名家的井栏、西施、一粒珠、印包等经典壶型特色，基底上保留作为文人雅器的独特韵味，形成雅致内敛的艺术风格。他的设计既遵循传统紫砂艺术严谨规整的工艺法度，同时延续了自己装饰艺术的个性特征，融入鲜明的个人创新风格，在制形方面借鉴了"天书"的意匠表达，美学意趣独具一格，在那些介于紫砂光器与花器之间的壶型中，韩美林对紫砂装饰性的概括和来自"天书"线条元素的引入成为一种鲜明的符号特征。他注重设计创意构想，从传统制壶中走出来，从形态变化寻找艺术语言，仿生鸟形、几何方形、筒式柱形等成为韩美林区别传统样式的语言，创造性地转化了固有模式，打破了民间紫砂制器的程式化藩篱，形成了自身独有的制壶样态，走出了紫砂艺术创新的一条有效路径。他注重工艺的完美追求，独到地运用图形规律表达壶的审美与实用特质，壶型强调结构协调，功能上讲究舒适好用，造型细节将壶嘴、壶把、壶钮等部位作适度夸张，从不同视角欣赏都能获得一种整体的和谐美感，由心而生，自然而然，宛若天成。严谨的工艺尺度中保留了互应的关联与气息，从艺术构想到设计方案都体现了紫砂工艺制型的价值所在和他超凡的匠心。韩美林把中国传统器物的型制融入一壶之中，心中有形，造型有神，计划有

↑ 20世纪80年代初，韩美林（右三）与宜兴紫砂工艺师交流

↗ 从左至右：周桂珍，顾景舟，汪寅仙，韩美林

韵，意匠有道，凸显了紫砂壶的材质之美、造型之美、气韵之美和实用之美，有礼器之庄重、赏器之典雅、用器之朴素，体现了紫砂设计造化之妙。

紫砂承载着一个以饮茶为表象的综合文化体系，是日常生活起居饮食的修行，酷暑时使人觉得凉爽、天寒地冻时使人觉得温暖，用木炭烧开水的生活气息，也包含去除一切人

↖ 韩美林设计的紫砂壶草图

↑ 韩美林整理紫砂壶草图

↖ 韩美林在紫砂壶上绘制图形

↑ 韩美林在紫砂壶上绘制图形

为装点、追求朴素情趣的意味，能形成一种以茶为媒介的自由境地。韩美林的紫砂壶中尤能感受到一种气场和精神，设计突破传统工艺和器形的程式，从生活里寻求和实现对于美的理解和表达。一壶天地，一物入魂，传递着民族传统美学观念和至高的精神境界。他的紫砂壶设计讲究量材为用，注重壶形变化，尊重材料的本质，朴素天然，呈现自然之美，而非刻意施作，在简约的形制中透现着"无一物中无尽藏"的无穷意味。在其致简、致真的境界里，饱含艺术创造的才情。其中鸟形转换、方体巧用，提梁夸张，是在更深层次上以纯朴率真的方式表达了人生复杂而丰富的情感，表现了人内心深处的冲动。正如《礼记·乐记》所云："凡音之起，由人心生也。人心之动，物使之然也。感于物而动，故形于声……乐者，音之所由生也，其本在人心之感于物也。"韩美林紫砂壶设计不只是观赏之美、实用之美，更塑造和阐释了一种从民族传统延续至今的生活艺术境界，使人们从心里产生一种精神上的享受。

↑ 2016年"韩美林全球巡展"，国家博物馆展厅
↗ 2011年韩美林艺术大展，国家博物馆紫砂厅

如果说每种艺术都有自己的框架，通过框架的圈定而与外面的环境隔离开，形成一个独立自足的世界，那么韩美林的紫砂壶艺不仅取自艺术传统和不息的生活流，而且将我们带离现实从而进到它的特殊世界里。他挥洒自如从自然材质

▲ 韩美林紫砂壶设计作品

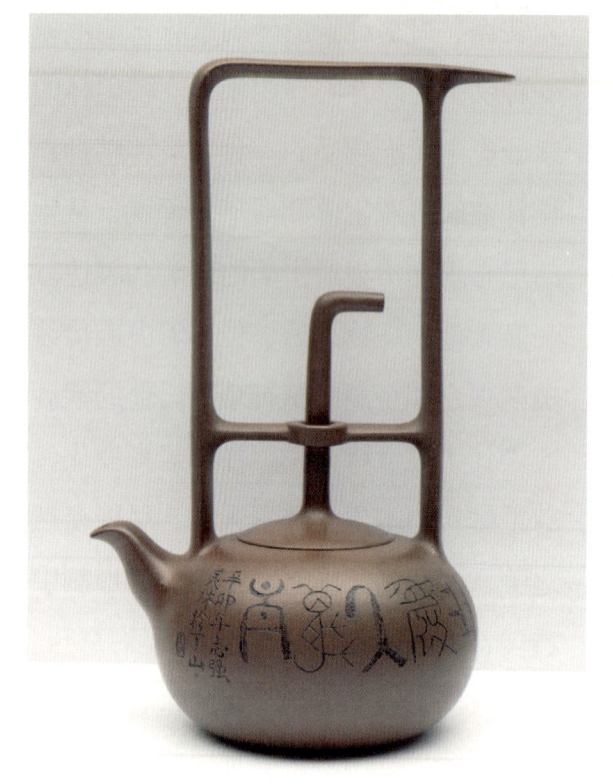

与仿生设计中截取自然界的片断，使自己的创作与整个自然紧密联系在一起，成为流动变化的自然界的一部分，一壶天地正是浩瀚宇宙的片断，是艺术构想的天际空间。同时，艺术的创造力也在于每一把壶的造型以及每一把壶都产生了丰富的遐想，将各种各样的事物联系起来，其所指代的整体因而具有丰富深刻的况味，直击心灵，正所谓真正的艺术不属于构成艺术品的那些物体，而完全取决于观看者的内心。相对于西方现代艺术倾向于净化艺术体验，并强化各类艺术之间的界限，韩美林的紫砂壶设计融工艺、材质、生活、艺术于一体，在紫砂壶的物化设计中阐释和表达了鲜明的东方美学精神。

　　一壶可容大千世界，一壶可造天地方圆。由韩美林紫

韩美林紫砂壶
设计作品

砂壶系列手稿可见创意无限，偌大的艺术创造力让人感慨良多。他始终以传统文化为根脉，取材乡土材质和民间工艺，运用当代综合的设计视野，将自己的艺术风格融入壶艺设计，个性鲜明，语言独特，实现了创造性的转化与艺术提升。这不只是一位艺术大家的造诣与成就，更是植根中国传统艺术而出新创作的深刻启示。一段时期以来，民族传统工艺美术往何处去，传统文化的当代设计转化如何实现，是很现实的命题。事实上，在做好传统工艺保护与传承的同时，应该

2014年3月作者与韩美林先生进行艺术交流

进一步回到现实生活本体，在深度和广度上发掘和塑造民族的生活方式和当代的审美意识，以现时审美需求为核心去带动工艺的传承创新，用艺术的创造发展以及设计转化到生活中应用。韩美林是探索者更是实践家，从他近期创作的紫砂壶作品中能够体会到他内心深处的担当。一位了不起的艺术家不仅勤奋耕耘不辜负天赋才情，更以自己不懈的探索和非凡的创造对时代的文化命题做出了阐释和解答。

时光荏苒，岁月如歌。回想我与韩美林老师交往这么多年，他一直把我作为家乡人，给予我很多信任和鼓励。他一直很关心和支持我从事的民艺事业，为我创办的中国民艺馆捐赠过珍贵的传统陶瓷标本，曾到访山东工艺美院与师生交流，每年他出版的新著我都能第一时间先睹为快。我习惯称他为韩老师，不仅是艺术造诣与学识的影响，还有他对生活的热情、对艺术的执着和对人对事的真诚，都深深感染和影响着我。

艺术感人，情谊暖心。一壶天地是真与美的境界，朴素隽永，一如摇曳的灯火、拂面的清风带来美好的体验与启示。

2004年11月11日韩美林先生访问山东工艺美术学院

附：韩美林主要著作及代表作目录

一、主要著作

1. 韩美林：《山花烂漫 花草纹样集 第1集》，济南：山东人民出版社1979年版。

2. 韩美林：《韩美林作品集》，北京：人民美术出版社1980年版。

3. 韩美林：《尚在人间》，济南：山东人民出版社1981年版。

4. 韩美林：《百鸡图》，济南：山东人民出版社1983年版。

5. 韩美林：《纳天为画 动物图案集》，济南：山东美术出版社1983年版。

6. 韩美林：《韩美林画集》，朱秀坤选编，合肥：安徽美术出版社1985年版。

7. 韩美林：《韩美林工艺美术作品选》，济南：山东美术出版社1985年版。

8. 韩美林：《韩美林动物画法 怎样画熊猫、马》，济南：山东美术出版社1987年版。

9. 韩美林：《韩美林铁笔线描集 百马卷》，济南：山东美术出版社1993年版。

10. 韩美林：《韩美林作品集1 百智图》，北京：人民美术出版社1999年版。

11. 韩美林：《韩美林人体画》，合肥：安徽美术出版社2000年版。

12. 韩美林:《韩美林动物画》,合肥:安徽美术出版社2000年版。
13. 韩美林主编:《第一届中国陶瓷艺术展作品集》,武汉:湖北美术出版社2002年版。
14. 韩美林:《天书》,天津:百花文艺出版社2007年版。
15. 韩美林:《韩美林人体艺术作品集 豆蔻梢头》,南京:江苏美术出版社2009年版。
16. 韩美林:《闲言碎语》,天津:百花文艺出版社2010年版。
17. 韩美林:《韩美林散文》,天津:百花文艺出版社2010年版。
18. 韩美林:《韩美林法书——草书文天祥正气歌》,北京:中华书局2011年版。
19. 韩美林法书:《礼记·礼运大同篇》,南京:江苏美术出版社2013年版。
20. 韩美林:《石魂走心 韩美林岩画艺术集》,南京:江苏凤凰美术出版社2015年版。
21. 韩美林:《韩美林岩画艺术集 古老的现代》,南京:江苏美术出版社2015年版。
22. 韩美林:《炼狱·天堂 韩美林口述史》,北京:人民文学出版社2016年版。
23. 韩美林:《拣尽寒枝不肯栖》,天津:百花文艺出版社2018年版。
24. 韩美林:《韩美林艺术大系 工艺作品》,北京:人民美术出版社2019年版。
25. 韩美林:《韩美林艺术大系 人物作品》,北京:人民美术出版社2019年版。
26. 韩美林:《韩美林艺术大系 陶瓷作品》,北京:人民美术出版社2019年版。
27. 韩美林:《韩美林艺术大系 书法作品》,北京:人民美术出版社2019年版。
28. 韩美林:《韩美林艺术大系 动物作品》,北京:人民美术出版社2019年版。
29. 韩美林:《韩美林艺术大系 大型城市雕塑作品》,北京:人民美术出版社2019年版。

二、代表作品

(一)巨型城市雕塑

1.《迎风长啸》,长42米,高7米,由500块花岗岩精雕而成,重达2000余吨,于1991年7月18日正式落成于大连市。

2.《天下第一牛》,高15米,紫铜锻造,1992年落成于山东济南金牛山公园。

3.《福泉》双虎，高 10 米，长 18 米，青铜、花岗岩雕造，1992 年落成于山东济南黑虎泉。

4.《青春之歌》雕塑，高 16 米，紫铜锻造，1993 年落成于石家庄火车站。

5.《金鸡报晓》，高 36 米，紫铜锻造，1993 年落成于山东淄博高速公路。

6.《大舜耕田》，该组雕塑长 76 米，花岗岩雕刻，2002 年落成于浙江上虞。

7.《五云九如》，长 78 米，高 15 米，青铜铸造，坐落于广州白云机场，2004 年。

8.《钱江龙》，从结构上看：上部主雕大龙和下部四条小龙为青铜铸造；中部圆球、云浪与水波纹线采用锻造铜工艺；中心支撑巨龙的核心石柱采用花岗岩石雕工艺，巨雕基座为三层花岗岩台阶，简约大气。台阶南面是韩美林手书"钱江龙"三个大字，北面是韩美林手书吴越钱王的诗作《钱江借取筑钱城》，是《钱王射潮》的副雕，高 48 米，由青铜铸造和花岗岩雕刻而成，于 2007 年 6 月正式落成。

9.《钱王射潮》，长 48 米，高 29.6 米，宽 15 米，全部采用优质锡青铜铸造而成，重达 300 余吨，于 2008 年 10 月正式落成于杭州市。

10.《火凤凰》，火凤凰象征着和平与吉祥。火凤凰整体雕塑高约 50 米，其中底座高 20 米，雕像高 30 米，雕像总重量达 270 吨，共分 4 节进行铸造和安装。2008 年落成于三亚的奥运纪念广场凤凰岛。

11.《百鸟朝凤》，高 63 米，2009 年落成，青铜铸造，花岗岩雕刻，坐落于杭州余杭。

12.《丹凤朝阳》，大型铜雕塑、唐山十大标志性建筑之一。雕塑分为基座和铜雕两部分，总高度 70 米。其中基座净高 9.23 米，铜雕净高 60.77 米，重 447 吨。中间为球形，寓意"太阳"，上下两部分为两组"凤凰"。在八尊狮子的拱卫下，铜雕高耸入云，形成独特的审美效果和视觉冲击力，2010 年。

13.《南湖之门》，高度为 19.76 米，以凤凰羽毛演绎的《南湖之门》寓意吉祥之门，坐落于河北唐山。

14.《和平守望》，为了纪念世界反法西斯战争胜利七十周年及联合国成立七十周年而创作的主题雕塑，2015 年 8 月 23 日，首次亮相于中国美术馆正门处。

15.《最美妈妈》，高 5 米，青铜铸造，落成于浙江杭州。

16.《马》，87cm×17cm×67cm，青铜，2000 年，被大英博物馆收藏。

17.《母与子》系列，96cm×50cm×60cm，青铜，2002年铸成。

（二）邮票设计

1. 1983年 癸亥年"猪"票一枚
2. 1985年 "熊猫"组票共四枚
3. 1991年至今 每年设计生肖纪念章
4. 2011年 十二生肖邮票
5. 2017年《丁酉年》特种生肖邮票
6. 2019年《己亥年》特种生肖邮票
7. 2020年 鼠年生肖邮票

（三）标识设计

1. 1988年 中国国际航空公司航标
2. 2000年 设计申奥会徽及火炬图案，后应用于奥运纪念公园大型雕塑
3. 2000年 中国陶艺家标志
4. 2000年 "21世纪论坛"会标
5. 2002年 中国作家协会会标
6. 2002年 中国金鸡百花电影节标志
7. 2002年 中国经济社会研究会标志
8. 2002年 中国南方出版社标志
9. 2003年 中国工艺美术学会标志
10. 2003年 抵御SARS标志
11. 2003年 雅昌集团标志
12. 2004年 世界水大会会标
13. 2005年 中国金鸡百花电影节标志
14. 2005年 首届世界佛教论坛标志
15. 2005年 丰银国际标志
16. 2005年 韩美林艺术馆标志
17. 2005年 轩辕汽车标志
18. 2005年 中国曲艺家协会标志
19. 2005年 中国电影家协会标志
20. 2005年 2008年北京奥运会吉祥物
21. 2006年 浙江美术馆标志
22. 2006年 北京市版权局版权小卫士形象
23. 2007年 第三届中国国际动漫节标志
24. 2007年 亚洲青年艺术节标志
25. 2007年 中央电视台春节晚会吉祥物
26. 2007年 央视主持人大赛标志

27. 2007年 库布其沙漠论坛标志
28. 2008年 众志成城——汶川标志
29. 2008年 山西运城城标
30. 2009年 杭州余杭旅游标志
31. 2010年 北京协和医院标志
32. 2011年 河北廊坊城标
33. 2012年 华北五省市舞蹈大赛标志
34. 2012年 杭州地铁集团地铁卡
35. 2012年 中国国际航空公司机舱内饰
36. 2012年 旅游卫视卡通拜年人物形象
37. 2013年 北京旅游标志
38. 2013年 中国文艺志愿者协会会徽
39. 2013年 港澳通行证主题图案
40. 2016年 春节联欢晚会猴年春晚吉祥物设计

参考文献

［1］茅山、光明:《丹青十字架 韩美林传》,北京:人民文学出版社2002年版。

［2］叶文玲:《韩美林 瘦骨犹自带铜声》,郑州:大象出版社2003年版。

［3］王翰尊编著:《感悟"中国结"感受韩美林》,北京:西苑出版社2003年版。

［4］李辉主编:《韩美林自述》,郑州:大象出版社2005年版。

［5］高亚鸣:《韩美林传》,南京:江苏人民出版社2009年版。

［6］陈履生等主编:《韩美林艺术研究》,北京:中华书局2011年版。

［7］韩美林工作室编:《韩美林工作室》,北京:中华书局2011年版。

［8］杭间主编:《韩美林艺术新论》,北京:人民美术出版社2013年版。

丁绍光 学高为师

丁绍光（1939— ），美籍华人，画家。毕业于中央工艺美术学院（现清华大学美术学院），师从张光宇，是当今画坛上最有影响的华人艺术家之一，云南画派创始人，现代重彩画大师。曾在云南艺术学院、美国加州大学洛杉矶分校艺术系任教。为人民大会堂创作大型壁画《美丽、丰富、神奇的西双版纳》，成功地融合了东方古典主义和西方现代艺术的特色。在世界各国举办个人展四百余次，作品收藏遍及五十个国家及地区。

丁绍光的文化自信与创作理念

丁绍光先生、张道一先生与作者交流艺术创作与艺术教育

2002年，我与丁绍光先生相识于我的导师、我国"艺术学"学科奠基人张道一先生的家中，初次谋面叙谈便觉丁先生很有涵养，也被其艺术学识所折服，如今回想，都已经是十八年前的事了。近些时日，记忆涌上心头，曾记得2017年的夏天，应丁绍光先生之邀一同前往南京看望导师，与十五年前一样，两位先生一见面就是话艺术、说创作、谈人生，让我印象尤为深刻的是二人不约而同地谈到了中国传统文化和文化自信对当下艺术创作和艺术教育的重要意义。其实，丁绍光先生正是以强烈的文化自信，将中国传统文化

◀ 丁绍光先生进行艺术创作

与西方现代艺术相融合,探索民族艺术的传承与现代创新,成为当代世界最有影响的华人画家之一,其现代重彩画艺术在世界范围内成为中国现代艺术的代表性符号。丁绍光先生的艺术实践,体现了中国艺术完全可以在宽广博大的传统基础之上,以开放的视野和蓬勃的生命力与西方现代艺术交流融会,从而实现传承出新、创新创造的成功实践。他富有装饰风格的艺术创作成功地融合了东方古典艺术和西方现代艺术的特色。从"中西融合"的现代性创作实践的角度来看,可以说,丁绍光先生是中国一代艺术家、一代优秀艺术传统坚守者的代表。

丁绍光先生是一代装饰艺术传统的坚定传承者。从他的个人学习经历与其艺术创作经历,可以看到,在他的独特现代艺术风格形成的内在根源与文化基础中,其艺术生涯早期在中央工艺美术学院学习时即奠定了坚实广博的文化基础,他对多个传统艺术种类的深入钻研与学习,工艺美院对

→ 丁绍光《红莲花》，
2006 年

西方现代美术与设计观念的介绍传播，以及工艺美术作品对时代性、创新性的社会要求，所有这些使得丁绍光先生不仅受到中华文化精神的长期陶冶，有着对传统艺术精神的深刻把握，更重要的是，他还继承了中央工艺美院灵魂性的学风和艺术精神。他曾谈到学生时代学习装饰艺术基础课里的图案训练的重要性，谈到张光宇先生的教导和"大美术"观对自己的教益，张先生强调"突破文人画传统的观念，提倡研究古代雕塑、壁画、青铜器、陶瓷器、木刻版年画等的装饰构图、造型方法和表现技巧"，还有"兼收并蓄，全世界好的东西都应该学"，"不要把中华文化切成一小块一小块的，要全面学习"；还有张仃先生倡导"民族、民间"，兼容并蓄、博采众长的"大设计"理念的影响，以及庞薰琹先生深入生

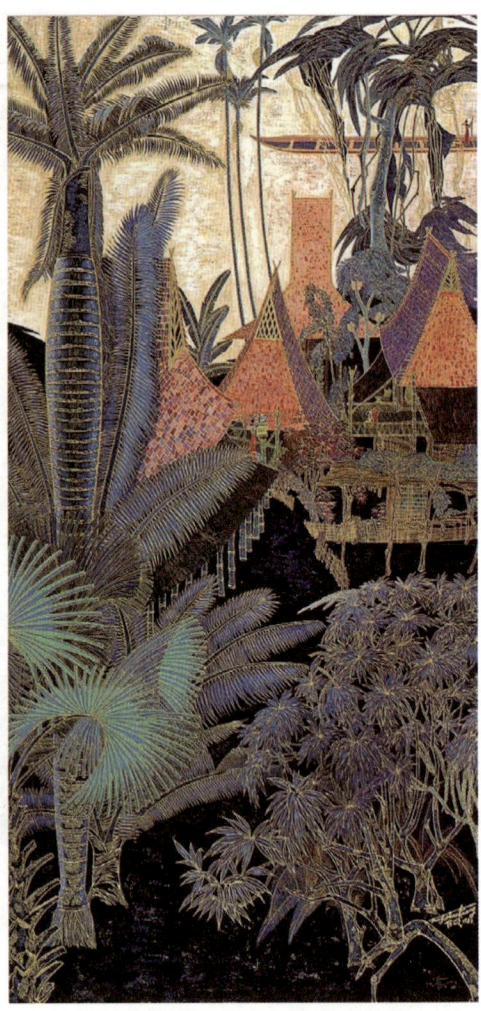

活本体、表现西南少数民族生活的创作。通过代表丁绍光先生艺术风格的现代重彩作品，可以清晰地看出这些优秀的传统、创造性的理念、前辈的文化精神在丁绍光先生身上得到了有力的传承和坚定而又深入的发展。

几年前，我们在山东工艺美术学院先后举办了纪念张光宇先生的"动画片《大闹天宫》文献展"、"纪念张仃先生诞辰100周年学术研讨会"，以及"花开敦煌——常沙娜艺术研究与应用高校巡展"，回顾老一辈工艺美术教育开拓者的艺术成就、艺术思想和教育理念，在深入研讨的同时，也

↖丁绍光《西双版纳》，1985年

↑丁绍光《美丽的西双版纳》，1983年

让师生们再一次近距离观摩和感受，进一步理解和体会到中央工艺美术学院前辈开创的具有民族风格、民族精神、民族气派的艺术发展之路。这是一笔宝贵的财富，是一块艺术的沃土，是一支教育的文脉，能够带给艺术学子深厚的给养，形成永远的精神纽带。丁绍光先生在 1979 年为北京人民大会堂创作大型壁画《美丽、丰富、神奇的西双版纳》，同年出版《西双版纳白描写生集》，随后在海外数十年文化艺术的交流碰撞中坚守本元，融会贯通，自成一格。他的作品对中国的民族主题、西方式的表现色彩与世界性美学主题的表达方式进行了不断研究与不懈探索，在技法上注重中西结合，其内容上的民族性、地域性，主题上的世界性、永恒性，使得他艺术作品中所特有的装饰风格在继承中走向成熟，他

→ 丁绍光《大地之歌》，1997 年

丁绍光《三美神》，
2005年

的作品以鲜明的艺术语言和文化精神赢得了国际上对中国现当代艺术的新的认同和赞誉，也让他赢得了世界美术界的广泛认可。这不仅是一位艺术家的卓越成就，也是中国现代装饰风格开拓者们文化情怀、艺术理想、美学追求的传承发展，是一代人的坚守、一代人的自信，是一种艺术创造力的实现，就像一条磅礴奔流的大河，充盈的是内在、不懈的绵延动力。

　　丁绍光先生是一直倡导传承与创新的艺术探索者。20世纪80年代以来，受西方文化艺术影响，当代艺术创作存在不同程度的迷茫甚至"失语"；加之社会发展、生活变迁、语境变化，关于传统艺术如何发展也存在一定的焦虑。80年代中期后，中国美术进入了创作主体个性化、审美价值多元化的新时期。中国现当代艺术也不例外，一部分艺术家受

丁绍光《生命之源》，
大型玻璃壁画，2011年

前辈艺术家的影响，致力于向西方现代艺术学习，探寻新的出路；另一部分则致力于在继承传统的基础上，对中西艺术的结合进行更进一步的现代探索，注重借古开今，融汇中西。仔细阅读丁绍光先生的"中西结合"的"云南画派"的现代重彩创作，却不能简单地归类于其中的任何一种。丁绍光现代重彩艺术的特色在于内容更具地域性，主题更具世界性。所画之物象，人物多是云南傣族形体特征和着装风格的少女和妇女，背景则是乔木、鲜花、芭蕉，动物多是白鹤和孔雀等。其主题反映的是女性之美、母爱之美、爱情之美，表现人与自然的和谐美好等人类世界的永恒主题。他的作品力求给人以宁静、和谐、美好的印象。他一直反对怪异、低俗、荒诞之作，亦排斥跟随潮流之作，主张要在色彩、线条、构图、造型这些基本元素里寻找新的手法、技巧、形式、内容、题材，而用绘画语言表现美，给人以美的享受，这也是他不变的基本原则。如《美丽、丰富、神奇的西双版纳》《海与风的对话》《晨光中的阿诗玛》等一系列作品，表现的内容多来自少数民族的民间生活，运用传统线条、蕴含了民族文化的诗情，让我们强烈地感受到民族民间艺术的独有魅力。从他的这些代表性作品中，我们不难看出美丽的云南西双版纳对他现代重彩艺术的深厚影响。在云南这块原始、自然而质朴之美的世外桃源，表现傣族等少数民族的独特风情，在题材上呈现出鲜明的独特性与民族性，作品洋溢着喜悦与幸福的民族风情，使得欣赏者领略、感受到民族民间艺术韵味的独特之美。

丁绍光作品中用以描绘人物形象的独特铁线描，是对中国传统绘画的传承与发展，也是其作品中最具中国特色之处。运用中国画传统艺术中劲健有力的铁线描来表现绘画中的民族人物形象，几乎贯穿了他的所有画面，这明显是受传统中国画线描艺术的影响。而且在丁绍光追求的作品时代性与对传统艺术继承发展的革新思想指导下，他还独创性地使用金线或银线，对画面中勾勒出的线条进行统一描绘，这就使得色彩丰富的装饰性画面在明暗、光影的作用下为之一亮，画面效果更为绚烂丰富，观者在欣赏作品时能够因此产生一种诗一般的精神遐想。如在《后羿射日》中，线描的美学特征在这里被丁绍光表现得淋漓尽致。画面中后羿的头发、四肢躯体、衣着服饰以及

⬆ 丁绍光《人权之光》，1993年

➡ 丁绍光《少女与鹤》

乘坐的马匹等都采用铁线勾勒的技法进行表现，甚至画面中的弓箭等道具、装饰性的火焰等也都是用铁线进行描绘的。繁而不乱、多而不紊的铁线勾勒，使得画面中的线条呈现出了丰富的画面效果，同时也使得画面更具中国线条艺术的主观表现特征。丁绍光通过线条这种朴素、率真的艺术表现形式与敏锐的艺术表现能力，勾勒出了画面表现需要的一种内在节奏和韵律，画面呈现出了他所独有的一种语意和语境，线条也因而成为其艺术创作的代表性艺术语言。法国评论家瓦莱尔·朗伯罗对丁绍光的线条如此评论："其线条构成的坦诚的纯洁，让我听见了巴赫大合唱的旋律。"

作为一位将东西方艺术融会贯通的画家，丁绍光先生更加重视作品在艺术表现上主观感情和客观现实方面的有机结合，作品在现代性的画面形式方面的独特体现，正是他的"中西结合"与"借古开今"创作理念的呈现。其作品中最具代表性的画面形式，是夸张变形的造型手法与平面装饰性的色彩。他在创作题材的色彩和造型方面不懈追求与探索，并打破陈规，努力开拓创新。丁绍光作品中艺术形象的追求装饰性，主要通过拉长的颈部、腰部及手臂，使之纤细变长，更具流线性与节奏感，通过这些主观性很强的表现，使得画面形式更符合现代的审美情趣和形式美的美感法则。而这一独特的造型表现方式的画面载体，在其画面中绝大多数是被视为阴柔之美天然载体的年轻女性形象。这种通过夸张变形表现的女性形象，在丁绍光笔下，总是呈现出一种类似于维米尔式的恬静、安宁和若隐若现的忧郁氛围，最终将画面精神内涵引向那博大的虔诚和无尽的祈盼。如在《人与自然》这一作品中，丁绍光通过装饰造型手法塑造了三位少数民族的女孩形象。通过女孩举手仰望的姿态的刻画与四肢的拉长表现，表现出人物曼妙的身姿。画中人物的手臂、腰肢、服饰、秀发都做了夸张的变形处理，动作一致又各不相同。造型、姿态与动作设计精心，充分发挥了线条造型的动感特征，给观者的感觉比真实的人物更具美感。同时，画面整体色彩绚丽，并注重色彩情感的表达。丁绍光特别将来源于云南民族画的丰富色彩、德国画家保罗克利的现代色彩与东方的色彩浓郁的民族形象相结合，形成了自身独具特色的华丽繁复、鲜活灵动的重彩装饰风格。如《晨光中的阿诗玛》塑造了云南民间故事中的阿诗玛形象，以勾线表现的秀发、拉

→ 丁绍光《晨光中的阿诗玛》，1985 年

长变形修长身段散发着青春女性的色彩。作者以强烈的红、黄、蓝、黑色与深暗色的传统民族纹饰符号构成的画面背景烘托出阿诗玛洁白形象，而独特的东方民族装饰点缀则与类似于克里姆特式的细碎规则色块组合实现了和谐结合，中西融合的画面效果十分丰富。法国著名艺术评论家安德鲁·帕里诺认为，丁绍光的作品具有法国古典主义的高雅宁静，但他那色彩斑斓的调色板似乎又有一种西方现代艺术的感觉。他这样评价："他这种令人炫目的运用色彩的杰出才能，同样证明他早已跻身于世界伟大的艺术家行列。我们面对的是一位极为卓越的艺术家。"

丁绍光先生认为"中国传统文化丰富灿烂，艺术道路十分宽广，每种艺术皆可由人创新，走出一条新路"，"中国的彩陶、青铜器、玉雕、漆画、木版画、剪纸、皮影、都有不同的艺术造型，其中可启发多样灵感，以达到深一层的造诣，而不应只局限于文人画一条路"，并以自己的创作实践开拓了一条传承出新之路。正是其借势西方现代艺术的丰厚土壤，将早年在国内积淀深厚的传统艺术因子生根发芽，最终突破性地实现了对五千年中华美的现代创新，这也使得他的重彩作品呈现出独有的"东方式"的现代艺术特征。所以，传统不是束缚，异域的文化艺术也不只是冲击，重要的是以开放的视野作深度的把握，取用传承、兼收并蓄，融入自己的情感、智慧和创造力。丁绍光先生钻研民间艺术，重视对线造型的发掘和表现，同时深入到生活之中，不断吸收不同文明、艺术的营养，融入自己的生命力和创造力，探索重彩画法创新，形成了自己的独特艺术个性与精神。他的画作中，浓重的浪漫主义、理想主义与历史、现实和幻想交织、熔铸，本土文化与异域文化结合、重构，创出了一种既有现实生活因素，又有非现实意蕴的特殊画境，强烈地表达了他的人生感悟、哲学思考与审美追求。丁绍光先生曾说："艺术家有着一条民族文化之根，这条根将终生连着你，永远抹不去的感情。"在传承的基础上创新，艺术之路走得更远更扎实。作为中国改革开放时期便已经走向世界的华人艺术家的代表，在跨文化的对话中，一直走在中西融合的创作之路上，长时间身居海外的丁绍光，他通过对西方文化的了解来反映中国文化，吸纳并融合西方文化的营养，用于自己的艺术创作。可以这样说，他的艺术既有民族的文化根性，又有对异域文化的兼容性。

　　丁绍光先生是一位让中国艺术走出去的文化使者。对于20世纪中国美术来说，既有对舶来观念和风格的接受与吸收，也有对本土传统的寻根和发现，丁绍光先生则是让中国艺术

走出去的一位重要使者。作为"云南画派"的代表人物，他只身闯入美国，把现代重彩画这种具有现代艺术风格的中国绘画带到了国际画坛，并获得了国际舆论的认同，为中国人的艺术在世界上觅得了一方立足之地。丁绍光先生的作品《人权之光》《母性》《宗教与和平》《美丽的梦》等版画作品由联合国向全球发行，不仅意味着"一切优秀的艺术，表现真、善、美，表现那些共同相通的美好事物的艺术，最终一定会被更多的人所理解"，也体现出艺术语言、风格的独特感染力，反映了内在的文化精神以及传统精髓所激发的共鸣和认同。现代重彩画作为一种新样式，它的产生既具有时代的必然性，又是中国艺术家融合东西方文化的努力的结晶，它是中华传统文化在新时代的复苏。丁绍光先生认为，"民族的精华才是世界的"，这是全球化语境中文化的自信，更是在文化自信的基础上，以开放包容的胸怀面对世界，担承中国艺术家对全世界、全人类文化责任的体现。作为华人艺术家，丁绍光先生杰出的艺术实践，不但为民族艺术的发展开拓了新路，也为中国艺术走向国际提供了可资研究、借鉴的宝贵经验。作为推动中国艺术走出去的文化使者，他在艺术创作中探索文化自信的实践之道，带给我们许多教益和启示。

↑ 丁绍光《和平、平等、进步》，1994年文化自信是一个国家、一个民族发展中更基本、更深沉、更持久的力量。我们要传承好老一辈艺术家的优秀传统，坚定文化自信，坚守中华文化立场,坚持创造性转化、创新性发展，让文化自信成为发展的坚实基础，成为绵延不绝的文化动力。丁绍光先生在这方面已经做出了典型的示范和卓越的贡献。

附：丁绍光主要作品目录

↑ 丁绍光《月光》

一、画集

1. 丁绍光：《西双版纳白描写生集》，昆明：云南人民出版社 1997 年版。

2. 丁绍光等：《中国当代艺术家·刘国松丁绍光宋雨桂徐希石虎》，沈阳：辽宁美术出版社 1998 年版。

3. 丁绍光：《丁绍光画集》，昆明：云南美术出版社 1996 年版。

4. 丁绍光：《当代名家现代重彩画精品——丁绍光》，北京：北京工艺美术出版社 2001 年版。

5. 丁绍光：《丁绍光现代重彩画集》，北京：北京工艺美术出版社 2002 年版。

6. 丁绍光：《丁绍光白描集》，福州：福建教育出版社 2002 年版。

二、代表作品

1.《美丽、丰富、神奇的西双版纳》，1979年，为北京人民大会堂创作的大型壁画。

2.《和谐》，1986年，引起了世界的广泛关注，在娱乐至死的喧嚣世界、在充满了矛盾冲突的世纪，丁绍光认为唯一能使人安静的力量就是"和谐"，这是幸福的最高境界。

3.《白夜》，1992年3月，佳士得中国19世纪至20世纪绘画拍卖以220万港币售出，创中国在世画家作品售价之最高纪录。

4.《人权之光》，1993年，限量版画，纪念联合国世界人权宣言，由联合国向全球发行。

5.《母性》，1994年，限量版画，纪念国际家庭年，由联合国向全球发行。

6.《宗教与和平》，1995年，限量版画，由联合国向全球发行。

7.《西双版纳》《催眠曲》《和平、平等、进步》《文化与教育》，1995年，六幅作品的邮票由联合国邮政局向全球发行，以纪念联合国第四次世界妇女大会。首日封和邮票在日内瓦万国宫博物馆永久珍藏。

8.《艺术女神》，1997年，上海大剧院壁画，尺寸：宽4.4米，长7.4米。

9.《美丽的梦》，1998年，第四次受邀创作限量丝网版画，纪念联合国人权宣言发表五十周年，由联合国向全球发行，联合国邮政总局发行首日封。

10.《童年》，2001年，再次受联合国少年儿童基金会委任创作，向全球发行限量丝网版画，为联合国少年儿童基金会义卖。

11.《生命之源》，2009年，应上海市政府之邀，为上海文化广场音乐剧场正厅的门脸绘制365平方米的大型壁画。丁绍光借助现代最先进的彩色玻璃科技和黏胶等高新技术，用30万块包含数千种颜色的玻璃打造的大型玻璃壁画。加入了玻璃艺术、大地艺术、气味艺术和音乐艺术的感觉，让进入音乐厅的人，在每个角落都能多元感受到融化在音乐与大自然气息中的美妙，唤醒人们珍惜自然，保护地球的初始灵性。

12.《生命之源》，2015年，为青岛世界园艺博览会捐赠的大型琉璃珐琅作品。

周韶华

学高为师

周韶华（1929— ），山东荣成人，著名画家，中国画气势派的开宗创派者与理论建树者。先后举办"大河寻源""梦溯仰韶""黄河·长江·大海——周韶华艺术三部曲""神游东方——周韶华艺术大展"等画展。曾任湖北省美术院院长、湖北省文联主席。现任中国国家画院院务委员。曾获屈原文艺创作奖，湖北省"终身成就艺术家"称号。

周韶华现代彩墨艺术

> 周韶华参观"当代民间——潘鲁生当代艺术展"

　　周韶华的作品虽整体以当代审美的结构取势,但其中国笔法的书写性、自由性却又不断打破简约的结构,不仅加强了画面的细节与灵动,而且烘托并强化了画面的结构气势。结构的塑造有如背景隐藏在深沉的幕布中,或隐或显,决定了画面的气运与格调,但飞扬的健笔跳动的却是画面呈现的主体精神。

　　20世纪对于中国社会来说是一个不寻常的世纪。自1840年鸦片战争起,中国横遭国难,整个近代发展历程,国家积贫积弱,民不聊生。乃至后来的抗日战争、解放战争,

周韶华《黄河魂》

一直到建立新中国的半个多世纪的发展，可以说，整个20世纪，中国所要解决的首要问题，始终都是摆脱民族危机，反对列强侵略，呼唤民族独立，建立强大的现代化国家。这条主旨贯穿着人们日常的生活领域和精神领域，并成为社会主体的价值观基础。成长在20世纪的每个中国人，都或多或少地受到了这种意识形态的影响。

当然，周韶华也不例外。但他不同于普通人的成长轨迹，也就决定了他有着不同的艺术人生。周韶华1929年生于黄海之滨的荣城，地道的大海之子。他幼年丧失父母，11岁独闯关东做童工，12岁投身革命参加部队，17岁加入中国共产党，21岁进入文化艺术领域从事艺术行政领导工作。对于一个少年而言，其童年经历之悲苦，非常人所能承受。然可幸的是，由苦及甜，孤独的少年加入了革命的熔炉。作

→ 周韶华绘《梦溯仰韶：画集》

为懵懂少年，作为一名战士，他在抗日战争与解放战争的洗礼中成长，为民族独立，为贫苦大众的民主理想而奋斗，抛头颅洒热血。这种特殊的人生经历，使得周韶华幼小的心田，从根处就存有革命理想主义情怀和民族自尊心，这种宏大的、几乎不属于一个孩子的历史意识、集体意识远远超出了他的个人意识。几乎未有过童年家庭生活记忆，是命运让他选择了个人利益永远服从于民族、国家、社会的大任。这种植根于人生思想发育期的意识形态必将伴随一生，也由此决定了他一生的作为，影响了他艺术创作的精神发源。这就是周韶华作为一名艺术家与其他艺术家的不同之处。所以他虽选择弃武从文，舞文弄墨，但内在的血性乃军人、壮士之本色，有人称周韶华有将军气质，我亦认同，其画亦如此。

因为这样的思想基点，周韶华在20世纪80年代初改革开放、国门大开之始，就敏锐地意识到民族新生契机和建构现代化国家转折点的到来。他感觉到中国社会此次变革，将是不同于千年传统的现代大变革，在现代文明、多元文明的冲击下，中华文明迎来了重构再生之机，中华民族的文化精神必将重塑。新时代、新文化呼唤新的艺术形式产生，于是，他又一次投入"战斗"，自觉承担起了创新中国绘画样式，建立新时期中国绘画语言的责任，并将这次契机视为现代民

周韶华《长江系列作品之二》

其实，中国绘画语言现代建构的努力并非始于今天。明代末年中国肖像画技术中就开始试图揉入西洋写实技法，完全用白描画像的古法已日渐衰微，同时形成受西画影响，兼用笔墨烘染、不分凸凹和掺入西画写实技法，重墨骨，墨骨成后再敷彩两个重要肖像画派。由此已初现中西合璧、以传统画法探索现代语言的端倪。清代初期，来自西方的郎世宁甚至以中国传统的水墨法画山水鸟兽，为中国绘画的现代建构留下了一定影响。清代中期，在郎世宁的传授下，丁关鹏、冷枚等中国画家也掌握了写实技术，应用于宫廷战事记录和日常生活的叙事性绘画。直到清末民初石印的《点石斋画报》以及同时期全国各地表现新生事物的年画出现，我们依然可以感受到中国版画、木刻艺术对不同于农耕时代的事物等近代生活的贴切表现，它们不仅生动自如，表现力强，而且中国味道浓厚。这些艺术表现都呈现出中国绘画对于近代生活的一种积极适应与自我嬗变的态势。然而，随着庚子事变之后中国政治形势的变革，中国艺术已无法等待缓慢的自我现代演变，作为文化的应变之策，激进的西方改革浪潮风起云涌。这段时期

→ 周韶华《天涯万里远征人》，纸本水墨，68cm×68cm，2006年

可以说是中国绘画现代转型的一个转折点，因为在很大程度上，中国绘画开始放弃传统语言的立场与根基，放弃对传统的承继，而直接与西方艺术相对接了。中国油画开始直追巴黎油画风格，现代木刻开始与东欧、苏联左翼木刻接轨，此时，与中国传统文化一脉相承的中国画也发生了重大变革，在康有为、陈独秀等力主美术变法、美术革命的主张下，中国画领域出现了以高剑父、高奇峰、徐悲鸿、林风眠等为代表的倡导中西结合的一批重要画家，他们对后世产生了巨大影响。虽然，同时期中国画的西化改革不断受到许多画家的质疑，也先后出现了吴昌硕、黄宾虹、齐白石、傅抱石、潘天寿等坚持在传统语言基础上探索创新的艺术大师，但新中国建立后，由于政治原因，对传统文化采取的抑制政策，

以及对西方世界的隔绝，都直接导致中国绘画语言在继承传统、吸纳外来艺术、创新发展方面出现了一个时期的断流。可以说，直到20世纪70年代，中国绘画也没有建立起与现代中国相适应的独立成熟的中国现当代语言系统。在这样的基础上，我们再来看待周韶华自觉承负起的建立新时期艺术语言的重任，便有了不同寻常的意义。

那么，从事中国画创作的周韶华将如何继承传统，创新艺术语言并开始探索自己本土语言的呢？传统、承传与创新一直贯穿着他的作品之中。

由于中国社会历史与文化建构的特殊原因，宋元以来，正统、严谨的院体绘画逐渐淡出中国画主流，彰显主体意识、抒发主体情怀、注重笔墨情趣的文人画逐渐开始独树一帜。而这段时期恰好是中国古代封建政体告别辉煌趋向衰靡的过程。作为一种艺术范式，文人画在不断走向成熟与稳定的同时，至明清时期，也形成了萧散淡泊、闲和严静的柔性风格。这种以"柔、软、松、静、净"为审美追求的风格定势不能说与封建政体的日暮江山了无关系，或者可以说，宋元以来中国文人绘画所体现出的阴柔的主体风格在某种程度上也反映出了一种成熟文化的下滑和颓势。

以周韶华的性格，他的审美取向却是一种积极的态度；以20世纪80年代开始的国家现代化建构所体现出的义无反顾的气势，也与当时的艺术走向极不协调。此时，探索中的周韶华有意识地首先选择了跨越中古，上溯寻根的艺术计划。1983年至1985年，他四次跋涉黄河万里行，走遍了黄河沿岸各个省份的山山水水。在对那些仰韶文化原始彩陶、青铜艺术、汉隶魏碑、汉画石刻等古代文化遗产进行考察、

周韶华《长江系列作品之一》

梳理的过程中,他不断受到激发,终于觅到了华夏始族富于创造的精神原点。王朝闻先生曾评价说他在"河源"寻到了"心源",此语准确至极。周韶华通过对母亲河的寻源,寻到了华夏民族上升时期的振奋、阳刚、积极进取和豪迈奔腾。他感受到了那时期艺术的雄浑深厚与苍劲磅礴。因此,周韶华毅然提出艺术创作的"三大战役",即分别以黄河文化、长江文化、海洋文化为坐标,开展文化寻根和当代艺术精神创造。

寻根并不是固守传统。出于那固有的历史责任感,周韶华与其他当代画家艺术创作更注重自我意识的表达、个体主体意识的建立不同,从一开始他就为自己的创作设定了深沉的历史、文化走向,然而,他却用近30年"三大战役"的艺术实践历程向我们证明了他对寻根本身的超越。历史在他的艺术创作中没有仅仅作为传统文化资源的符号出现,他是在以当下解读历史,试图在今天与历史、现代与传统之间通过他找寻到的精神相似点来加以链接和架构。也就是说,在他的创作中,历史被赋予了现代性与当代意义。他在当代艺术语言中建构了历史主体性。从这个意义上来说，周韶华实际上是承接了吴昌硕、齐白石、黄宾虹、傅抱石、潘天寿等的余绪，又一次将中国绘画语言现代建构的基点落实到了对传统的继承与创新上。然而，历史不会重复，当代中国建设所面临的全球化、信息化挑战史无前例，迫使当代中国艺术必须解决好中国元素与国际性的问题。一方面，要梳理文化遗产，清根正源，强调中国艺术本土的核心价值；另一方面，又必须融入全球视野与现代思维，也就是融入世界的文化手段。没有中国性，中国当代艺术将失去自己的身份与话语权；而没有国际化，中国当代艺术永远无法进入国际艺术舞台，从而也最终失去本土生命力。

↑ 周韶华《大海系列作品之二》

在对当代中国文化建设的总体思考下，周韶华提出了艺术创作的指导性原则，也就是他重要的艺术理论观点：一，隔代遗传，"跳过元明清以近的传统，把借鉴的触角伸向宋代和魏晋南北朝以远，驰骋于汉唐秦楚，上溯春秋周殷，直至仰韶文化的活水源头"；二，横向移植，积极借鉴国内外、民间、姐妹艺术中的一切有益因素；三，全方位观照，"其

"黄河·长江·大海——周韶华艺术三部曲"艺术展

基本含义就是天、地、人融贯一体，过去、现在、未来连成一片，把对整体的宏观把握渗透到形象底蕴的精微表现上，把纵向、横向和多层次的观察与想象联结起来，表现生命与灵气，呈现物我的精神之光，揭示我们时代的动力，激发人民创造历史的主动精神"。而全方位观照的基本出发点则是"一切艺术的观照都要受到民族性的制约"。这就是作为一名当代艺术家，他对中国性与世界性辩证关系的阐释。

在继承吴昌硕、黄宾虹等近、现代艺术家卓越艺术成果的基础上，周韶华把艺术实践的主要精力放到了几对中西艺术元素的关系的解决上：中国的线与西方的面；中国的水墨与西方的色彩；传统的章法与现代的结构。

读周韶华的现代彩墨艺术，会觉得与传统水墨画沉湎于笔墨情趣的营造完全不同，他将全方位观照、现代整体主义的宏观思维直接转换成了用结构主义统驭画面。画面是平面的，却有了结构的体量与整体性，并且让结构成为画面的主体语言。虽然他的作品多直接"摹写"中国古代艺术形象，如画像石、陶俑、石狮、敦煌和云冈的佛教造像、石窟壁画、彩陶纹样等，但在所谓真实的"复写"中，却着重塑造了形体语言、空间精神与历史沧桑。画面尤其重视布局，将直线、折线、大面、大块、对称、均等西方结构语言与并置的平面化等中国传统语言结合起来，再加上大红、大黑等冲突对立的浓墨重彩，使得作品产生出一种既饱含历史纵深感又具有呼之欲出、扑面而来强大气势与冲击力的凝重气息。在这样的氛围里，周韶华放弃了对那些古老形象的"传神写照"，追求熟悉中的陌生，使这些历史符号已不再是简单地停留在对历史的反复吟唱上，而成为了意蕴无尽精神内涵的象征的代言，营造出雄浑厚阔的隐喻世界。周韶华早期《大河寻源》系列作品尚未形成这样的风格，至《汉唐雄风》系列逐渐孕育成熟，并成为他艺术语言的特征。在这些作品中，我们能够看到周韶华试图采取各种表现形式，他尝试用汉画像石的原始拓片直接作画，并借助对材料、工具的探索，增强了艺术表现力的厚度与层次；也尝试以中国传统绘画的题跋与画面相映的布局章法，画面中央设佛像圆雕，两边并置手书的佛经书法；到今

周韶华先生与作者合影

→ 周韶华《天风吟》，纸本水墨，68cm×136cm

天我们看到全新对海洋文化解读的《大海之子》系列作品。总之，他调动各种形象元素相互碰撞，期待激发出新的艺术语汇。

那么，在结构性的主体布局中如何让线与之实现完美结合呢？他选择从整体气势出发，依势布局，技法多样，用毛笔和大排刷阔笔繁皴，以点、线、皴来构筑体面。反复晕染与皴擦，色墨线点交错，让线服从于画面的气势，自主地营造出浓淡干湿以及粗细变化、速度控制、韵律把握等丰富的造型变化。他的画面虽整体以当代审美的结构取势，但中国笔法的书写性、自由性却又不断打破简约的结构，不仅加强了画面的细节与灵动，而且烘托并强化了画面的结构气势。结构的塑造有如背景隐藏在深沉的幕布中，或隐或显，决定了画面的气运与格调，但飞扬的健笔跳动的却是画面呈现的主体精神。这样的风格特征多见于周韶华近年创作的现代大山大河大海作品，他写喜马拉雅、唐蕃古道、千年雪峰、西天风云，大海胸怀，抒情达意，经历几十年的磨砺，他已将此艺术语言琢磨得臻于化境，老辣不凡。

还有一些作品是对色与墨关系的挑战。周韶华完全打破了传统"墨不碍色，色不碍墨"的文人绘画观，他不仅以浓墨重彩建构了自己的色彩个性，而且在颜料的使用上也完全没有成见，中国画颜料、水彩画颜料、化纤染料、亚克力颜料、油画颜料，统统以服从画面气势为主旨入画来。让色墨相破，让浓淡相间，墨为主，色为辅，墨色交融，糅和水彩画的着色技巧、版画的黑白灰关系以及点线面的结构来重新构建画面。特别是在水与色关系尝试中，他逐渐找到了泼水、冲水等水色相溶、水色流淌而形成的偶发效果的方法，主动控制、自由驾驭，创造出或奇幻宏伟或诗意灵动的大场景。《雪融阿尼玛卿》《一场春雨后》《天地交响》等是这方面的代表作品。

周韶华用具体的艺术实践完善着他对民族、国家以及新时代的理解。为了一个艺术使命自始至终坚持近30年，是一件极其不易的事。这些年，周韶华从黄河、长江、青藏高原到天山山脉、荆楚大地、域外采风、大海观潮，从未停步，他对艺术创新、自我超越的执着与坚韧也从未放弃。20世纪80年代初他计划了"三大战役"的属于他生命创作，是砺志，是勇于担当的决心，但近30年走下来，他的艺术成长历程见证了他的智慧与收获。通过这"三大战役"，一步步走来，他由探寻

↑ 周韶华《大漠浩歌——大漠神经》，纸本水墨，247cm×123cm，2000年

中国传统民族文化的根源最终走向了"天人合一""大道归一"人文精神的追寻，回到了宇宙生命的原点。这也是他对当代民族文化大品格的基本理解。周韶华重建艺术语言的历史主体性，其根本指向正在于此，建构当代中国艺术"天人合一"，融汇传统与时代的民族文化新境界。

↑ 周韶华先生受聘为山东工艺美术学院客座教授

附：周韶华著作及作品集目录

一、主要著作

1. 周韶华：《中国近现代名家作品选粹 周韶华》，北京：人民美术出版社 2015 年版。

2. 周韶华：《画品丛书 周韶华》，石家庄：河北美术出版社 2007 年版。

3. 周韶华：《大家之路——周韶华》，济南：山东美术出版社 2006 年版。

4. 周韶华：《周韶华国画选》，成都：四川人民出版社 1982 年版。

5. 周韶华：《周韶华水墨画选》，沈阳：辽宁美术出版社 1990 年版。

6. 周韶华：《周韶华画集〈大河寻源〉专辑》，北京：中国文联出版社 1987 年版。

7. 周韶华：《中国近现代名家画集 周韶华》，北京：人民美术出版社 2003 年版。

8. 周韶华：《呼唤大美：中国国家画院零七高研班 周韶华艺术工作室画家作品选》，北京：中国民族摄影艺术出版社 2008 年版。

9. 周韶华：《山河呼唤 中国国家画院首届高研班周韶华工作室画家作品选》，武汉：湖北美术出版社 2007 年版。

10. 周韶华：《周韶华》，济南：山东美术出版社 2006 年版。

11. 周韶华:《周韶华画集》,武汉:湖北美术出版社1992年版。
12. 周韶华:《周韶华国画选》,成都:四川人民出版社1980年版。
13. 周韶华:《周韶华画选》,济南:山东美术出版社1998年版。
14. 周韶华:《周韶华画辑》,北京:人民美术出版社1981年版。
15. 周韶华:《周韶华书法艺术》,郑州:河南美术出版社2002年版。
16. 周韶华:《周韶华世纪风画集》,武汉:湖北美术出版社1997年版。
17. 周韶华:《周韶华艺术论》,长春:时代文艺出版社2000年版。
18. 周韶华:《美术文献丛书 增卷1 1995周韶华专辑》,武汉:湖北美术出版社1995年版。
19. 周韶华:《艺海纵横》,武汉:湖北美术出版社1991年版。
20. 周韶华:《面向新世纪》,武汉:湖北美术出版社1997年版。
21. 周韶华:《刘国松的艺术构成》,武汉:湖北美术出版社1985年版。
22. 周韶华:《大河寻源》,成都:四川美术出版社1987年版。
23. 周韶华:《当代中国水墨神韵提名展画集》,合肥:中国科学技术大学出版社2004年版。
24. 周韶华:《戴少龙写意重彩画》,武汉:湖北美术出版社2010年版。
25. 周韶华:《周韶华全集4 梦溯仰韶》,武汉:湖北美术出版社2010年版。
26. 周韶华:《梦溯仰韶:画集》,济南:泰山出版社2003年版。
27. 周韶华:《周韶华汉唐雄风画集》,武汉:湖北美术出版社2005年版。
28. 周韶华:《抱一集》,国际翻译出版社1993年版。
29. 周韶华:《感悟中国画学体系》,武汉:湖北美术出版社2014年版。

二、代表作品

1.《黄河魂》(水墨),获第六届全国美展铜牌奖,是中国现代艺术史上的一次革命性突破,引发了中国水墨画创新浪潮。

2.《狂澜交响曲》,纸本水墨设色中国画125cm×248cm,1981年作,1983年中国美术馆藏。2019年1月22日至2019年2月24日,该作品在中国美术馆主办的"河山——中国美术馆藏风景题材作品展(1949—2018)"中展出。

3.《九龙奔江之一》(水墨),纸本水墨144cm×365cm,1998年。充分展现出周韶华艺术气势磅礴、意蕴深厚的风格特征也表现出他对新异域的探索。

4.《月涌大江流》(水墨)，纸本水墨122cm×247cm，1998年，中国美术馆藏。

5.《白云岩》(水墨)，纸本水墨123cm×247cm，2000年。

6.《群山之母之一》，纸本水墨123cm×247.5cm，1995年。在寻找山河之源的同时，展现中国大好河山的气魄与格局寻找中华文化之源。

7.《感受仰韶》，纸本水墨69.5cm×68.5cm，2002年。周韶华先生对中华传统文化的独特认知和独特的知识结构，方才有其画作在题材、技法、风格、样式上与时流完全不同的表现。

8.《梦笔母亲河》，68cm×69cm，2001年。雄强大气的中华文化成为其创作的活力之源。

9.《大漠浩歌——开发准噶尔》，纸本水墨247cm×123cm，2000年。将点线块面、水墨色彩和形式结构进行了调整与重组，强化出一种类似于工业文明的硬朗质感，于现实语境中找到了一种将传统形态转换为现代形态的方式。

10.《大漠浩歌——大漠神经》，纸本水墨247cm×123cm，2000年。将工业的人造生态纳入其中，与现实人文环境产生联系，形成一种与当代人情感互通的审美趣味，同时也生成了一种崭新的现代语言。作品在构图上突破了传统水墨的局限，具有点、线、面的几何构成美感。

11.《西天风云》，纸本水墨68cm×68cm，1985年。两河寻源系列作品之一，中国美术馆藏。

12.《唐蕃古道》，纸本水墨68cm×68cm，1985年。两河寻源系列作品之一，中国美术馆藏。两河寻源系列创作的初衷是呼唤民族大灵魂，以示对改革开放的拥护。

13.《天地无限霞光好》，纸本水墨68cm×137cm，2004年。在绘画创作上，将中国的点线与西方的块面相融合，将中国的水墨与西方的色彩相融合，将中国的章法与西方的构成相融合，创造了格局博大、笔墨沉雄、色彩变幻、笔触有力、既有中国传统文化意蕴，又富有现代韵律感和光感的新的绘画空间，被西方评论家称为"新东方象征主义"。

郭志光

学高为师

郭志光（1942— ），字玄明，亦署悬明，号擂鼓山人，山东潍坊人，著名花鸟画家。毕业于浙江美术学院（今中国美术学院）中国画系花鸟画科，师承潘天寿、吴茀之、诸乐三、陆抑非、陆维钊等近现代中国画名家。现为山东工艺美术学院资深教授，从事中国画教学和创作六十余年。现任山东省美术家协会名誉主席、山东工艺美术学院国画研究院院长、山东省书画学会会长、山东省政协联谊书画院副院长。

郭志光先生绘画风格

▶ 郭志光先生与作者共同创作国画作品

郭志光，字玄明（亦署悬明），号擂鼓山人，室名三面佛山望外楼、知守斋。1941年生于山东潍坊书香世家，中学时期曾受教于著名画家徐培基、侯卓如、郑经五先生。1962年考取浙江美术学院（今中国美术学院）中国画系花鸟专业，师承潘天寿、吴茀之、陆抑非、陆维钊、诸乐三、沙孟海、顾坤伯、刘苇等近现代中国画名家，浙江美术学院讲传统、重写生、求创新的艺术思想和教学实践对他影响极深。毕业后留校工作，1974年调入山东工艺美术学院，孜孜不倦从事中国画教学和创作近六十年，现为山东工艺美术学院中国画研究院院长、资深教授，中国美术家协会会员、中国书法家协会会员、山东省美术家协会名誉主席、山东省书画学会会长、山东省文史馆馆员、山东当代国画研究院院长、山东画院艺术顾问、山东省政协联谊书画院副院长和山东省专业技术拔尖人才。2011年荣获山东省委、省政府颁发的"泰山文艺奖"艺术突出贡献奖，享受国务院颁发政府特殊津贴专家。

郭志光先生作为当代写意花鸟画领域卓有影响的绘画大家，无论其艺术传承与创新之理路，还是他个人艺术探索中形成的艺术思想及主张，在当今中国画坛都具有独特的文化意义和突出的学术价值。郭志光先生将其画室命名为"知守斋"，自号"知守斋主"。所谓"知守"，取诸"知白守黑""知刚守柔""知虚守实"之意，"知"与"守"，二者相辅相成。他在长期的绘画创作中，不断推陈出新，在继承传统笔墨的基础上，又不拘泥于古人和师长的绘画之道，从而为创造自己独特的绘画语言和画风奠定了

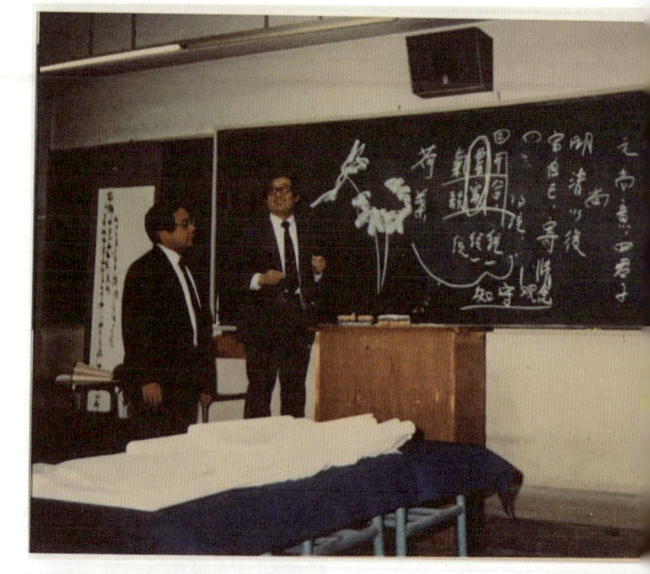

↑ 1989年，郭志光先生应邀赴日本讲学

↘ 1990年，"郭志光画展新闻发布会"现场

传承出新——郭志光师生作品展暨花鸟画学术交流展

基础。20世纪60年代他取众家之长，打下了坚实的绘画功底，80年代后在艺术创作中充分挖掘丰厚的绘画传统，对中国绘画的笔墨进行新的探索和形式重构，形成了融南北画风于一体的写意花鸟画风格。读郭志光的画，的确能体会到人们所说的江南画风之苍茫之润，北派画风之粗犷奔放，在齐鲁文化的滋润下，形成了厚重的文化品格和艺术风范。花鸟之画科，自五代宋初独立开始，就有"黄筌富贵，徐熙野逸"之画风的差异与追求。郭志光的作品形神兼备、风骨劲健、雄浑旷达。他主攻写意花鸟，尤擅鹰、鹭、猫头鹰、山猫、鱼、水禽等。其泼墨大写意虽然受青藤、八大、吴昌硕一派文人画的影响，但究其绘画功底，主要来自业师的传授和启示，如潘天寿之博大、吴茀之之豪放、诸乐三之浑厚、陆抑非之灵动、陆维钊之严谨，在他笔下都有传承与发展，同时对宋人工笔，恽南田、华喦、任颐一派兼工带写的画法兼有吸取。"气韵生动"乃"六法"之首，郭志光深悟其理，并在艺术创作中加以运用和体现。郭志光画中之"气韵"乃画家主观情感对画语的阐释。他在20世纪80年代所作长达八米的横

郭志光《雄无争》，2014年

幅作品《夏荷图》，21世纪初创作的竖幅丈二《鹫峰飞来》等，表现了画家在注重构图的同时，强调画风的气韵贯通，淋漓痛快，气势磅礴，知白守黑，实乃形神兼备之风格。自唐代王维开始的文人写意画，借助梅、兰、竹、菊"四君子"之类表达画家自己的主观感受，直抒胸臆，使绘画艺术由"娱他性"的社会功能，转向"自娱性"的文人逸气，郭志光的作品中充分体现出其中的精髓。

　　文人画经过宋、元、明、清各代的发展，已登上极高的艺术高峰，其变革一直是艺术家们不断求索和思考的问题。在当代艺术发展的大潮中，郭志光在创作中坚信"变则通，通则灵"的艺术箴言。"变"乃艺术之创新，艺术之"变"要有本元的语汇，集众家之长，超越摹古人遗迹，否则无所谓求法变。艺术之"变"还与多元艺术的相互交流有直接关系，自明清开始的西方艺术观念对中国绘画的影响，以及中

郭志光《长愿相随》

国绘画和日本"浮世绘"对西方现代绘画的渗透,互相作用,也表明多元艺术交流带来的艺术之变革。郭志光在新世纪之初又创作了一些泼彩力作,彩墨表现突破了自己原有的笔墨定势,形成了沉稳、苍劲、博大、灵动为一体的画风,研读起来总有回味之处。读郭志光的画,能感悟到他在前人绘画基础上不断突破变革的艺术追求和探索,在深厚的传统艺术学养中寻找一种新的艺术语境。从立意构思到严谨的构图,从笔墨的力度到意向的表现,画面充满着独特的精神意气。他对潘天寿作品的研究颇为深透,从品位到格调,从构思到意境,从笔墨到构图,悟其画理而不生硬照搬,悟其画道而不失自己的创意和个性,可谓独具匠心。他对前辈的绘画深刻领悟,所涉及的绘画对象广泛,体会生活的感受深切,为探寻自己的艺术风格,确实下了一番苦功。他注重绘画构图与笔墨的吻合,强调物象与气势的统一,注重超现实的笔墨写照,作品《风翻九霄鹏》《无畏》等,姿态大度夸张而不张扬，重点对鹰、鹫的眼睛、双翅、利爪和嘴进行刻画。"墨色大块不平板，点笃见笔不琐碎"，笔触之间的微妙空白，体现了浓墨与空灵的变化统一。鹰、鹫与山石的勾画组合，黑与白的对立，画与题款的协调，体现出绘画构图的节奏和韵律。作品《雄无争》《风雪万里来》等，均传达出一种雄放豪迈的精神气概。对传统笔墨精神及师者雄壮豪放风格特征进行继承发扬的同时，郭志光先生的作品也具散发出独特的艺术特性与个性特征。如在其所画竹子、荷花、紫藤、玉兰、牡丹等题材的作品中，除构图奇崛、笔力遒劲、雄壮豪放的艺术特征外，更有一种清新雅致的诗意特性。著名画家孙其峰对他的作品曾这样评价："有吴潘遗意而不为所囿，能独辟蹊径，难能可贵。"并赞赏："在传统的基础上出新也非易事，因为传统在人们出新时，则又会成为一种很难脱去的躯壳。我看你是出新能手，肯于探索，也勇于探索。"这与郭志光"博大深厚，中西合璧，源于传统，追求创新"的艺术追求是相吻合的。郭志光对花鸟画构图的研究有较高的追求和造诣，谢赫之"六法"是中国画品评准则，他的花鸟画之构图如同其绘画理念追求传统基础上的创新一样，注重绘画构图的协调与反叛，拙中见巧，不因袭古人和师长之绘画构图模式，不流于一般的笔墨构成。仍以画鹰、鹫为例，其图示构架严谨，或顶天立地，下方留出大面积的空白，形

↑ 作者参观郭志光作品展

郭志光《上善若水》

成疏密对比；或写展翅中穿插，物象冲破画面。打破传统绘画构图要诀，以饱满求空灵，以空灵求突破。作品画面的构成严谨，求行笔的内紧外展，姿态的外拙内巧，利用局部空白的对比寻求线条的神韵，不囿于传统的构图规律，打破常规"S"形的圆体形式。绘画构图的拙巧，最能够体现出艺术家的心胸和气魄、学识和才气、笔墨功底和构思深度。研读中国绘画史可以悟出一个道理，古代画家中，自成一体者，必在绘画构图上有独到之处。可以少为足，高远空阔；或以险破险，出奇制胜；或纵横交错，大开大合；或以小见大，别出心裁。有胆识制造错综复杂的矛盾，并寻求一种合理的平衡。气势、布白、疏密、虚实、主次、呼应、穿插，可谓千变万化，营造出画面结构的形式美感，又通过形式美感表达"迁想妙得"的审美意境，以实现绘画语言的对应与协调为最高理想。

中国画用"线"是其灵魂，其运用在中国绘画中占有重要位置，甚至是一种独立的绘画语境，顾恺之的人物画，吴道子的"白描"都能体现出"线"在中国绘画中的魅力。这一点是西方绘画艺术所无法比拟的，直到19世纪末20世纪初，西方一些现代派绘画才开始发现"线"的表现性。"线"

2017年5月6日"南风北韵——郭志光艺术作品展"在中国国家博物馆开展

是中国绘画的构架基础，因而线的运用也是体现中国艺术家风格和创造性的重要因素。郭志光对中国画史及书法有着较深的造诣，其绘画用线非常讲究，自成一体，奇石枝干多以侧锋逆写，短线相接，气韵贯通而不求"一笔就绪"。他主张勾线就是写意的过程，书写的造型过程，塑造物象形态的过程，意象表现的过程。他的作品笔墨焦润相间，表现枯笔行线的力度，与皴擦、笔墨、泼彩贯通一致，更见线的老辣苍劲之功力。他主张线的造型是写出来的筋骨，融入彩墨之中，并以写其意而造其形，自成画体。

新世纪之初，郭志光的画风由重水墨开始关注彩墨的探索，从一系列的作品可以看出勾线泼彩的神韵，《鱼之系列》《荷之系列》《鹤之系列》等打破他以往的创作风格，构图满中求空，静中求动，厚色与重墨相间，线与水相融，笔墨施彩之间一下鲜活起来，可以说，这是郭志光近年在画室静思的创造。泼墨、泼彩、泼水的融合创新，虽是传统的技法元素，但又不是简单的延续，可贵的是在创作与表现上的观念整合。笔墨是中国写意花鸟画"托物寄情"的艺术表现形式。所谓"托物"乃取其形;"寄情"就是写神,"以形写神,形神兼备"是画家通过笔墨传达内心感受,陶冶情操的理想境界。笔墨乃"以形写神"的工具,"形神兼备"乃画家借助有灵性的笔墨表达主观意趣的结果。因而,笔墨之运用,最能体现画家的内心世界,也成了艺术家个性特征的集中体现。郭志光擅长大章法的写意表现,将物象用泼彩的方式轻松挥洒,笔墨间见彩迹,泼彩中见水痕,表现中见气势,他主张采用单纯的无意识"破""冲"表现,在不经心中见精神,在寻常的彩墨笔韵中点线重构,充分表露胸中意气,并在彩墨的表达意境中,表现画面的张力。他一直强调以墨写意,以彩写神,反对简单地通过墨色变化追求形式意味,玩弄墨彩。他的作品《荷之系列》就深刻体现了他对墨色的独特认知。从20世纪80年代水墨大写意的畅快淋漓,到90年代的气韵贯通、天然成趣地彩墨表现,再到现在散笔补救,点线相间的构图,意象表现的风格显现,他的绘画主题已超越了题材本身的形上,阐释了一种笔、墨、彩、水的物化语言与意象天成的创作语境。

"随类赋彩"乃中国绘画的一大主题。郭志光近几年研究花鸟画用色亦有他独到的见解,并形成了自己的绘画理论,在教学过程中影响着学生。他早期的水墨花鸟作品,多

↑ 郭志光《荷之系列》

通过水墨的韵味表现对象而较少施彩，而现在则对色彩运用情有独钟，但又并非为追求画面的视觉表现效果，而是为充分表现特定情境下的意象之美。他用色讲究色彩隐于墨中而不滞，纯色浓设而不俗。善于将朱砂、胭脂、石青、石绿、藤黄与墨融合进行泼韵，还将丙烯与国画颜料结合，弥补调和表现力度的不足。将花卉的枝叶、鸟兽的身躯、山水之树石用墨彩分离，使线的造型、墨的韵味，在色彩的点笃、融合中更具表现力。其作品《武夷春色》《排云亭夕照》《意在瀚海》《荷塘风雨》等，大胆采用浓色晕染，明确地表达了画家的色彩观念，但又与传统的青绿山水和文人花鸟画有本质区别。在近年的绘画创作中，郭志光注入新的创作理念，强调中西合璧，融会贯通，不断对西方现代艺术和中国民间艺术进行研究探索，并有意识地运用到自己的彩墨创作中，这也是他在寻找新的艺术表现语言，不断进行艺术创新的大胆尝试。近来，他的一系列彩墨作品都从意象的色彩入手，在泼彩的表现中去发现花鸟画的新语境、新方法和新意象。彩墨变化既要借助纸、笔、水、墨、彩的性能与特点，还要有相当的技巧把握、控制画面的湿度和彩墨浓度，无论是破墨、泼墨、渍墨、积墨，还是宿墨、焦墨，在他的笔下能表

↑ 郭志光《花冠照日芥羽生风》

郭志光《紫气东来》

现自如。郭志光近期的彩墨作品表现力丰富，恣意挥洒，既有痛快淋漓的气势，又墨彩相和，色彩丰富，层次微妙，深厚凝重当中又透出灵动和生气。无论是笔下常见的《荷之系列》，还是动物鱼虫等物象的描述，都可以看出水墨与色彩的结合恰到好处，表达了整体朴厚又生动求变的彩墨气韵。凡读郭志光之画者，皆有共同感受，即画如其人。他所描绘物象无论是鹰、鹫、猫头鹰、猫等动物，还是花鸟鱼虫，山水奇石，无不风骨刚健、博大雄浑，这正是笔墨的力量与画家性格融合的体现。艺术风格的形成，与艺术家的性格、天资、禀赋、思维方式、生存环境和创作经历有直接关系。笔墨写照人生，通过具象和意象的有机结合，表现画家内心深处的精神空间。郭志光画作之所以能在传统基础上自成一体，并为艺术界所承认，这与其高尚的人格、孜孜不倦的艺术创新精神有直接关系。

郭志光先生的大写意花鸟画传承出新，传承与创新并举，自成一家，形成了属于自己的艺术语言和风格。他在创作中融入人生阅历与人文素养，表达了情感精神和生活态度，体现了高远的艺术追求和美学精神，形成了鲜明的艺术个性和独特的艺术风格。他的作品既具有传统精神又呈现出鲜明的时代特征。特别是大写意花鸟画的创作，若拘泥于物象，则失去笔墨精神，难有精神超越，只有外师造化、中得心源，才能达到花鸟寄托的艺术境界，从中捕捉到其笔墨的力度和美感，感受到扑面而来的精气神，体悟到作者的情操和境界。古人云"人品高矣，气韵不得不高"，此言极是。

附：郭志光主要著作及作品目录

一、主要著作

1. 郭志光:《郭志光画集》，北京：中国轻工业出版社1990年版。
2. 郭志光:《鹰鹫的画法》，济南：山东美术出版社1991年版。
3. 郭志光:《猫头鹰、猫的画法》，济南：山东美术出版社1991年版。
4. 郭志光:《怎样画鹰鹫》，济南：山东美术出版社1996年版。
5. 郭志光:《当代中国画精品集·郭志光》，济南：山东美术出版社1998年版。
6. 郭志光:《花鸟画画理》，桂林：漓江出版社2000年版。
7. 郭志光:《当代优秀国画作品集》，济南：山东美术出版社2003年版。
8. 郭志光:《郭志光花鸟画法》，济南：山东美术出版社2004年版。
9. 郭志光:《郭志光作品集》，成都：四川美术出版社2008年版。
10. 郭志光:《全国著名花鸟画家郭志光印象》，北京：人民美术出版社2008年版。
11. 郭志光:《水墨泰山》，杭州：西泠印社出版社2010年版。
12. 郭志光:《郭志光写意花鸟作品集》，北京：中国文化出版社2012年版。
13. 郭志光:《中国近现代名家画集——郭志光》，天津：天津人民美术出版社2013年版。
14. 郭志光:《中国画精粹》，上海：上海人民美术出版社2014年版。

15. 郭志光:《郭志光画集》，天津：天津人民美术出版社2014年版。

二、代表作品

1.《荷塘雨后》《青云直上》等，连续十七届入选日本国际水墨画展、韩国国际艺术大展和国际兰亭笔会作品展。作品入选文化部外展司在约旦、圭亚那、新加坡、印度、墨西哥等国举办的中国画交流展，入选美国之行五人联展和2007年法国卢浮宫国际沙龙绘画作品展等。

2.《春华秋实》（68cm×68cm，2017年）、《桃花流水鳜鱼肥》（81cm×75cm，1992年）等，入选全国政协、文化部、教育部、中央电视台书画院、中国美术馆、中国文联等主办的多种全国书画邀请展、学术点评展、国际交流展、名家提名展、教师作品展、全国花鸟画展、首届百家展、扇面艺术展、上海元首峰会作品展、浙美校庆展、北大校庆展、当代国画优秀作品展和山东省花鸟画晋京展等。曾获中国艺术研究院学术精诚奖和中国文联优秀作品奖。

3.《无畏》（82cm×74cm，1992年）、《鹫峰飞来》（200cm×260cm，2014年）等，入编《中国现代花鸟画全集》《中国当代优秀画家绘画选集》《中国当代美术全集》《中南海珍藏书画集》《中南海珍藏书法集》《中南海古迹楹联集》《中国花鸟画》《当代中国国画名家四条屏画选》等，并多次发表在《美术》等专业期刊。

4.《雄无争》500cm×260cm，2014年作，2017年5月5日捐赠给中国国家博物馆。

5.《喜上眉梢》200cm×250cm，2011年。

6.《花映晴波》200cm×250cm，2012年。

7.《逆水而跃力争上游》200cm×250cm，2012年。

8.《瑞气灼人》2199cm×250cm，2012年。

9.《桃园起舞》200cm×250cm，2012年。

10.《天矫峥嵘雄无争》200cm×250cm，2012年。

11.《风雨飞香》200cm×260cm，2014年。

12.《花好月圆人长寿》200cm×250cm，2014年。

13.《搏击长空》200cm×258cm。

14.《佛手荔枝》68cm×68cm，1995年。

15.《半坡山榴》101cm×68cm，1999年。

16.《云梦》96cm×180cm，2018年。

杜大恺

学高为师

杜大恺（1943— ），山东黄县（现龙口市）人，著名画家。毕业于中央工艺美术学院（现清华大学美术学院），师从祝大年、袁运甫先生，攻读装饰绘画。代表作品有：重彩壁画——《屈原·九歌》、重彩壁画——《悠悠五千年》、高温无光釉陶板壁画——《理想·意志·追求》。现为清华大学美术学院教授，博士生导师，清华大学美术学院当代艺术研究所所长，兼任中国国家画院公共艺术院执行院长。

装饰意境：杜大恺的水墨艺术 *

杜大恺先生济南展与作者留影，2017年

　　杜大恺先生为人好，画得好，很多学生追随他。无私的心地、豁达的性格、对生活的热情、对朋友的胸怀普照大家，交往中总有至情至善的真实和感动。艺术说到底，是人心灵性的显现，无论舒展胸中的逸气，还是反观内照生命的跃动，总离不开本心的尺度和格局。

　　中国传统水墨有自己的文脉，在精神层面是一种文人理

---

* 2017年11月，杜大恺水墨作品展在济南举行，本文是作者为此展览所作的评论。

想和情怀的寄托。儒家的忧患意识、道家的超然解脱、世事沉郁积淀的价值观念、生命体验等，

← 杜大恺先生艺术创作现场

都化为水墨的意象，往往能够唤起有着共同命运和追求的文人群体心灵深处的共鸣。水墨语言和境界里因此维系着一种精神价值体系，作为意象存在，与哲学义理呼应，烛照混沌的生命。但在社会转型与文化变迁的过程中，传统人文主义对人性与内心的追求建构之路很大程度上发生断裂。比如传统儒家认同的凡夫俗子可以变成士、士可以为君子、君子可以成贤圣的修为之路，道家向往鲲变为鹏、鹏怒而飞、一飞万里、生命到达自由而无限的境界，释家认为人可以从凡夫变为阿罗汉、小菩萨、大菩萨，最后成佛而不断超越自我达到至善的境界，这条以发展自身成全人格为目的的精神建构和修为之路，在近现代以来发生了深刻变化。水墨作为艺术形态得以存续，但赖以生成依托的人文世界经历了毁弃与重建，无论是入泥古窠臼，还是肢解传统、迎合观念，最大的问题是失了心神，有其形无其魂。水墨往何处去？因此成为一个文化命题，作为时代的文化镜像，折射心魂也普映苍生。在这样的背景下，杜大恺传承而出新的水墨创作，呈现了不寻常的意义。

杜大恺坚持中国传统的水墨方式，但突破了传统题材的阈限，以写生为基底，题材有传统村落、乡土民居、商贸集市、

↑ 杜大恺《梅州行》，纸本设色，123cm×248cm，2015年

市井人物，捕捉和打量的是日常生活本身。就像一个行者，一路走来，所遇所观不只是大山大水，有夏日窗前的一抹浓荫、斑驳寥落的电线杆倒影、农家院墙屋檐错落交织的印记。杜大恺注重现实生活的意味，甚至不刻意提取典型，表现的是平实的生活、寻常的景物、司空见惯的常态，是众生共同经历的生活，似曾相识间贯通的是一种深刻的况味。他用水墨创作观照现实生活，撷取鲜活意象，捕捉单纯之美，诠释其中的生命体验。这绝不是一种风格和技法，而是艺术家看待社会和时代的态度和方式，并用水墨创作努力再现这一不断变动、发展着的现实和内在的意义。生活变迁，当下人们面临新的境遇和问题，新的生活的深刻性和丰富性以及人们所需的精神慰藉与关怀，需要通过艺术语言、意象、境界加以诠释和表达，并达成新的共鸣。我想，中国水墨的破题之处正在于此，是建构内在鲜活灵动的精神而后形诸笔墨，而非仅是抽离了体验与追求之后的抽象观念表达和形式探索。

杜大恺《梅州行1》，纸本设色，123cm×248cm，2015年

杜大恺的水墨创作，探索了一条体现当代语境、具有当代意义的传承与出新之路。

　　杜大恺在现实的淬炼中塑造自己的艺术语境。他擅用单纯的水墨语言，将流动的韵律和现实的延宕融合在一起，在至简的笔法和物象中，表现深沉的况味、自由的空间以及现实的断裂和变化，以笔墨传神来探索深层次的情感表达。费舍曾言："现实从来不是现成的东西，现实是未完成的东西，是打开的东西，不是固定的状态，而是一个过程。在正在消失的现实中，已有新的真实在形成"。杜大恺在水墨意象中诠释了每时每刻都存在于生活和现实意义，并有一种诗意悠游其间。水墨语言的创新不是一个孤立的问题，从传统根基里涌出新的生命力是关键所在。近半个多世纪以来，艺术家们在不同的领域探索不同的表现手法和技法，力求突破创新，往往对水墨自身造型体系和内在精神基础的认识不足，简单套用西画的观察方法或因循古人的用笔概念，失了心境，难有其神，所谓创新实则无从下手。杜大恺的突破来自他对水墨的认识高度和艺术境界，是一种内在艺术精神的表达。他保留了人文传统中一己之心通达于天地万物的价值

2011年10月29日中国国家画院建院30周年庆典，清华大学美术学院杜大恺教授与作者交流

之源，又搁置了一切通常的感觉、概念、判断和一眼望去的自然外表，在自己的生命体验中把一切都还原到直观的真实之中，实现了新现实主义的水墨创新。

杜大恺在水墨艺术上的探索、变法、出新，与他深厚的学养及广泛涉猎工艺美术、装饰艺术、公共艺术、绘画艺术等各个领域密不可分。综合即出新，杜大恺半个多世纪的艺术经历，见证了我国工艺美术的变迁，参与了装饰艺术思潮与实践，推进了艺术教学的大变革，融入了深刻的生活体验创新的绘画语言。可以说，他是一位艺术界的多面手，是理论与实践的探索者，是表现生活的当代艺术家。所谓光景常新，温故而知新，杜大恺的水墨创作体现这种传统精神与当下生活、历史实践与传承出新的气象贯通，带给我们深刻的启示。中国水墨往何处去？杜大恺先生做出了生动深刻的回答。

在杜大恺先生作品展济南开幕之际，是以记之。

文心写意：读杜大恺的画作 *

杜大恺喜欢识山、写山、画山。山是他的偶像，画山是他心灵的寄托和人格信仰的喻示，杜大恺所阐释山的崇高、伟岸、壮丽和永恒正是他对人生的追求。

杜大恺先生是我非常敬重的老师，为人正直，有典型文人艺术家的品格，20世纪80年代我在北京求学做资料员工作时就已熟识，那时他清新、洒脱的绘画风格便给我留下了深刻的印象。我钦佩他的创作和为人之道。每次有见面的机会我都会向他请教一些问题，每次也都会有不同寻常的收获。"世界同梦·中国艺术贺奥运——杜大恺、王家新、周昌新联合艺术展"巡展到山东工艺美术学院，为学校的师生提供了观摩大家作品的机会。这次邀请杜大恺先生的到学校办画展本想再次与他聊聊一些艺术问题，但遗憾的是我正好在外地学习，不能亲自参加画展活动，也失去一次交流求教的机会。今写短文也算对杜大恺、王家新和周昌新艺术展的祝贺吧。

↑ 与杜大恺教授交流绘画原理

↘ 杜大恺水墨作品展

---

* 2018年9月，"世界同梦·中国艺术贺奥运——杜大恺、王家新、周昌新联合艺术展"巡展到山东工艺美术学院举行，此文为作者所作评论，原文刊发于《设计艺术（山东工艺美术学院学报）》2008年第06期。

杜大恺《异域行—爱尔兰》，水墨，634cm×45cm，水墨，2013年

杜大恺对艺术有独到的认识，尤其是对线与笔墨的衍生关系见解深刻，因此他的绘画风格在80年代即显示出独特的个性。杜大恺认为：线是虚拟的，总是倾向创造的人类天性的衍生物，线又是艺术中的现实。线不断经验着被超越的遭遇，西方艺术选择了再现事物真实性的描述方法，线逐步被弱化，甚至被遗忘，而转向了空间和体积；东方艺术围绕线自身生成与衍化的逻辑，形成了与空间和体积的样式同样复杂的体系。中国艺术是东方艺术的集大成者，线是中国艺术的性格特征。杜大恺47岁始自油画转向水墨，是在对自然和生命有了一番彻悟，真正读懂了水墨闲适恬淡的人文情怀之后才开始创作转向。正像他所认为的"中国画是由人生理想衍生出来的，它是理想中的现实"，他所追求的绘画境界高远，意图在点、线、面的疏影横斜中架构一个富有人文气息的意象世界。

江南水乡、青山绿水、翠荷池塘是杜大恺的艺术创作钟爱的主题。因为母亲是绍兴人的缘故，江南水乡的韵味和隽美让他动心动情，每每沉浸其中便有一种创作表现的冲动。但是阅遍中国画的传世佳作之后，杜大恺却发现古典的山水图式中没有江南水乡的表现语言，喜欢创新的他下决心探索一条表现水乡韵味的绘画之路。从绍兴的乌篷船开始，绍兴、

杜大恺水墨作品《宏村》，2013年

乌镇、周庄，江南山水、荷塘，粉墙黛瓦，还有写满岁月沧桑的斑驳的青石路，杜大恺娴熟地运用着线与面、体积衍生的交互关系，块白结构为主的绘画语言，在探索中描绘着，尝试着。随着对笔墨创作的磨砺，杜大恺形成了他自己所独有的、极富笔墨韵味和装饰美感的当代性语言绘画风格。《水乡入梦月正圆》《吾乡月影重》《江南此时秀色多》《春日山居》《同里渡口正午时》等代表作品，正体现了杜大恺艺术风格的成熟，这些创新的作品为中国古典绘画图式注入了新鲜的气息。江南水乡之外，杜大恺喜欢识山、写山、画山。山是他的偶像，画山是他心灵的寄托和人格信仰的喻示，杜大恺所阐释的山的崇高、伟岸、壮丽和永恒正是他对人生的追求。中国绘画以山水画的成就最高，自唐以降，历朝历代的山水画家已经探索了足够完备的山水表现程式。杜大恺画山别出心裁，他只画"赤裸"的、"筋骨突兀"的山，那样的山无遮拦地躺在蓝天白云之下，以赤诚面对人间。代表作《与山相喁》《天光云影山明晦》《泰山铭》《一山独峙天

▶ 杜大恺为上海合作组织青岛峰会创作的艺术作品

地间》《山影暗远峰》等，这些作品以山为媒，抒写了他别样的人文情怀。

杜大恺曾把自己的艺术追求概括为"当代的""中国的""我的"三个层次。"当代"是指历史序列中的即时性；"中国"是指国家或民族的文化自觉，是一种文化脉络的薪火承传；而"我"则是生命个体对生命存在的终极意义追问。杜大恺写山、写水、写人文风光，都映照了他的这种坚定执着的艺术追求。

杜大恺还是一个对社会有着深切人文关怀的艺术家。他知古通今，博学谦虚，成为一批年轻艺术家的良师益友。"相对其他劳动来说艺术更具有理想色彩，每个学艺术的也应充分认识艺术在整个社会中的独特作用，要锤炼自己的情感，学会怎样在理想主义前提下规范自己思维、行动，创作。同时提升自己对社会的关注，有对社会大众服务的意识。"这是杜大恺给年轻艺术家的忠告。

画如其人，杜大恺先生的画作正是其文心写意。作为一

个艺术家,他一直不知疲倦地走在创作探索的路上,这条路是一条属于杜大恺自己的路。

杜大恺写生创作

杜大恺在山东工艺美术学院主办的"2012城市公共艺术论坛"发言

附:杜大恺主要著作及作品目录

一、主要著作

1. 杜大恺:《当代名家线描画库——杜大恺线描》,合肥:安徽美术出版社1997年版。

2. 杜大恺:《中国当代装饰艺术》,太原:山西人民出版社1989年版。

3. 杜大恺:《杜大恺水墨作品集》,南京:江苏美术出版社2012年版。

4. 杜大恺:《鲁班学艺》,北京:人民美术出版社1982年版。

5. 杜大恺:《花木兰》,北京:清华大学出版社2018年版。

6. 杜大恺:《崂山道士》,北京:清华大学出版社2018年版。

7. 杜大恺:《女娲补天》,天津:新蕾出版社2010年版。

二、代表作品

1.《理想·意志·追求》,1986年,为河北省图书馆创作的无光釉陶版壁画。入选第七届全国美展,获铜奖。

2.《悠悠五千年》，1987年，为山东泰安大酒店创作的丙烯重彩壁画。

3.《江南情歌》，1988年，为南通港务大厅创作的重彩壁画。

4.《唐宫佳丽》，1993年，为西安皇城宾馆创作的重彩壁画。

5.《丝路英杰》，1995年，为敦煌山庄创作的重彩壁画。

6.《中华锦绣》，1995年，为北京西客站创作紫砂陶版壁画。

7.《永远盛开的紫荆花》，1997年，由国务院委派，任中央政府赠送香港特别行政区大型雕塑创作组组长，因此获国务院及轻工业部嘉奖。

8.《中华颂》，1997年，为人民大会堂创作的紫砂陶版壁画。

9.《世纪柱廊》，1997年，为青岛东海路创作。

10.《生命礼赞》，1998年，为青岛博物馆创作花岗岩浮雕壁画。

11.《生命的乐章》，1988年，为青岛人民大会堂创作纤维壁画。

12.《中华千秋颂》，1999年，作为主稿之一，参与创作北京中华世纪坛壁画。

13.《孔子讲学图》，1999年，为加拿大中国文化中心创作花岗岩浮雕壁画。

14.《崂山故事》柱廊，2002年，为青岛高科园广场创作。

15.《与山相喁》，2002年，入选"中国画百年展"。

16.《文明的历程》，2003年，为中国科学院图书馆创作漆壁画。入选第十届全国美展。

17.《黄河万古流》，2003年，为郑州市人民代表大会办公楼创作花岗岩浮雕壁画。

18.《唐宫佳丽》《文明的历程》，2004年，入选"首届中国壁画大展"，并分别获大奖及优秀奖。

21.《红云飞过井冈山》，2008年，入选由中国美术馆和中国国家画院主办的"新时期中国画之路·1978—2008作品回顾展"。

22.《黑影幢幢成遗响》，2009年，作品参加由中国美术馆和捷克布拉格国家美术馆共同主办的"开放的视域——中国当代艺术选展"。

学 高 为 师

第三部分 怀念长者

王朝闻 　学高为师

王朝闻（1909—2004），又名王昭文，笔名汶石、廖化、席斯珂，四川合江人，著名雕塑家、文艺理论家、美学家。历任延安鲁迅艺术文学院、华北联合大学教师，中央美术学院副教务长、教授，《美术》主编，中国美术家协会副主席、顾问，中国艺术研究院副院长，中华美学学会会长、名誉会长。中国文联第一、二、三、四届委员及第六届荣誉委员，中国美协常委、副主席，先后在中国作协任理事、顾问、名誉委员等要职，全国第三、四、五、六届政协委员。

怀念王朝闻先生 *

→ 作者在纪念王朝闻先生百年诞辰座谈会发言

2009年4月18日,是王朝闻先生诞辰百年纪念日,这是一个值得铭刻的日子。王朝闻先生的学术思想不仅奠定了富有特色的中国艺术理论的基础,更重要的是这些美学思想和理论滋养影响了几代人,而作为曾经聆听朝闻先生教诲的年轻学人,他的微笑,他惊人的勤奋与智慧,至今仍清晰地浮现在我眼前。

王朝闻先生的名字取自《论语·里仁》中孔子云"朝闻道,

---

* 2009年10月18日,是王朝闻先生诞辰百年纪念日,此文为作者所撰的纪念文章,原文刊发于《山东社会学科》2009年第4期,题目为"艺术与生活的统一——纪念王朝闻先生诞辰100周年"。

《王朝闻全集》(人民出版社、青岛出版社，2019年)

夕死可矣"的语义，体现了他对人生真理、生命意义的终极追求；他著作等身，始终保持着激昂的创作热情，他笔耕一生，影响了中国文艺界几代学人的奋斗历程与方向；他的美术作品《毛泽东选集》浮雕头像及雕塑《刘胡兰》被载入中国当代美术的史册，成为新中国美术的代表作，他还参与了人民英雄纪念碑浮雕的创作；他为人宽容亲切、平易和蔼、睿智幽默，在生活中体味艺术，在艺术中融注人生，对他来说，艺术与生命已水乳交融，难以分割。他是中国艺术界的一代宗师。朝闻先生在美术、文学、戏剧、曲艺、电影等艺术领域无一不通，总是能够从独特的艺术创作体验入手来研究艺术的原理，其学术思想的深刻性自在其中。这也符合了朱光潜先生的那句话："不通一艺莫谈艺。"

在 1986 年的全国美术理论研讨会上，我有幸结识了这位可亲可敬的一代学者，并到北京中国艺术研究院美术研究所在他主持的国家重点项目《中国美术史》编辑部做资料员，从而能够亲聆先生的教诲，这是我人生中最为值得珍忆的一

➡ 生活中充满朝气的王朝闻先生，与小朋友笑笑"顶牛"

段宝贵的学习经历。当时的王老不仅在美学原理、审美与美感、雕塑、小说、诗词、戏剧、绘画研究方面取得了卓越的成就，而且还特别关注中国民间艺术，他认为，民间艺术是人民大众喜闻乐见的重要的艺术形式，这些思想对当时我们这批来自不同省市的年轻人产生了深刻的影响，大家都十分爱戴他，仰慕他深厚的学识。我们在专业上从头学起，并立志做好这些学者的后勤兵。

1989年12月，作为对年轻人的鼓励和鞭策，朝闻先生为拙作《中国民俗剪纸图集》作序《化者无极》。在这篇序言里，朝闻先生对中国传统民间艺术的审美观念、审美情趣有着独特深刻的见解。1990年拙作《论中国民间美术》出版，王朝闻先生又欣然作序，序的题目为《美得太》。"美得太"作为从陕北民间借来的土语本身就具有特殊的审美情感。他在这篇序中说："如果民间美术研究者仅仅向读者复述一些印象而缺乏深入的分析，当然谈不上研究。同时，如果态度冷静到冷酷的程度，这样的研究未必还是自觉有趣的。"朝

王朝闻、简平夫妇与作者合影

闻先生的这段话不仅充满了辩证法的哲理，同时也是对民间艺术研究者提出的要求。二十多年对民间艺术的钟情使我能够深切体会朝闻先生这段话的内涵，对民间艺术的研究只有是自觉有趣的才能"美得太"，如果只有感性认识、情感体验而缺乏深入的探讨，我们的研究就不能够进步，在当前非物质文化遗产热的现实情境下，这段话颇有现实意义。在这篇序的最后，朝闻先生明确提出此类著作的出版以及民间艺术研究"有利于消除民族文化虚无主义的消极影响"，他认为我们无论学习当代艺术还是传统艺术，如果我们自己不尊重自己，不剔除民族虚无主义的东西，那么我们的民族也就没有了希望。

在做学问方面，朝闻先生常常鼓励我们从点滴做起，打好基础。他主张把资料收集的过程作为一个研究学习的过程，从源头出发，从资料入手，集众家所长，把知识融入学术，以思想带动知识。在我的印象中，他每次和大家谈话都那么风趣，既富有人生哲理，又蕴涵着学术思想，在幽默中见智

王朝闻先生与《中国民间美术全集》编撰人员合影

慧，在严谨的治学中又体现出对后辈的关怀。与同时代的朋友相比，我是幸运儿，因为我曾在朝闻先生身边陆陆续续地工作了六年时间。在跟随他的时间里，他一直鼓励我要有铁杵磨成绣花针的奋斗精神，认准研究民间美术的大方向，来日方长，对民间美术的痴情定能得到可喜的回报。正因为有了如此的厚爱和不倦的激励，在此后乃至今天的工作中，我都始终遵循着先生的教诲，我想以自己对事业的执着与奉献来回报先生当年对我所寄予的希望。

当然，先生的为人与教诲是我一生的财富，永远鞭策着我。后来我又有幸参与到朝闻先生主持编纂的大型民间艺术丛书《中国民间美术全集》的队伍里来，又亲身领悟到他对民间美术的心得，他要求全集的主创人员深入民间采风，与艺人交朋友，关注民间艺术的审美方式，打破固有的学科分类模式，从生活中发现中国传统民间艺术的魅力所在。在纪念朝闻先生九十年华诞及学术活动70周年的座谈会上他曾这样说道:"我的才智除党对我的教育之外,就是人民对我的教育。我为什么这样重视民间美术呢,为什么那么重视人民的艺术呢?是人民的艺术直接教育了我。"

随朝闻先生工作的日子里,我不仅深切地感受到他是一位极富艺术想象力的艺术家和学者,同时也是一位热爱生活的老人,他的生活观就是他的艺术观、审美观与哲学观。他诙谐风趣的生活方式和特有的审美境界及审美感知力对我来说印象深刻,至今仍历历在目。

↑ 作者陪同王朝闻先生游威海

1992年,陪朝闻先生在威海的一个小渔村里写作。有一天,他发现村里有一个名叫"明天倒"的饭店,顿时产生了极大的兴趣,他对渔民能够抓住游客的消费心理来设计店名这一现象反复琢磨,当晚彻夜撰稿,第二天就寄往了《瞭望周刊》。当时,已逾八十岁的朝闻先生每天都抽出闲暇与天真的孩子们一起去大海游泳,老人的身体很硬朗,在海中出没自如。他特别愿意教邓清、小虎子、笑笑这群孩子学习游泳的技巧。他说:"大海是一种精神,可以培养孩子认识自然、敢于探险的意识。"他与孩子们一起玩耍,扮鬼脸,顶牛,调皮,用童言童语对话……他童心未泯,似乎在扮演一个儿童的角色,但同时又是一个观察儿童心理和行为的学者,他在了解儿童的审美心理,观察孩子们的审美活动。

智慧、敏锐与勤奋,使王朝闻先生成为中国新文艺理论创作与研究的著名学者。在70余年的艺术生涯里,他从现

《王朝闻集》出版暨王朝闻学术活动70周年座谈会，1999年

实中发现问题，并撰写数十部著作。他主编的《美学概论》自20世纪50年代至今一直被列为大学读本，并已再版29次，对我国当代美学教育发挥了重要作用。他是一位热爱生活的人，注重体验生活，观察生活，感受生活，把握审美规律，解读审美心理，其学术贡献被世人所景仰。朝闻先生的艺术理论包含着自己对艺术、对生活的审美经验和感受，他把自己的艺术美学理论和日常审美感悟结合起来，善于在日常生活平淡无奇的现象中和他人熟视无睹的细节里发现美的规律，无论是水中轻柔扩散的波纹、屋檐下淅淅沥沥滴落的雨珠、蓝天上悠悠飘浮的白云，甚至他收集的一块石头，他都能够从中发现对于美的独特认识。

朝闻先生曾说，做学问要沉得住气，经得住风雨，甘于寂寞；要舍得花时间，不认真不行。直到朝闻先生病前，他还每天伏案在放大镜下艰难地修改他的《审美谈》《雕塑雕塑》等学术文集，即使在住院期间，他还惦记着正在编辑中的书稿。王朝闻先生的治学态度和学术精神铸就了当今艺术界的一座学术丰碑，我们永远怀念他。

冯其庸

学高为师

冯其庸（1924—2017），名迟，字其庸，号宽堂，江苏无锡人，著名红学家、史学家、书法家、画家。曾任中国艺术研究院副院长、中国红学会会长、中国戏曲学会副会长、中国作家协会会员、北京市文联理事、《红楼梦学刊》主编等职。曾获文化部颁发的"中华艺文奖"终身成就奖、中国人民大学首届吴玉章人文社会科学终身成就奖。

怀念冯其庸先生 *

冯其庸先生（中）与作者合影

丙申年岁末，我正在闽南地区进行民艺调研，得知冯其庸先生逝世的噩耗，先生的弟子叶兆信回信息说先生走得很安详。腊月二十七，我专程赶到先生灵堂吊唁，寄托哀思，看望了夏师母，她深情地回忆冯先生当年对后生们的培养、器重、关爱和支持，先生关心我们学术的进步和事业的发展。往事如昨，冯其庸先生的教诲言犹在耳，如今百世隔音尘，祭香深拜，难抵悲怀。

冯其庸先生是文化大家，他研究曹雪芹家世、《红楼梦》

---

* 2017年1月22日，冯其庸先生病逝于北京，此文为作者所撰的纪念文章。

作者吊唁冯其庸先生

脂本、红楼梦思想等红学问题，取得的成果在学术界产生了重大影响；他的学术研究贯通中国文化史、古代文学史、戏曲史和艺术史，有杰出成就；他是诗人、画家、书法家，以诗书画语诉肺腑衷肠，成高迈境界。芸芸众生，冯其庸先生的智慧学养是种天赋，为学问而生，成就了卓越的学术事业；世事沧桑，冯先生一路几经贫困不辍其志，多少磨砺坚守其心，"虽万劫而不灭求学求真之心"，书写创造的不只是艺术与学术的篇章，更有命运人生的分量和意义。

吾生有幸，求学路上得仰高风，冯先生孜孜不倦治学，至真至诚待人，指导教诲皆如春风，特别是对一个行进跋涉的后学来说，学问大家的鼓励、指导和示范是人生路上最宝贵的雨露恩泽。记得我1987年借调中国艺术研究院《中国美术史》编辑部当资料员期间，冯其庸先生担任副院长，他很关心我从事的民艺研究，常问及我调研的手工艺领域，就民间紫砂工艺曾进行过很深入的交流，并在工作生活各个方面给予关心和指导。印象最深的是，冯先生谈治学方法，讲勤

↑ 冯其庸先生著作（部分）

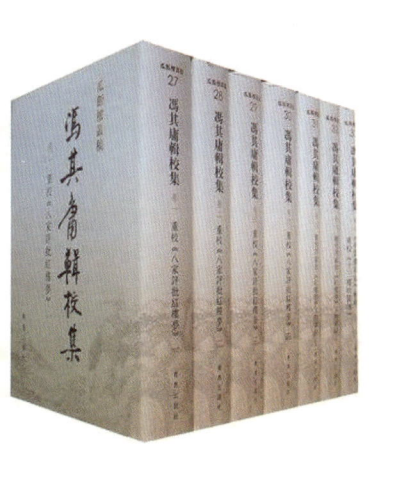

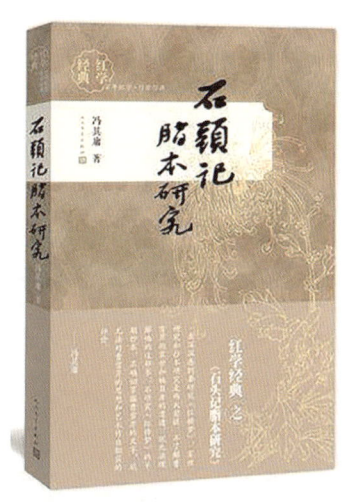

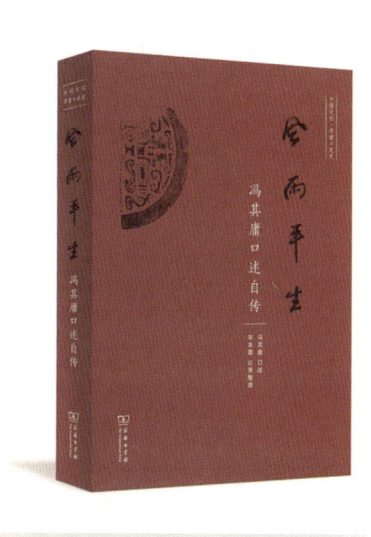

→ 冯其庸藏录编著《瓜饭楼藏文物录》

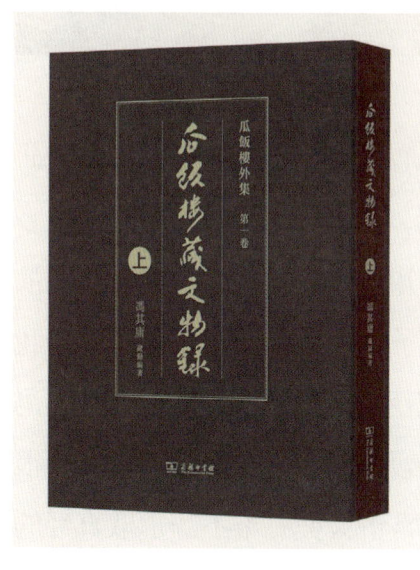

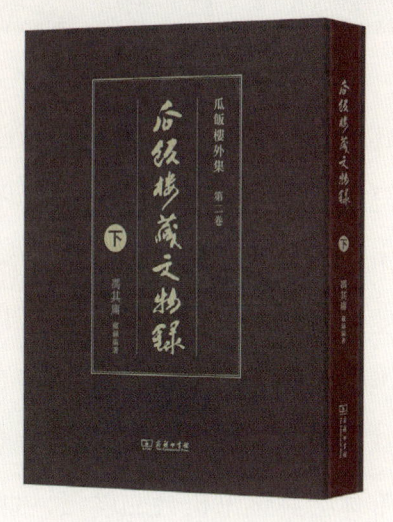

奋读书与调查实践二者兼备、不可偏废，他说："知识有两个来源，一个是历史的积累，将几千年中前人的科学成果保存下来，第二个是靠实践调查，不去调查你不会发现新的问题"。正如他累次西行，数去新疆，上高原，进沙漠，不避寒暑，实地考察，取得了汉唐文化宝贵的原始资料和学术成果。冯先生强调"勤奋是最为质朴又颠扑不破的读书之道"，也强调"仅仅读书还不行，最好能与调查、实践紧密结合起来，求之于书，证之于实，在实践中检验知识、完善知识"。文史如此，民艺

冯其庸先生与作者探讨黑陶工艺

亦然,先生当年的教诲铭记在心,启示和鼓舞我们在民艺研究中不固守书斋,不盲从理论,踏踏实实走进田野,走进乡土生活,在真实的生活流里感知和理解民艺的生成创造和演变发展的规律,在老百姓过日子的悲欢寄托里把握和阐释我国民艺现实而朴素、平凡而广泛的美的理想、美的观念。冯其庸先生治学讲勤奋,他感慨没有经历过失学痛苦的人,很难体会到读书机会的珍贵,他常讲玄奘万难不辞求取真经的精神,"一辈子下真功夫、苦功夫"追求真知,正如他感慨"大哉乾坤内,吾道长悠悠",先生的榜样示范启示我们学术求索,守志养心,其间纵有艰辛,但有更多更深的喜悦和收获。

往事如烟似梦,如今回首历历在目。冯其庸先生以学养德行感染带动大家,其中既有一批批年轻的学生学者,也有扎根基层的文化工作者和民间老艺人。还记得我在1989年做民间纸扎工艺调研,当时冯先生在商丘主持召开中国汉画学会研讨会,特别邀请冯先生顺访了我家乡山东曹县,虽是短时停留,但对家乡的文化建设意义深远。曹县素有商代第一

↑ 20世纪60年代，冯其庸先生在长安县马河滩大队

↗ 冯其庸先生与启功先生交流绘画作品

都之称，有深厚的历史积淀，冯先生对商代文化非常感兴趣，他走访了文物管理所，与文管人员进行了交流，详细了解文物保护的措施，共同探讨商代文化的研究路径，给当地政府和文物部门提出了非常有价值的建议。我家乡是戏曲之乡，冯先生询问地方戏曲的发展状况，与当地文化局交谈寻找戏文的发展脉络。冯其庸先生在曹县短暂停留期间，感受到书画之乡的热情好客，与最基层书画界人员交流，并将书法作品赠予当地的文艺工作者。曹县一行后，冯其庸先生又专程赶到济南，出席了工艺美院举办的"曹县戏曲纸扎艺术展"等学术活动。他不顾一路辛苦，为展览写了序言，出席了展览的开幕式并致词。他在序言中写道："纸扎艺术是一种古老的民间艺术，最早可见于《老子》。鲁西南以戏曲为主的纸扎艺术不仅具有浓厚的地方艺术特色，且可见戏曲传统及民俗。这是一种可贵的文化遗存。今年得以有关部门重视并予展览，希望能引起更广泛的重视，使这种艺术如同汉画等一样得以保存则幸甚。"冯先生在致辞中指出"这次展览的意义是让民间艺人走进了高等学府，让大学生看到了他们的民间工艺

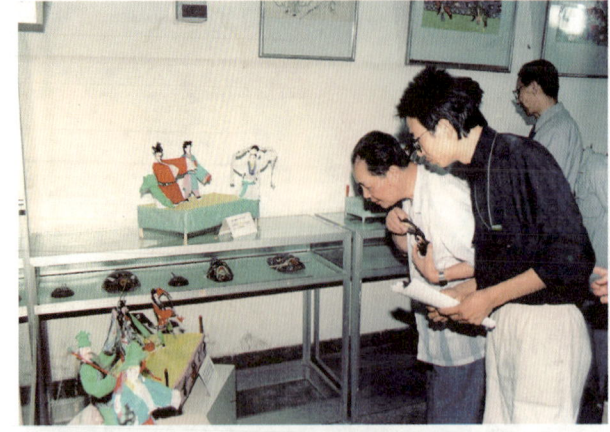

作品",对工艺美院传承民间艺术的办学理念给予高度评价,也对我坚守的民艺研究事业给予了莫大的鼓励。学术活动期间,冯先生两次到制作现场看望四位民间老艺人,特别关心他们的生活状况,对他们所扎制的地方戏曲曲目进行了现场了解,对当地戏曲文化研究给予了悉心的指导,希望我们保护传承好民间传统工艺,其间还与陆懋曾先生、于希宁先生、孙长林先生等进行了学术交流。这是一次难忘的山东之行,冯先生调研的时间虽短,但留给山东的文化思考是长远的。

感怀教诲,心中有悲痛更有感动。冯其庸先生一直关心我们年轻人的学术成长,鼓励我一定要坚守民间美术研究这条道路。我借调研究院期间,他曾多次举荐我留北京在

↘ 1989年,冯其庸先生观看山东曹县民间纸扎艺术展览

↑ 1989年,冯其庸先生在山东曹县民间纸扎艺术展览上致辞

↘ 1989年,冯其庸先生与民间艺人交流戏曲艺术

↑ 1989年,冯其庸先生与山东曹县民间纸扎艺人合影,左二为时任山东工艺美术学院党委书记孙长林,左三为著名画家于希宁,左四为时任山东省政协副主席陆懋曾

→ 作者看望冯其庸先生

专业艺术机构从事研究工作。记得 1992 年我离开中国艺术研究院赴南艺读书时，冯先生在他家跟我一席长谈，讲了许多做人做学问的道理，讲了从事民族民间文艺研究的重要性，讲了治学的责任与担当。1996 年我回山东工艺美院之后，虽联系少了一些，但冯其庸先生一直很关心我从事的民艺研究，并在大学艺术教育与人才培养等方面给予指导。因为冯先生是穷苦家庭出身，他对我们这些地方借调的工作人员有着特殊的感情，给予了特殊的帮助和支持，当时的提携或许是一生难得的机遇，与先生短暂的交往确成了事业的又一起点。

人事苍茫，岁月愈长，经历的离别告辞愈多，这是我们无法摆脱的困惑。时不可逆，没能在先生疏朗康健时多见上几面聆听教诲，已是永远的遗憾。丙申丁酉交替，辞别旧岁之际，先生长行，心里更添寂寥。此时，在北方的冬夜里，重读先生之作，怀想音容，泪中含笑。正如先生在嘉峪关剪影的七律中所咏："天下雄关大漠东，西行万里尽沙龙。祁连山色连天白，居塞烽墩匝地红。满目山河增感慨，一身风雪识穷通。登楼老去无限意，一笑扬鞭夕照中。"

冯其庸先生走好。

丁酉年正月初六於历山作坊

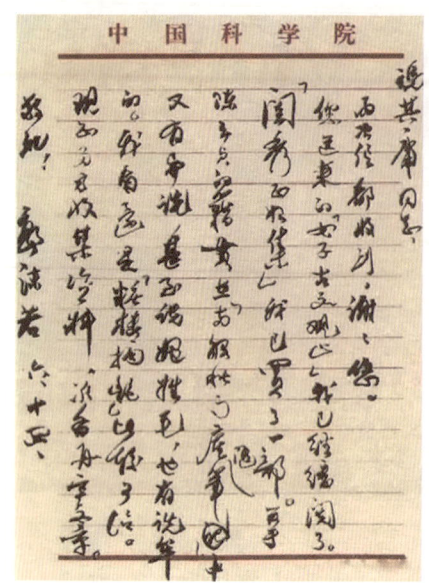

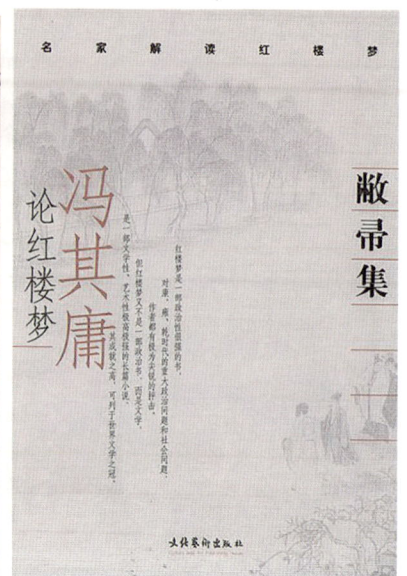

◀ 冯其庸与郭沫若书信

◀ 冯其庸著《敝帚集：冯其庸论红楼梦》

附：冯其庸主要学术著作目录

1. 冯其庸:《历代文选》,北京：中国青年出版社1962年版。

2. 冯其庸:《论庚辰本》,上海：上海文艺出版社1978年版。

3. 冯其庸:《春草集》,上海：上海文艺出版社1979年版。

4. 冯其庸:《逝川集》,西安：陕西人民出版社1980年版。

5. 冯其庸:《曹雪芹家世新考》,上海：上海古籍出版社1980年版。

6. 冯其庸:《脂砚斋重评石头记》,北京：中国青年出版社1980年版。

7. 冯其庸:《梦边集》,西安：陕西人民出版社1982年版。

8. 冯其庸:《新校注本红楼梦》,北京：人民文学出版社1982年版。

9. 冯其庸:《曹雪芹家世·红楼梦文物图录》,香港：香港三联书店1983年版。

10. 冯其庸:《朱屺瞻年谱》,上海：上海书画出版社1986年版。

11. 冯其庸:《蒋鹿潭年谱·水云楼诗词辑校》,济南：齐鲁书社1986年版。

12. 冯其庸:《脂砚斋重评石头记汇校》,北京：文化艺术出版社1989年版。

13. 冯其庸:《秋风集》,北京：文化艺术出版社1990年版。

14. 冯其庸:《吴梅村年谱》,南京:江苏古籍出版社 1990 年版。

15. 冯其庸:《红楼梦大词典》,北京:文化艺术出版社 1990 年版。

16. 冯其庸:《八家评批红楼梦》,北京:文化艺术出版社 1991 年版。

17. 冯其庸:《漱石集》,长沙:湖南岳麓书社 1992 年版。

18. 冯其庸:《曹学叙论》,北京:光明日报出版社 1992 年版。

19. 冯其庸:《曹雪芹墓石论争集》,北京:文化艺术出版社 1994 年版。

20. 冯其庸:《瀚海劫尘》,北京:文化艺术出版社 1995 年版。

21. 冯其庸:《落叶集》,北京:北京社会科学出版社 1997 年版。

22. 冯其庸:《增订本曹雪芹家世新考》,北京:文化艺术出版社 1997 年版。

23. 冯其庸:《中华艺术百科大辞典》,北京:商务印书馆 1998 年版。

24. 冯其庸:《评批〈书剑恩仇录〉》北京:文化艺术出版社 1998 年版。

25. 冯其庸:《评批〈笑傲江湖〉》,北京:文化艺术出版社 1998 年版。

26. 冯其庸:《〈石头记〉脂本研究》,北京:人民文学出版社 1998 年版。

27. 冯其庸:《脂本〈石头记〉研究》,北京:人民文学出版社 1999 年版。

28. 冯其庸:《夜雨集》,北京:北京友谊出版公司 1999 年版。

29. 冯其庸:《墨缘集》,哈尔滨:黑龙江教育出版社 2001 年版。

30. 冯其庸:《冯其庸点评红楼梦》,北京:团结出版社 2004 年版。

31. 冯其庸:《瓜饭楼重校评批〈红楼梦〉》,沈阳:辽宁人民出版社 2005 年版。

32. 冯其庸:《敝帚集:冯其庸论红楼梦》,北京:文化艺术出版社 2005 年版。

33. 冯其庸:《冯其庸书画集 普及本》,北京:文物出版社 2006 年版。

34. 冯其庸:《汉画解读》,北京:文化艺术出版社 2006 年版。

35. 冯其庸:《瓜饭集》,北京:商务印书馆 2009 年版。

36. 冯其庸:《冯其庸辑校集 蒋鹿潭年谱考略〈水云楼诗词〉辑校 重校〈十三楼吹笛谱〉》,青岛:青岛出版社 2011 年版。

37. 冯其庸:《冯其庸文集 全 16 卷》,青岛:青岛出版社 2012 年版。

38. 冯其庸:《论红楼梦思想》,北京:商务印书馆 2014 年版。

39. 冯其庸:《人生散叶》,北京:人民文学出版社 2017 年版。

40. 冯其庸:《风雨平生 冯其庸口述自传》,北京:商务印书馆 2017 年版。

孙长林

学高为师

孙长林（1922—2012），河南省三门峡人。著名艺术鉴藏家，山东工艺美术高等教育事业的主要奠基人，中国工艺美术学会的重要领导者。1978年首次提出在山东建立一所高等工艺美术学院，并推动学院完成独立建制，2000年5月担任山东工艺美术学院名誉院长。先后无偿向山东工艺美术学院捐献4646件（张）珍贵藏品，切实推动了中国工艺美术事业发展和设计艺术人才培养。

怀念孙长林先生 *

> 孙长林学术研讨会暨九十寿辰庆祝大会，2011 年

今天 10 时 39 分是农历节气清明，"万物生长此时，皆清洁而明净"，梨花风起，春意葱茏，既是踏青远游之时，也是祭祖扫墓、慎终追远之日。其实，自然巡回，荣枯有时，从萧索到萌发，从肃穆到盎然，大概只需假以时日，便可待光阴流转万物复苏；但人生的记忆和路程却是一条单行线，疾驰而过，不可复转，曾经相依相伴的亲人，曾经教诲扶持的师长，曾经休戚与共的朋友，随时间逝去，只能长留心间。所以，清明的节俗似乎胜过了它的春意，纪念先人，怀念逝

---

* 2015 年 4 月 5 日清明节，孙长林塑像落成，此文为作者所撰的纪念文章。

2007年7月清华美术学院，孙长林（左一）与秦岱华（左二）、潘鲁生（左三）、曾昭明（右二）、袁运生（右一）交流古陶瓷

者，在追忆中拭去心伤，心怀感恩继续前行。

晨雾蒙蒙，鲜花灵露，清明节一大早我们就到了孙长林先生的墓地，驻足肃立，纪念追思。

孙老是我人生的导师，为人为学为教，都为我树立了最重要的榜样。孙老倡导教学与实践相结合，1983年工艺美校升格办大学时他倡导同时成立实验厂，使我有机会留校在实验厂得到锻炼，专业的道路由此起步。他的教育理念也奠定了山东工艺美院的办学方向，即使在20世纪末21世纪初高等教育特别是艺术教育最膨胀发展的阶段，我们也一直坚守着工艺美术的本分，一所大学该有自己的安身立命之本。

孙老把艺术教育作为自己的人生理想。他执着于艺术收藏研究，20世纪80年代初，我陪孙老到博山美陶美琉、博兴工艺品厂、威海抽纱厂等山东工艺美术企业调研，到曲阜灵光殿遗址等文物商店、文化市场探访，一直到孙老80岁时仍能看到他骑着自行车到文化市场的身影。而这些几十年

↑ 1983年孙长林先生在山东轻工业学院工艺美术分院（山东工艺美术学院前身）的学院大会上

→ 孙长林先生与夫人张淑媛

来不遗余力寻回的珍宝，都捐赠给了他创办的学校。孙老谦和谦虚，大事小事都为别人着想，礼让为先，他尊重艺术，尊重艺术家，结交了一批现当代艺术家，黄育、张仃、黄永玉都是他的知己故交，有很多感人的故事。他把艺术家的资源都给了这所年轻的大学，常书鸿、庞薰琹、张仃等中国现当代工艺美术史上的名师大家，都曾为这所学校的诞生与发展做过贡献。

孙老对自己对家人对部下对员工要求严格，在生活上勤俭朴素，在工作上严格认真。没有什么浮华的虚名利益是令人心动的，生而为人，重要的是铁骨铮铮的一股子内力，孙老即使九十高龄也能顽强地与病魔抗争，舒展自己的韧性和高度。过往远去，精神长存，我常对入学的新生、对即将走出校门的毕业生，还有我们的青年教师讲孙长林精神，建议大家常到孙老的博物馆走一走、看一看，不只是在渴求知识想了解文物与收藏历史的时候，也可以在人生和专业感到迷茫和消沉的时候去走一走、看一看，体会孙老非同寻常的眼界和泽被深广的作为。熙攘牵绊中，那是一种心灵的净化和

洗礼，是孙老对这所大学的精神的恩泽，让我们知道为学为人的意义所在。一个人的伟大并非靠短暂的荣耀时刻得以彰显，而是体现在他的日常工作和生活中。

雨后的清明寒意仍在，碑石静默，塑像温存，伫立相对思绪万千，过去时日里的点点滴滴涌上心头。思念孙老，思念与这位了不起的智者长者在一起的每一个时刻，还有工作生活上的每一件往事，若是时光倒流，多想再听他的教诲，感受他的音容。此时，唯有感念命运的恩泽，让我得遇孙老

↗ 孙长林与庞薰琹

↑ 孙长林与张仃

↘ 1986年，孙长林与祝大年夫妇在济南红叶谷

↑ 2010年7月，在济南涌泉书院与著名艺术家画家黄永玉交谈

↑ 孙长林艺术馆（局部）

这样的高风亮节之士，感知世事人生可达的境界和高度。

流光似水，北斗光寒，唯有可贵的精神浩然长存，留下无尽的温暖的慰藉。

附：孙长林主要著作目录

1. 孙长林：《美的源泉 中国民间工艺美术学术论文集》，北京：中国旅游出版社1993年版。
2. 孙长林：《中国民间年画集》，济南：山东美术出版社2010年版。
3. 孙长林：《中国民间玩具集》，济南：山东美术出版社2010年版。
4. 孙长林：《山东汉画像石集》，济南：山东美术出版社2010年版。
5. 孙长林：《中国陶瓷集》，济南：山东美术出版社2010年版。

冯元蔚

[学高为师]

冯元蔚（1930—2019），彝族，彝名巴胡母车，四川省西昌市人，民间文艺学家，彝族文化研究学者。曾任四川省政协主席、西南民族学院院长，第七、八、九届全国政协常委。1996年任全国文联副主席，2007年荣获中国民间文艺"山花奖·民间文艺终身成就奖"。

怀念冯元蔚先生 *

2015年冯云蔚先生（前右）在凉山州冕宁县调研彝族新村建设

惊悉冯元蔚先生逝世，心中哀恸。回想2016年8月赴川调研期间，曾安排专程到成都看望冯元蔚主席，不巧主席在家乡休养，只在电话里汇报了民协的工作和民间文艺的有关发展计划。冯元蔚主席听了很高兴，嘱咐我们要传承好民协的良好学术传统，把民族民间文艺工作做扎实，多培养些青年人从事民间文艺研究工作。之后，也有几次相约，但都未能如愿。本计划当年7月底到成都拜见，聆听老主席教诲，不想竟成终生的遗憾。

冯元蔚先生曾任第五届中国民间文艺家协会主席，是

---

* 2019年7月15日，冯元蔚先生于成都去世，此文为作者所撰的纪念文章。

令人景仰的民间文艺大家，为民间文艺事业做出了卓越的贡献。作为彝族学者、中国民间文艺学家，他精通新老彝文，在彝族语言文字和民间文学研究领域具有深厚造诣，自20世纪50年代投身民间文学"采风"运动，冯先生遍访大凉山的彝族村寨，对凉山彝族地区的民间文学进行了全面调查，不仅搜集了大量民间新诗歌和流传的民间叙事诗版本，还重点记录整理了彝族著名史诗、叙事诗《勒俄特依》《玛木特依》《妈妈的女儿》《我的么表妹》等，编纂出版了《大凉山彝族长诗选》《大凉山彝族故事选》，对彝族民间文学的搜集、整理、研究和出版做出了开创性的贡献。冯元蔚先生以彝汉双语对比研究为基础，开展彝文典籍整理翻译，产生了重要影响。他大力推进少数民族文学研究与教育，在60年代即参与编写《彝族文学概况》，概为全国最早的彝族文学史教材，曾编写《中国少数民族民间文学选集》《中国少数民族文学作品选》等，以期汇集"各兄弟民族的文学成果、文学经验、文学发展史"，并于70年代末参与发起成立了"中国少数民族文学学会"。1994年，冯元蔚先生在讲话中指出："无论是民间故事、歌谣还是谚语，对儿童教育、青少年教育，都是最生动、最有效的教材。民间文学的教育、审美作用，是别的文学形式不能替代的。我们应当把民间文学看作当今对青少年教育的

↑ 2013年冯元蔚先生（中）在四川省文联成立60周年时参观四川民协成果

2007年冯云蔚先生在绵竹市年画新村调研绵竹年画传承发展情况

最佳课外教材,使它在我们整个社会主义教育中发挥应有的作用。"他大力推进民族教育,促进西南民族学院彝文专业等学科专业建设,培养的西藏少数民族学员大部分成为各领域骨干。冯元蔚先生将研究视野拓展到少数民族文化、哲学与社会历史,曾参与编写《西南少数民族名人录》《凉山彝族奴隶社会》等,并在80年代撰文探讨《加强区域性经济发展战略研究促进西南民族地区经济的发展》,体现了对民族地区发展的真挚感情、文化情怀和广阔视野。作为民间文艺学家、中国民间文艺家协会主席,冯元蔚先生始终致力于民间文学的抢救、搜集、整理和研究工作,他不仅从本民族文化研究入手,严谨治学,从政奉献,在深入调查采录工作中采集了大量民间文学作品,出版了具有深远影响的文献著作,积累了宝贵的调研采风经验,而且大力支持中国民间文学"三套集成"的编纂和出版工作。"他多次强调,四川作为祖国大西南的重要省份,抢救整理民间文学遗产极为重要。在他的积极努力下,四川省委、省政府很快批准了'三套集成'的工作计划,并拨启动专款,同时令各地、市领导和宣传文化部门要切实负责,完成这项宏伟的文化工程"。2010年,中国民协口头文学遗产数字化工程启动之际,冯元蔚先生欣然出任专家委员会名誉主任。怀着对民间文化、对乡村群众的深情,冯元蔚先生十分关心农村发展,"他是'农家乐'三字的命名人。80年代,他为郫县一家农民的乡村饭店取名'农家乐',当场挥毫留字,以示中国农民在改革开放后发展乡村经济的喜乐,从此'农家乐'三个字成为中国农村一种新经济经营模式的专有名词在全国遍地开花"。

冯元蔚先生的学术研究与文化实践贯穿中国民间文艺家协会数十年发展历程,是身体力行的引领者和实践者。从20世纪50年代的"民歌调查运动"、80年代普查编纂民间文学"三套集成"到新世纪以来的"中国民间文化遗产抢救工程",冯元蔚先生与老一辈民间文艺家、民间文艺工作者一道,开新中国民间文艺"采风""记录"风气之先,并扎根少数民族地区开展调研,以对民族民间文化的执着热爱为出发点,将自己所熟悉的民族文化和历史提升到专业研究、高等教育和更广泛的文化传播的层面,将民族民间文学的作品采录拓展到民族文学史、民族语言学、民族哲学的广阔领域,将民族民间文艺的调研经验、研究方法和理念贯穿到中国民间文艺保护与发展的工作实践之中。冯元蔚先生以对民间文艺矢志不渝的追求和奉献,成为民间文艺最高奖——终身成就奖的获得者。

从凉山彝族聚居区走来,作为中国民艺文艺学家,冯元蔚先生怀着对民族民间文学的赤诚情怀,在民间文艺的学术领域、文化实践和组织管理岗位上辛勤耕耘,做出了卓越贡献。今天,从冯元蔚先生的著作和经历中,能够深切感受到中华民族现代化转型与发展的历史进程中民间文艺传承发展最坚实的使命,能够更真切地体会到扎根在田野一线、深入于群众生活扎扎实实去研究、去保护、去传承和发展的品格,能够更真挚地感受到民间文艺事业发展中不可或缺的民

间情怀、民族情感和理想追求。

岁月川流不息，生命总有代谢，但学术的探索与贡献、事业的追求与奉献，将在星河浩瀚中留下奋斗的足迹，发出不朽的光亮。

冯元蔚先生千古！

↑ 2009年9月在达州市革命老区宣汉县王维州纪念馆调研

附：冯元蔚主要著作目录

1. 冯元蔚翻译整理：《大凉山彝族长诗选》，西安：西安人民出版社1960年版。

2. 冯元蔚翻译整理：《大凉山彝族故事选》，西安：西安人民出版社1960年版。

3. 冯元蔚：《我的么表妹》（单行本），上海：上海人民出版社1960年版。

4. 冯元蔚：《中国少数民族文学作品选》（第四册 西南卷），上海：上海文艺出版社1981年版。

5. 冯元蔚：《凉山彝族奴隶社会》，北京：人民出版社1982年版。

6. 冯元蔚：《勒俄特依 彝族古典长诗》，成都：四川民族出版社1986年版。

7. 冯元蔚：《勒俄特衣（汉文本）》，成都：四川民族出版社1986年版。

8. 冯元蔚：《勒俄特依（彝文版）》，成都：四川民族出版社2000年版。

乌丙安

[学高为师]

乌丙安（1929—2018），祖籍赤峰市喀喇沁旗，民俗学家，辽宁大学教授。曾任中国民俗学会荣誉会长，终生从事民间文学民俗学教学与研究。2002年起，担任我国民间文化遗产抢救工程专家委员会副主任。曾两次荣获中国民间文艺"山花奖·优秀民间文艺著作奖"；曾荣获"中国文联终身成就民间文艺家""中国非遗年度人物"荣誉称号。

怀念乌丙安先生 *

乌丙安先生与作者在山东工艺美术学院泰山学者工作室合影

　　惊闻乌丙安先生离世，半晌回不过神来，前些日子还收到乌老从德国发来的信息，不久前的一次公益活动上还与在德国的乌老视频互祝，聆听他对民间文艺保护的教诲，不想竟成永别。学术无限，人生有涯，回想乌老一生对民俗民间文化和非物质文化遗产保护的奉献，哀痛与怀念久久不能平息。

---

* 2018年7月11日，乌丙安先生在德国去世，此文为作者所撰的纪念文章。

← 乌丙安先生在中国非物质文化遗产大会上发言，2006 年

　　乌丙安先生是我国著名民俗学家，20 世纪师从钟敬文先生研修民间文学，成为新中国的首届研究生，此后毕生从事民俗学、民间文艺学研究，出版了《中国民俗学》《民俗学原理》《民俗学丛话》《民间口头传承》《中国民间信仰》《萨满信仰研究》《民俗文化综论》《民俗遗产评论》等一系列具有标志意义的专著，实现了我国民俗学基础理论研究的重大突破；他数十年如一日教书育人，培养了一大批专家学者，成为我国民俗民间文化研究的学术中坚；他投身非物质文化遗产保护的研究和实践，作为国家非物质文化遗产保护工作专家委员会和中国民间文化遗产抢救工程专家委员会的重要成员，对我国"非遗"保护的理论研究与实践发挥了重要的推动作用。乌丙安先生是我国当代民俗界、民间文艺界的代表人物，是我景仰的前辈。

　　记得 20 世纪 90 年代，在一次学术讨论会上与乌丙安先

↗ 2015年6月2日，冯骥才先生、乌丙安先生带领中国民协专家们共同参与山西榆次"中国民间文化遗产抢救工程巡礼"活动

生相识，从此有缘受先生教诲和指导。乌丙安先生一直关注民间美术研究，关心民艺学的学科建设，他乐观大方，平易近人，视晚辈如朋友，相识二十多年来，对民艺学发展、手工艺传承等许多问题给予指导，我有幸聆听了他的许多演讲，陪他走了不少的地方。近十余年来我们两次前往山西后沟调研呼吁传统村落抢救保护，一起探讨民间文学、民间文艺学、民艺学的大学学科建设问题，一起探讨传统工艺的传承与发展问题，先生深刻的见解、深沉的使命感都深深影响着我，当时的情景、笑貌音容历历在目。乌丙安先生一直坚持在基层做调查、坚持田野调研，他把乡村田野作为民俗研究的"根据地"，深入山乡村寨和少数民族贫困地区，详细勘察北方部族村落的社群结构、生计劳作、日常生活、婚姻家庭、民间信仰、口头文学以及不同的民族与社区在杂糅相处中发生的习俗文化融合变迁等，在亲历性的田野采录基础

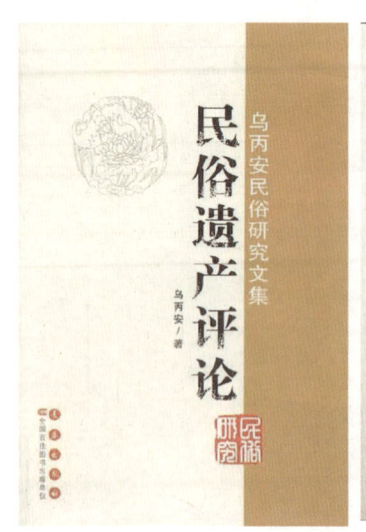

乌丙安先生著作（部分）

乌丙安先生与作者在体验民间劳作

上展开深入的理论研究，这不仅是一种学术方法和范式，也是一种朴素而崇高的学术品格、学术精神、学术追求和境界，是关于民俗民间文化研究的方法论和精神示范。乌丙安先生一直与时俱进关注最前沿学术命题和民众生活方式研究，他治学严谨，坚守传统，主张创新，以开放的思维应对一些复杂的文化问题，他的研究涉及"民俗象征体系、地方产食民俗文化、民俗语言和语言民俗、民俗文化形态研究、灾害民俗学、百年神话研究之反思、两性民俗学发生论、民俗发生论，以及民俗学史论等"，不仅在年逾八旬时出版《民俗遗产评论》，结合一线实践研究阐述民间文学类非物质文化遗产、民俗类非物质文化遗产，而且之后进一步拓展"农业文化遗产保护"研究，从未在标志性的学术成果上止步，而是不懈地探索和钻研，以学术奉献社会。我们有幸参与先生主持的《中国民间文化分类》《村落民俗普查提纲》研究，对我国博大深厚、错综复杂民间文化进行分类，以及为便于民间文化遗产、传统村落的普查与抢救制定普查提纲，先生把

2018年1月13日，乌丙安先生荣获"中国文联终身成就民间文艺家"称号

握规律、尊重现实、化繁为简、辨析事项的视野和功夫给我们启示和教益，至今记忆犹新。

回想今年1月，在第十三届中国民间文艺山花奖颁奖盛典上，乌丙安先生获得"终身成就奖"，正如颁奖词所言，"中华民族的伟大复兴需要文化的先觉者。他们关注文化现实，洞见文化规律，以最深沉的情怀、最坚定的行动、最执着的使命投身文化实践，唤醒世人对文化传统的关切，呼吁全社会对民间文化的保护，使传统村落、民族节日、民间文学、民间艺术绽放永恒的光彩。他们在社会的变迁发展中力挽文化之狂澜，留住了我们民间文化传承的根脉。他们有俯首甘为孺子牛的奉献精神，把心血才情奉献给民族的文化事业。他们有卓越的智慧、丰硕的建树、崇高的人格精神，他们就是民族文化之脊梁"。

大雅云亡，精神永存，乌丙安先生千古！

附：乌丙安主要著作目录

1. 乌丙安:《民间文学概论》,沈阳:春风文艺出版社1980年版。
2. 乌丙安:《民俗学丛话》,上海:上海文艺出版社1983年版。
3. 乌丙安:《满族民间故事选》,上海:上海文艺出版社1983年版。
4. 乌丙安:《故事大系满族民间故事选》,上海:上海文艺出版社1983年版。
5. 乌丙安:《中国民俗学》,沈阳:辽宁大学出版社1985年版。
6. 乌丙安:《神秘的萨满世界 中国原始文化根基》,上海:三联书店上海分店1989年版。
7. 乌丙安:《中国风俗辞典》,上海:上海辞书出版社1990年版。
8. 乌丙安:《中华民族故事大系 第4卷：朝鲜族民间故事 满族民间故事 侗族民间故事》,上海:上海文艺出版社1995年版。
9. 乌丙安:《中国民间信仰》,上海:上海人民出版社1996年版。
10. 乌丙安:《世界风俗传说故事大观》,合肥:安徽少年儿童出版社1997年版。
11. 乌丙安:《生灵叹息》,上海:上海文艺出版社1999年版。
12. 乌丙安:《民俗文化新论》,沈阳:辽宁大学出版社2001年版。
13. 乌丙安:《中国民间神谱》,沈阳:辽宁人民出版社2007年版。
14. 乌丙安:《改革开放30年辽宁文艺成果与研究 民间文艺卷》,沈阳:辽宁美术出版社2009年版。
15. 乌丙安:《非物质文化遗产保护理论与方法》,北京:文化艺术出版社2010年版。
16. 乌丙安:《民间口头传承》,长春:长春出版社2014年版。
17. 乌丙安:《民俗遗产评论》,长春:长春出版社2014年版。
18. 乌丙安:《萨满信仰研究》,长春:长春出版社2014年版。
19. 乌丙安:《民俗文化综论》,长春:长春出版社2014年版。
20. 乌丙安:《民俗学原理》,长春:长春出版社2014年版。

图书在版编目(CIP)数据

学高为师 / 潘鲁生著. — 北京：商务印书馆，2022

ISBN 978-7-100-20141-4

Ⅰ. ①学… Ⅱ. ①潘… Ⅲ. ①名人－人物研究－中国－现代 Ⅳ. ①K820.7

中国版本图书馆CIP数据核字(2021)第144389号

权利保留，侵权必究。

学高为师
潘鲁生 著

商 务 印 书 馆 出 版
（北京王府井大街36号 邮政编码100710）
商 务 印 书 馆 发 行
艺堂印刷（天津）有限公司印刷
ISBN 978-7-100-20141-4

2022年2月第1版	开本 787×1092 1/16
2022年2月第1次印刷	印张 23

定价：136.00元

学高为师